モダン・ファッションのパイオニア 田中千代

Chiyo Tanaka
The Pioneer of Modern Fashion

Yayoi Motohashi
本橋弥生

平凡社

パジャマ・ドレス 1932年（1982年復元）

上　チュールとサテン・イブニングドレス 1934年（1982年修復）
下　いかり肩スーツ 1945年

紋柄のラップ・ワンピース 1948年

上　手染めのストラップレス・ドレス 1949年
下　スーツ《森の精》1951年

イブニングドレス《グランド・ワルツ》
1951年（1982年復元）

Aラインのイブニングドレス 1955年

黒地に金ブロケードの
イブニングドレス 1956年

疋田絞りイブニングドレス 1962年

上　ブルー帯地のカクテルドレス 1962

下　梅柄のコート・アンサンブル 1967

左　パンタロン・ドレス
《吉原つなぎ》1967年
中　パンタロン・ドレス
《かまわぬ》1967年
右　パンタロン・ドレス
《ひょうたん》1967年

左　霞に葦のアンサンブル 1967年
右　霞に桜のアンサンブル 1967年

左　四つ目菱紋柄のブラウス 1967年
右　三つ鱗紋柄のワンピース 1967年

上　甲柄帯地のイブニングドレス 1967年
下　ウール・マントーとミニ・ワンピース 1970年

ラップ式パンタロンのイブニングドレス 1973年

ベルベットのドレープ付イブニングドレス 1986年

左　黒にグリーンと白のイブニングドレス 1989年
右　グレイとピンクのイブニングドレス 1989年

ピンクからグレーのグラデイションドレス 1982年

モダン・ファッションのパイオニア

田中千代

Chiyo Tanaka
The Pioneer of Modern Fashion

Yayoi Motohashi

本橋弥生

装幀　間村俊一

モダン・ファッションのパイオニア　田中千代　＊　目次

造である「一枚の布」をキーコンセプトに、世界各地のテキスタイルや装いの文化を研究し、最先端の技術や自身の創意と融合させて現代の衣服デザインへと昇華させた三宅一生や、民俗衣装を日常着に取り入れた髙田賢三の作品には、田中千代が追求した理念や実践と共鳴するものがある。なお、筆者が髙田賢三の姉と弟に行ったインタビュー調査では、間接的ではあるが、髙田賢三の根幹のところで田中千代との接点があることがわかった。[*2] 田中千代は、戦後、「ニュー・キモノ」という着物の「一枚の布」という構造を用いながら、ドレスとして着られるような服をデザインしていた。また、装いをデザインすることで人々の生活を快適で幸せなものにし、それによって豊かな社会を創造しようと強く願っていたことも、この三者の共通点である。

田中千代は彼らに先駆け、一九三〇年代からグローバルな視点で世界各地の服飾文化や民俗衣装、地域文化に関心を寄せ、現代的な感性でそれらを研究・分析しながら自身のデザインへと展開し、新しい日本のファッション像を創出した。その結果、彼女の活動は、戦後日本のファッション文化が国際的に展開し、グローバルなファッションにおいて独自の存在感を放つための道筋を作ったといえる。

あらかじめ結論を述べておくと、田中千代の特徴は、グローバルな視野を持ち、文化や階級、女性の社会的立場、地域、時代、ジャンルといった多様な境界を超え、それらを創造的につなぎ合わせることで、服飾（ファッション）という総合芸術として統合し、普遍的な価値を創出した点にある。彼女が生み出すファッションという総合芸術は、「女性の新しい姿」を提示した。それは女性たちの夢や憧れを喚起するものとなり、彼女自身もカリスマ的な存在となっていった。千代のファッション観や作品は、さまざまなメディアを通じて広まり、人々の日常生活のなかに取り入れられていった。

凡例

＊カバー、口絵、および本文中の図版、写真については特に記載のないものは全て渋谷ファッション&アート専門学校所蔵のものである。

＊カバーおよび口絵の写真は、《グランド・ワルツ》を佐々木智幸氏が撮影し、それを除く全てを加藤成文氏が撮影したものである。

＊引用文内の［　］は筆者による補足を表す。

＊文中の引用箇所では、旧仮名遣いを現代仮名遣いに改め、旧字体は新字体に改めた。

＊田中千代のスクラップブック、スケッチブックの資料については、ファイル名が付けられているものは記載した。なおスクラップブックに貼付された新聞記事からの引用もあるが、それらの出典及び掲載日は千代の手書きで付されたメモに拠る。

私は日本を美しく、世界を美しく、
また個人個人を美しくするために、
流行に対するふかい理解を持ち、
美の進歩に対して、
たとえわずかでも
出来るだけの協力をしたいと思う。

（田中千代『私の衣服研究』一九四八年）

プロローグ

・本書の目的

田中千代を知っているだろうか？

この本を手に取ってくださったのは、彼女のことをすでに知っていてのことだろうか。それとも、知らずに興味を持ち、手に取ってみようと思われたのだろうか。

田中千代は、今ではその名を忘れられたデザイナーである。しかし、彼女の存在こそ、今あらためて甦らせるべきだと私は考えている。


一九七〇年代以降、日本のファッション・デザイナーたちは国際的な舞台で活躍し、以来、日本のファッション文化は世界的に注目を集めてきた。たとえば、森英恵（1926–2022）は、一九六五年にニューヨークで初の海外コレクションを発表したことをきっかけに、一九七七年にはパリのオートクチュール（高級仕立服）組合にアジア人初の会員として参加するようになった。

さらに日本人デザイナーの活躍が顕著だったのは、プレタポルテ（高級既製服）の方である。一九七〇年、高田賢三（1939–2020）がパリにブティック「ジャングル・ジャップ」を立ち上げ、コレクションを発表し始めると、瞬く間にパリの若者たちから絶大な支持を集め、『ELLE（エル）』誌や『VOGUE（ヴォーグ）』誌などで取り上げられ、パリの若手デザイナーの代表格として熱狂的な人気を博した。また、同一九七〇年、山本寛斎（1944–2020）はロンドンでコレクションを発表し、それが契機となってデヴィッド・ボウイ（1947–2016）のワールド・ツアーのステージ衣装制作へとつながっていく。三宅一生（1938–2022）は、一九七一年にニューヨークで単発のショー、一九七三年以降はパリで定期的にコレクションを発表し、「一枚の布」をコンセプトに身体と布の間《ま》を追求するデザインで国際的な評価を確立した。一九七五年以降は鳥居ユキ（1943–）もパリのファッションウィークに定期的に参加するようになった。

一九八〇年代になると、海外コレクションに参加する日本人デザイナーたちの数も増え、その活躍はさらに目覚ましいものへとなっていった。川久保玲（1942–）と山本耀司（1943–）も一九八一年からパリでコレクションを発表しはじめ、一九八二年にはオーバーサイズの左右非対称な服や穴の開いたニットなど、西洋モードの美の規範から大きく逸脱したコレクションを発表し、パリのファッション界から賛否両論を受けたことは、今日に至るまで語り継がれてきた。

こうしたデザイナーたちは、それまで西洋にはなかった新しいデザイン観やスタイルを提示し、西洋中心のファッション界に挑戦すると同時に、国際的な成功を収めた。その成功は、既存の制度への異議申し立てとして、一九六八年にパリでの五月革命がもたらした新しい時代の価値観に呼応し、自由と新しさの象徴として世界的な注目を集めるようになった。このインパクトは大きく、今日では一般的に日本のファッションは、この時期を起点として語られることが多い。

しかし、ここで疑問が湧き起こる。日本において洋装が一般の成人女性の日常着として普及しはじめたのは、終戦後、一九四五年以降のことである。それまで和服を着ていた日本人が、敗戦後わずか二五年という短期間で、いかにしてパリのファッション界での華々しい成功を実現させるデザイナーたちを輩出するに至ったのか——その背景には、戦前から戦後にかけて日本のファッション文化を築いた先駆者たちの活動がある。なかでも田中千代（1906–1999）は、洋装の普及を通じて日本のモダン・ファッション文化を形成し、その基盤を確立するうえで中心的な役割を果たした人物の一人である。

本書では、田中千代の活動を軸に、近代日本のファッション文化がどのように形成されてきたのかを明らかにすることを目的とする。千代は、一九三〇年代以降、デザイナーおよび教育者として洋装を普及させたファッション・デザイナーのパイオニアであった。[*1] 彼女が果たした役割は、西洋から輸入されたモードやファッション文化を単に模倣するのではなく、グローバルな視点から日本の美意識や服飾文化の伝統と融合させ、日本の文化や環境に適したモダンな服飾文化の創出を試みたことにある。

日本において洋装化を推進し、新たなファッション文化を創造していくということは、日本の女性たちの身体を近代化していくことでもあった。和装から洋装への転換は、活動しやすくなるという点で女性の身体を解放した。また、西洋文化の象徴であり活動性をもたらした洋装は、進歩的で近代的な女性のアイデンティティを表すものとして、自立心や教養ある知識層としての新しい女性像やそうした意識を生み出した。女性が社会の表舞台に出て活躍することが珍しく困難だった時代に、「洋裁家」や「教育者」にとどまらず、自らを「デザイナー（原文ではデイザイナー）」と称した田中千代は、まさに近代化を象徴する女性であった。そうした彼女の実践は、自立性や創造性を重視するものであり、洋装を日本社会に定着させる基盤を築くと同時に、近代日本のファッション文化を創造する役割を担った。千代はまさに日本のモダン・ファッション黎明期のパイオニアとして、またファッション文化の啓蒙者として女性が社会で活躍する道を切り拓いていったといえる。

本書で特に着目したいのは、田中千代の活動の「越境性」である。彼女は、文化を超えて新たな価値を生み出す「トランスカルチュラル」な創造を実践し、メディアを用いて彼女の理念や活動を普及させ、日本のモダン・ファッションの基礎を築いていった。彼女は、洋装を単なる西洋文化の一方的な翻訳とは捉えずに、パリのモードやファッション、服飾文化から着想を得つつも、そこにとどまらずグローバルな視点で非西洋地域の民俗衣装や地域文化を研究し、それらを現代的な自身の感性で再解釈することで、日本のモダン・ファッションを創出しようとした。田中千代のデザインは、脱西洋中心主義的でトランスカルチュラルな視点を体現するもので、グローバルな視座に基づく新しい価値を創出するものであった。彼女はローカルとグローバル、伝統と革新という相反する要素を創造的に結びつけ、日本のファッション文化に新たな価値と可能性をもたらした。その姿勢は、単なる地域的な取り組みを超えたものであり、現代のファッション史においても再考されるべき意義を持つ。

前述した一九七〇年代以降に活躍した日本人デザイナーたちは、パリのモードを学びつつも、グローバルな視点から日本の伝統文化や大衆文化に着想を得て、それを再解釈し、自身の創造へとつなげて普遍的なデザインへと展開したことで、国際的に高い評価を得た。なかでも、日本の着物の基本構なぜ今、田中千代に目を向けるのか。それは、この図式には田中千代の活動にとどまらず、三宅一生や髙田賢三といった一九七〇年代以降、世界のファッション界で活躍したデザイナーたちにも通じるものがあるからである。彼女は、彼らの先駆的モデルであったと位置づけることができる。

さらに、これまで述べてきた学術的な意義に加えて、田中千代の生き方そのものが、現代に生きる私たちにインスピレーションを与える点も見逃せない。好奇心を原動力とし、自由を追い求め、創造力を最優先に据え、行動力を発揮し続けた彼女の姿勢は、現代においても新たな視点をもたらすとともに、勇気を与え、行動の指針を示してくれるだろう。彼女が持っていたグローバルな視野と挑戦的な精神は、時代を超えて普遍的な価値を持つといえる。

・明治以降の洋装化の歴史と田中千代の位置

日本の洋装化は、西洋文化を象徴する洋服の受容から

表1　田中千代の活動について

田中千代の活動

越境

1）グローバルな視野
　日本↔西洋
　日本↔アジア／南米／アフリカ

2）階級

3）女性の社会的立場

4）地域
　関西／東京

5）近代以前／近代

6）ジャンル
　ファッション／デザイン／アート

＋
境界を超えて創造的につなぐ

統合・総合・普遍的価値の創出

➡ **総合芸術（服飾）**
・「女性の新しい姿」の提示
・夢、憧れ
・カリスマ性

⬇ 発信・普及（メディア）

日常生活へ

始まった。明治初期には、近代化政策の一環として洋装が国策として導入され、日本の服飾文化は大きな転換点を迎えた。一八七〇年には陸軍がフランス式、海軍がイギリス式の軍服を採用し、一八七一年には官庁職員や邏卒《らそつ》（警察官）や郵便夫、一八七四年には鉄道員の制服として洋服が広まった。さらに、一八七一年の明治天皇（1852–1912）による「服制更改の勅諭」に基づき、太政官布告として「大礼服 並《ならびに》 上下一般通常礼服ヲ定メ、衣冠ヲ祭服トナシ、直垂《ひたたれ》、狩衣《かりぎぬ》、上下等ヲ廃ス」ことが通達された。すなわち大礼服をはじめとする儀式用の洋装が正式に導入されたのであった。

　こうした国家主導の政策により、特に男性を中心に洋装が進展していったが、女性の洋装化は遅れを見せた。一八八七年に昭憲皇太后（1849–1914）が国産品を素材とする洋装を奨励する思召書《おぼしめししょ》を示し、それに伴い、華族の子女が務めていた女官の服装も、洋装へと変化していった[*3]（彬子女王 2019：10–12）。美術史家の若桑みどりは、皇后の洋装は早くから伊藤博文（1841–1909）が意図し、天皇を説得した結果、ようやくこのときに実現されたもので、昭憲皇太后の発意によるものではないと述べている。伊藤にとって、洋装は日本の近代化そのものを象徴する重大事であった（若桑 2001：238）。

　上流階級の洋装化は、欧化政策や社交文化を通じて促進された。明治時代後期には、不平等条約改正を目的とした欧化政策の一環として、一八八三年から一八八七年にかけて鹿鳴館に西洋風な社交の場が設けられ、上流階級に洋装が浸透していった。外交官夫人や華族の女性たちは洋装を取り入れた。一九一一年に帝国劇場が落成したころについて、子爵家の長女として生まれ、明治天皇・昭憲皇太后に仕えた女官の一人であった山川三千子（1892–1965）は「まだあの時分に大人の洋装はまことに珍しく、御所関係以外では、外交官夫人くらいが着ていたように思われます」（山川［1960］2016：139）

と証言している。

大正時代に入ると大正デモクラシーの影響で、教育を受け、職業を持つ女性が登場し、都市部では洋装を取り入れる「モボ」（モダンボーイ）や「モガ」（モダンガール）が注目された。しかし、都市部を除けば一般女性の洋装化は進まず、今和次郎（1888–1973）と吉田謙吉（1897–1982）の『東京銀座街風俗記録』によれば、一九二五年五月時点に銀座で洋装する男性は六七％であったが、女性はわずか一％にすぎなかった（今、吉田［1925］1930：3）。昭和初期の一九三〇年前後には、成熟した高度資本経済を背景に、都市モダニズム文化が花開いたが、洋装が成人女性も含め本格的に日常着として普及したのは、戦後の一九四五年以降のことである。

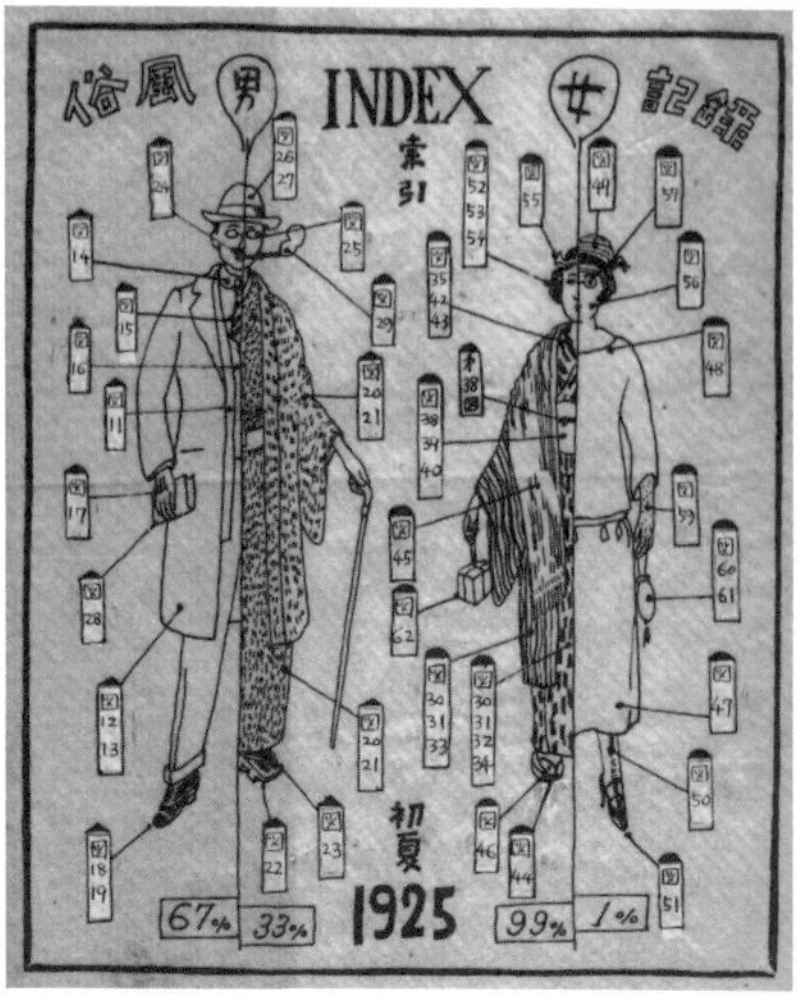

「統計図素引」（『東京銀座街風俗記録』1925年より）

敗戦後の日本では、洋装化が急速に進み、服飾文化が劇的に変容した。戦後、日本の洋装化はアメリカの影響を受けて加速し、「洋裁ブーム」が広がった。戦時中に着用した男性の国民服や女性の活動着・モンペの普及も洋装化を後押しし、一九四五年からの一〇年間は洋装学校が隆盛を極めた。人々は焼け残った布地で洋服や更生服を作り、それを日常生活に取り入れていくことで、当時の日本社会に適した洋裁文化を形成していった。この戦後の洋装化のプロセスは「服装革命」と称されることもあるほど、膨大なエネルギーをともなう劇的な変化であった。田中千代は戦前だけでなく、この変革期にも指導的役割を果たした。洋装化を推進する一方で、香淳皇后の装いを戦後の近代社会にふさわしいものへと変える重要な存在としても活躍した。西洋の服飾文化を日本の文脈に合わせて創意工夫を凝らしながら翻案し、教育やデザインを通じて新しい価値を創出した。

明治期に西洋文化の受容から始まった洋装化ではあったが、田中千代は洋装の受動的な受容にとどまらず、新しい価値観の創出に向けた能動的な取り組みを行った。千代の活動は、強い使命感のもとで服飾文化の革新に貢献するもので、そこには、西洋文化を受容し異種混淆化しつつも、その先の脱西洋的な視点から新しいファッション文化の創造を渇望し、果敢にそれに挑んだ田中千代という一人の女性の姿があった。そして、それを支えたのは、急速な勢いで変化していく時代の流れと、社会を動かす人々のエネルギーであった。

・先行研究

田中千代をファッション史やデザイン史の観点から包括的に論じた研究は限られており、研究対象としてこれまで十分に注目されてこなかった。日本ではファッション史研究は、美術史や建築史、デザイン史のように多くの研究者たちが取り組んできた分野ではなく、今後さらなる発展が期待される分野である。これまでの日本のファッション史研究において、近代日本のデザイナーに焦点を当てた研究はそれほど多くはない（遠藤、石山 1962; 石川 1968; 中山［1987］2010）。近年、近代日本ファッション全般に関する研究が増えつつあるものの、デザイナー個人に焦点を当てた研究は依然として限られている。

また、二一世紀に入ると、社会学やカルチュラル・スタディーズなど領域横断的なアプローチの研究が見られるようになり、ファッション文化研究も広がりを見せるようになった。特に、一九四五年から六〇年代半ばの日本洋裁ブームに関する研究が進み、横川公子は「関西圏の洋裁文化」をオーラル・ヒストリーとして記録し、洋裁文化の社会的構造を明らかにした（横川編 2006, 2007, 2009, 2013）。これは大変貴重な資料であり、重要な先行研究である。同書で横川は「洋裁文化」という言葉を提案し、『着ること』を可能にし、支えている、作ることや選ぶことなどの着衣をめぐる細部の具体的な営みを、われわれは『洋裁文化』という言葉に託した」と説明した（横川編 2009：46）。

その後、井上雅人は、「洋裁文化」の意味する範囲をさらに明確にし、それは一九四〇年代後半から一九六〇年代の半ばにかけて興った「洋服を作ることを中心にして、学校、雑誌、デザイナー、ファッションモデル、洋裁店、ファッションショーといったさまざまな事象から形成された、大衆を主役とした生産と消費の文化」と定義した（井上 2017：11）。井上は「洋裁文化」の社会構造に言及し、戦後日本のユニークなファッションの原点には洋裁文化があるにもかかわらず、これまで研究がなされてこなかった理由を、戦後独特の洋裁文化のあり方に見出し、「デザイナー」たちがその名をとどめていない理由はマーケットがなかったためであり、日本の「デザイナー」たちは、上流階級の顧客のために衣服を作るオートクチュールのクチュリエでもなく、高級既製服のデザイナーでもなく、アカデミズムを模したヒエラルキーを形成し、町の洋裁店が衣服研究所を名乗り、学会発表のようにファッション・ショーを開催するという、日本の戦後にしか存在しなかった特有の「デザイナー」であることを明らかにした（同前：16）。

そして、「洋裁文化」を「場」として捉え、そこで「行為者」（デザイナー）たちがどのような関係性を結んだのか、また「メディア」（洋裁学校とミシン、ファッション・ショー、ファッション・モデル）という概念を用いることにより、行為者同士の相互作用やそれによる構造の揺らぎを検証し、洋裁文化を取り巻く社会の構造を明らかにした。井上の研究によって、洋裁文化を取り巻く社会構造およびその特異性が解明された。したがって、本書では視点を変え、個人史を軸に、近代日本におけるファッション文化形成の過程を浮き彫りにすることを試みる。

一方、近代日本のファッション・デザイナー個人に焦点を当て、ライフヒストリー的な観点から論じた先行研究として、常見美紀子が桑沢洋子（1910–1977）を取り上げ、筑波大学に提出した博士論文「桑沢洋子研究――デザイン教育の理念と活動」、のちにダイジェスト版として出版された『桑沢洋子とモダン・デザイン運動』（2007）がある。常見は桑沢の活動を自己形成期、戦前の婦人画報社での編集者としての活動、戦後のファッション・デザイナーとして仕事着を中心にデザインした活動、モダン・デザインの教育者としての活動を分け、それぞれの意義を分析した。

では、田中千代に関する先行研究にはどのようなものがあるのか。繰り返すが、田中千代の活動全般を取り上げた研究は極めて限られている。西村勝による伝記『田中千代　日本最初のデザイナー物語』（1994）は、彼女の活動全般を取り上げた数少ない例の一つである。西村は、『日本繊維新聞』の編集局デスクとして一九九一年末から一〇〇時間以上にわたる取材を行い、一九九二年一月二〇日から三月一三日にかけて計三九回にわたり田中千代の生涯を紹介した。西村の本は千代の詳細な証言を含む貴重な資料であるが、学術的な分析には踏み込んでいない。同様に学術研究ではないものの、小川津根子の『夢しごと――田中千代の世界』(1984)も重要な文献である。小川は『読売新聞』での連載記事のために千代へ長時間のインタビューを実施し、その証言をもとに同書をまとめた。これら二冊の書籍は、田中千代の言葉を直接的に記録し千代の生前に出版されているため、おそらく千代本人も確認しており、研究の基礎資料としての価値を有している。しかし、学術的な論考ではない。

田中千代の活動の一部に焦点を当て取り上げた研究には次のようなものがある。二〇一一年にはアメリカで、ニカーソンが博士論文「帝国主義のデザイン:ファッション、化粧と日本の文化的アイデンティティ一九三一―一九四三年(Imperial Designs: Fashion, Cosmetics, and Cultural Identity in Japan, 1931–1943)」において、東アジアの言語・文化専攻のジェンダー研究という枠組みで、戦前の日本の近代国家および帝国の形成を「植民地的近代性(colonial modernity)」という視点で考察し、その例として千代の戦前の活動を取り上げている(Nickerson 2011)。また、後藤洋子は田中千代の著書『新女性の洋装』(1933)、『新洋装読本』(1936)、『創意と衣服』(1943)、『私の衣服研究』(1948a)、『新服装読本』(1949c)の五冊をもとに田中千代の服飾観を分析した(後藤 2013)。安城寿子は博士論文「近代日本服飾とモードの関係をめぐる歴史的研究」において、一九三〇年代に田中千代が執筆した二冊の著作によってパリのモードを踏まえた新しい洋服のデザインのための方法論を具体的に提示したことを分析している(安城 2015)。

田中千代の「ニュー・キモノ」に関しては、鈴木彩希が戦前の「新興和装」から戦後の「ニュー・キモノ」までの取り組みを丁寧に検証し、着物が千代にとってナショナル・アイデンティティと結びつくものであり、また千代のニュー・キモノは、単に着物を近代化させようとする試みではなく、模倣としての近代を超えていこうとしたものであると指摘した（鈴木 2020 : 70–71）。さらに、小形道正は一九五〇年代に広まったニュー・キモノの展開を論じている（小形 2017 : 40–47）。

これらの研究は田中千代の活動の一部に焦点を当てた重要な研究であるが、千代の活動の全体像をとおして戦前・戦後の日本のファッション文化の様相を考察することを目的としていない。そして筆者は、田中千代の功績について、パリのモードだけでなく、民俗衣装研究が含まれる彼女のトランスカルチュラリティが重要であると考える。彼女が脱西洋中心主義的なグローバルな視野を持っていたことが、同時代の他のデザイナーとは異なる点であり、この広い視野こそが日本のファッション文化を進化させる要因となり、一九七〇年代以降のデザイナーたちの国際的な活躍へとつながっていったと主張したい。

こうした先行研究を踏まえ本書では、これまでの研究で十分に取り上げられてこなかった田中千代のグローバルな視野や民俗衣装への関心に注目し、日本近代のファッション史研究の空白を補うことを目指す。

・田中千代の著作における「服飾」と「デザイン」の定義

具体的な内容に入る前に、田中千代の「越境性」と「グローバルな視点」の鍵となる、「服飾」と「デザイン」という彼女自身の言葉の定義について確認しておこう。

彼女は、自身の原点ともいえる最初の単著『新女性の洋装』（南光社、一九三三年）において、それそれを次のように定義している。

まず、「服飾」から見ていこう。「服飾」は衣服という用をなすもので、装飾の役割も果たす「用」と「美」の統一体であり、その特有の芸術分野を「服飾美術」と称している。

　服飾は只用を満たす為のものでなく、そこにはデイザインという創意もあり、個性の表現もあるものです。一つの芸術品であるのです。この服飾美術の特徴として、先ず「綜合の美」を挙げなければなりません。つまり服飾は綜合芸術とか組織芸術とか云うべきものであるという意なのです。丁度これは劇の様なものです。（田中千代 1933：25）

千代はさらに、服とそれをまとう人を一体とした「服飾」の統一体に「綜合の美」を見出しており、そこには当時欧州で流行していた「総合芸術」[*4]（Gesamtkunstwerk）への関心をうかがわせる。さらに、「着る人も服飾芸術の最も大切な一部となる事を自覚してかからなければならない」との記述から、千代が服飾と人間の統一性を重視していたことがわかる（同前：26）。異なる分野、文化、技術、表現方法が越境し、融合することで新たな価値を生み出す総合芸術は、のちに田中千代が実践した内容とパラレルな関係にあり、欧米留学から帰国直後にまとめられたこの著作は、まさに千代の所信表明と解釈できる。

次に、「デザイン（デイザイン）」について見てみよう、千代は次のように述べている。

デイザインとは考案とか、設計とか、図案という事であります。服飾でデイザインと云えば衣裳を新しい《〔ママ〕》考案する事であり、此をなす専問《〔ママ〕》家をデイザイナーと云います。デイザインはあるアイデイヤを表現するものでなければなりません。（同前：181）

千代にとって「デザイン」とは、美と実用性を兼ね備えた創造的表現であり、単なる模倣にとどまらない「精神的な創作」と捉え、その理念を次のように記している。

デイザインは抽象的、精神的のものを具体的、現実的のものになおす一つの働きです。（……）頭の中に浮んだものを「衣」の形を借りて表現するものであつて、立派な創作であります。（……）デイザインは精神的のものであります。従って創作者の個性が問題となる事はいう迄もありません。洋装のデイザインは此の点で日本服の場合（柄と色の範囲を出ません）と比べもとに《〔ママ〕》ならぬ程興味が深いものです。（同前：183）

「デザイン」という言葉が一般的にまだあまり使われておらず、「良い形の模倣」とさえ思われていた時代において、千代はその創造性や独創性と面白さを強調した。デザインはアートと異なり、用途を果たすという制約をともなう一方で、その着想は絵画や小説、音楽と同様に無限に自由であることを強調している。

さらに、千代はデザイナーの主体性を強調し、「一度私がデイザインした以上は何処かに『私』自身が現れていなければデイザイナーとして満足する事は出来ません」（同前：193）と述べている。また、パリやウィーン、ハリウッドからの流行も、それは地域により異なって解釈され、利用されていることを例に挙げ、「その国独自の洋装があるものです」（同前：253）という言葉も残している。この当時から、日本の近代服としての洋服デザインの可能性に大きな期待を寄せていたことが示されている。その後の著作においても田中千代は、デザインを通じて日本独自のモダン・デザインの創出を目指し、その創造性と社会的意義を一貫して訴え続けた。

戦後の著作『私の衣服研究』（婦人画報社、一九四八年）では、世界各地の民俗衣装と衣服の歴史を大きく包括的に捉え、デザインが社会的現実を反映するものであることを強調している。デザインは単なる夢の表現ではなく、世相を取り入れなければ多くの人々に受け入れられないと述べ、次のように具体的に語っている。

> デザインは、夢のみの表現ではなくて、そこにはまた現実の世相のあらわれも、いかに強く出ているかを知らなければならぬ。（……）現在ではワンピースが少なく、スカートとブラウス姿、それもつぎはぎの服の多いことは、一枚の服に満たない布をあつめて作らなければならない物資不足を物語る世相のあらわれである。（田中千代 1948a：110）

千代はまた、デザインをとおして社会や個人を美しくすることを自身の使命と位置づけていた。

私は日本を美しく、世界を美しく、また個人個人を美しくするために、流行に対するふかい理解を持ち、美の進歩に対して、たとえわずかでも出来るだけの協力をしたいと思う。（同前：115）

田中千代にとって「デザイン」は、単なる形状や装飾を考える行為ではなく、服を着る人の生活や文化、社会との関係を構築する包括的な創造行為であった。そして、この行為において、特に創造性を重視していた。

彼女は「デザイン」を、日常生活を豊かにする技術としてだけではなく、芸術的表現としても捉えていた。この多面的な捉え方こそが越境的であり、着る人を中心に考えるアプローチは、文化を超えて広く適用可能であり、グローバルに通用するデザイン思想であった。

・研究方法と資料

本書では、文化史的視点を交えながら田中千代のライフヒストリーを再構築し、彼女がどのようにしてグローバルな視野を獲得し、日本のモダン・ファッションの形成に寄与したかを探っていく。

本研究では、従来の言説のみに依拠するのではなく、展覧会を企画・構成するような視点で一次資料に重きを置き、その分析を通じて新たな知見を導き出すことを試みる。そのために、田中千代が執筆した原稿や出版物、夫・薫が撮影し彼女自身が生前保管していた写真、ファッション・ショー関連のエフェメラ類など、多様な一次資料を文化史的観点から分析する。

田中千代に関する主要な一次資料の多くは渋谷ファッション&アート専門学校に所蔵されている。筆者は同校のご厚意により、直接それらの資料に触れることができた。生の資料から溢れてくる千代のデザインの迫力は筆舌に尽くしがたいほどであった。また、当時の状況をそのままタイムカプセルのように閉じ込めたかのような写真、ファッション・ショーのリーフレット、新聞の切り抜き。時代の息吹が感じられるようなそれらの資料がなければ、本研究は成り立たなかったといっても良いだろう。また、筆者自身も一九五〇―一九六〇年代を中心としたネガフィルムやスクラップブック、ファッション・ショー関連のエフェメラ類を収集した。筆者は千代本人との面識はないが、彼女および彼女の近くにいた人たちの存在や息遣いを感じることができたからこそ、本研究に取り組むことができた。

田中千代の著作は裁縫技術書やスタイルブックのみならず、家庭生活、登山、流行論、デザイン論、民俗衣装論といった幅広い分野におよぶ。田中千代が残した旧蔵書を見てみると、その多くが日本語や欧米の言語で記されたものであるが、特にデザインや世界各地の装い文化に関する書籍が中心を占めている。これらの書籍には、彼女が留学時や調査旅行中に収集した一九世紀に欧州で刊行された古書なども多数含まれている。一部の書籍には彼女自身のメモが残されており、彼女が幅広い好奇心を持ち、それに応える形で読書に取り組んでいたことがわかる。それは、デザイン活動や教育、寄稿活動だけでなく、服飾文化の百科全書とでもいうべき『図解服飾事典』(一九五五年)や『服飾事典』(ともに婦人画報社、一九五七年)という形でも結実した。

さらに、田中千代は夫・薫とともに世界各地の民俗衣装を収集し、戦前から将来的に博物館を設立する構想を抱いており、その構想については薫が書き残している（田中千代編 1941b：22）。この活動は、夫妻がそれぞれの関心や視点を持ちながら、装いをめぐる壮大な宇宙《ユニバース》を構築しようとする試みとして、大規模かつ網羅的なものであった。

田中夫妻が収集した民俗衣装は、夫妻の夢が実現し、晩年には田中千代学園内に開設された民俗衣装博物館に展示された。千代の没後、二〇〇〇年にこれら約六五か国・四〇〇〇点におよぶ民俗衣装コレクションは国立民族学博物館に寄贈され、現在では国立のコレクションとして保管されている。

＊1　田中千代は当時一般的に普及していなかった「デザイン」や「デザイナー」という言葉を積極的に使用し始めた初期の人物の一人であった。田中千代は、自身のパスポートの職業欄に「デザイナー」と書いたことから、一九三八年の民俗衣装調査からの帰国時、怪しい職業として水上警察に引き止められた経験をエッセイに書いている（田中千代 1955e：49–50）。また、服飾評論家のうらべまこと（1925–1990）も、終戦直後には、「デザイナー」という言葉はなく、戦前から自分の職業を「デザイナー」と名乗っていたのは田中千代のみであると書いている（うらべ 1956：58）。

＊2　高田賢三の母は田中千代のデザインを好んでおり、家族全員の洋服の仕立てを依頼していた姫路の洋服店の女主人は、田中千代の洋裁学校の卒業生であった。賢三の姉は、当初、芦屋の田中千代学園で学ぶことを希望していたが、姫路から通学するには遠いため、千代の勧めで一番弟子の森脇雅子が須磨に開設した学校へ通うこととなった。絵を描くことが好きであった賢三は姉のファッション・デザインの課題に興味をもち、宿題は賢三が手伝っていたという。森脇が行った教育内容は資料が見つけられておらず不明であるが、千代の影響を多大に受けたものであったに違いない。高校卒業後、賢三も姉と同じ洋裁学校への入学を希望したが、当時は女子のみの受け

入れであったため断念し、その後、男子の受け入れを開始した文化服装学院に進学した（本橋 2024：227）。

＊3 一か月より少し長い時間で明治天皇および昭憲皇太后はお召物を交換しており、洋服のお下がり物を女官たちが着用した（山川［1960］2016：113）。

＊4 建築、音楽、文学、絵画、彫刻など分野を異にした諸芸術の要素が、協調・調和した形式で表出される芸術。音楽家リヒャルト・ワーグナー（1813–1883）の楽劇やバウハウスの建築中心の造形芸術などを指す（深川、杣田監修 2019：10）。もともとは一九世紀にワーグナーが提唱したものであったが、時代とともに拡張され、二〇世紀以降のモダン・デザインや建築、舞台芸術、ファッションにおいても重要な概念であった。バレエ・リュスが活躍していた一九二〇年代にヨーロッパでさまざまな芸術に触れ、バウハウス系のデザイン教育を受けていた田中千代にとって、総合芸術は身近な概念であった。

第1章　生いたち

本章では、田中千代の幼少期から結婚生活、そして欧米留学に至るまでの経験を通じて、後年のファッション活動に生かされたグローバルな視点の基盤を探る。

I　家庭と教育

田中千代の「グローバルな視野」がどのように形成されたのかを考えるときに、幼少期の家庭環境と教育、結婚、さらには若年期の欧米留学経験が重要な鍵となる。千代の自己形成は、明治時代に進展した日本の近代化と、西欧文化への強い関心が広がる時代背景のなかで始まった。

田中千代（旧名：松井千代子）[*1]は、外交官の家庭に一九〇六年に生まれた。父・松井慶四郎（1868–1946）は大阪に生まれ、東京帝国大学法科大学卒業後、外務省に入省し、のちに一九一九年のヴェルサイユ条約締結の功績により男爵となった。千代が生まれた当時パリで参事官を務めていた。母・照子は実業家・今村清之助（1849–1902）の長女で、父・清之助は角丸証券を設立し、一八八三―八六年に欧米諸国を旅した際に鉄道事業に興味を持ち、株取引などで日本の鉄道界に君臨し、また今村銀

大礼服姿の父・松井慶四郎、ローブ・デコルテを着用した母・松井照子（1912年頃）

行の創設者でもあった。照子は千代を出産後、夫に合流するため渡仏した。両親が帰国するまでの六年間、千代は母方の実家である今村家寿《やす》が住む高輪の自然豊かな広大な屋敷で育てられた。三味線や薙刀《なぎなた》、長唄、お茶、書、ピアノ、英語、フランス語など多様な習い事を通じて和洋折衷の文化に親しむ環境のなかで育った。また、千代の祖父・清之助がクロード・モネの「睡蓮」やポール・セザンヌの絵画を邸内に飾っており（小川 1984：52, 58）、幼少期から芸術に触れる環境が千代の感性を養った。

さらに、松井家では頻繁に外国人を招いた晩餐会が開かれ、西洋の生活様式の実践が日常化していた。こうした経験は、千代の文化的視野を広げると同時に、西洋文化への強い憧れを抱かせた。千代は当時の心情を次のように語っている。

もう毎晩のように官舎に外国のお客さまがいらして、夜会があるんですね。そうすると、弟はフランス語のほう、妹は英語のほうと（……）私はもうそれがさみしくて、上のベランダから見ていて、泣いてたこともありますよ。（……）とってもすばらしいお洋服でしたから、そのときからのあこがれでね、私はいつあんなのが着られるかって、泣きながら思ってましたよ。（同前：42–43）

左より妹・貞子、千代、弟・明（1912年）

家庭内は、日本語、フランス語、英語が入り混じり、異文化が交わる空間となっていた。千代は、海外で生まれ育った弟の明（パリ生、1908–1994）や妹の貞子（ワシントン生、1910–没年不明）について、常に父母の海外赴任に同行していた彼らに対し劣等感を抱いていた。日本に残された長女の千代は、同じ家族でありながら、幼少期や思春期を欧米で過ごした弟・明と妹・貞子とは、得意な言語や文化の根幹が異なるという特殊な環境に身を置いていた。そのようななかで、千代は異文化を自らの身体に取り込んでいた弟や妹に対し、憧れとともに複雑な感情を抱いていた。この異文化への興味と葛藤がのちの彼女の活動における原動力となった。

また、千代の教育環境も特筆に値する。彼女が通った聖心女子学院附属幼稚園と小学校、および両親が帰国し同居することになって転校した雙葉小学校はともにフランス人修道女によって設立された学校である。それらは、キリスト教的な価値観と新しい教育方針を柱に掲げていた。父・慶四郎は華族や外交官の子弟が学ぶ学習院ではなく、ミッション系の学校を選ぶことで、娘に精神的な強さを養わせようとした(西村勝 1994:30)。千代が献身的な社会貢献活動に取り組む姿勢には、フランス人修道女たちの生き方が影響を与えていると考えられる。

雙葉学園からは、国際的に活躍した千代の同級生として、声楽家の田中路子(1909–1988)や女優の初代水谷八重子(1905–1979)を輩出している。田中路子はウィーンの音楽大学で学び、ベルリンで声楽家として活動した。一方、水谷八重子は大正から昭和にかけて活躍した大女優であるが、一九二七年九月二一日に三越百貨店がフランスのデザイナーを招き開催した日本初のファッション・ショーでモデルを務め(中山[1987]2010:409)、また千代の作品を初期から愛用した人物であった。千代は生涯を通じて彼女たちと親交を保ち、それは千代の活動における文化的な広がりを示すものとなった。

II 社交界デビューと結婚

千代が社交界にデビューしたのは、一九二二年四月二〇日に当時の英国プリンス・オブ・ウェールズ(のちのエドワード八世、ウィンザー公爵)の来日時、皇太子裕仁親王(当時)が主催した新宿御苑での観桜会であった。外交官の娘である千代は、両親とともにこの場に出席し、社交界へ足を踏み入れた。千代は、桜の模様を染めた薄紫からピンクにぼかした色の振り袖を着て参加した。こうした集いは、深窓の令嬢を世に送り出し、結婚相手を探すお見合いの場としての意味合いも持っていた(小川 1984：73–74)。

千代の父・松井慶四郎は次の海外赴任を控え、娘の結婚相手を決めることを急務と考えていた。そこで同年、理学博士で子爵の田中阿歌麿《あかまろ》（1869–1944）の長男で、経済地理学者の田中薫（1898–1982）との見合いが実施された。

この見合いは、一九二二年、千代が母、祖母、伯父とともに帝国劇場で観劇したアンナ・パブロワ（1881–1931）のバレエ公演の場で、薫とその両親、祖母が居合わせるという形で行われた。しかし、この見合いは千代に知らされておらず一方的なものであり、薫についての情報もほとんど知らされていなかった。千代が八歳上の田中薫と結婚したのは、雙葉女学校を卒業した一九二四年のことである。千代は一八歳のときで、彼女は語学力への劣等感から、外交官夫人になることを強く避けたいと考えていた（西村勝 1994：44)。

薫の家系は、明治期の日本を支えた名家であり、祖父・田中不二麿《ふじまろ》（1845–1909）は岩倉使節団に文部理事官として随行し、その後文部大輔（現文部科学事務

田中薫との結婚記念写真（1924年10月7日）

社交界デビューの頃（1922年）

次官）や外交官を歴任した人物である。彼が四代目フランス公使としてパリに赴任していた際には、パリに住む若い画家たちの面倒をみており、そのなかには黒田清輝も含まれていた[*2]（小川 1984：9）。また、薫の祖母・須磨は洋装を好み、鹿鳴館で西園寺候の相手役として社交界で活躍した人物であった。このような文化的背景を持つ田中家に嫁いだ千代は、明治国家の中枢に位置した田中家の影響を受けつつ、新たな環境に順応していった。

田中家の家庭文化は、松井家とは異なり、特に食事の場面でその違いが顕著であった。田中家では、家族だけで食卓を囲み、それぞれが好きなものを自由に取るというリラックスしたスタイルが採られていた。千代はこの家風に驚きを覚えたが、次第に適応していった（同前：79-81）。一方で、田中家はリベラルで進取的な文化を持ち、西洋文化の影響を色濃く受けており、その国際的な感覚は千代の

新婚時代から洋装に親しむ夫妻の様子

向学心を刺激した。

新婚時代の千代は、夫との生活を通じて相互理解を深めることに努めた。彼女は英国婦人との英会話の時間を設けるなど、語学力向上のために努力を重ねた。千代は一九七〇年に田中千代学園の同窓会誌『緑紅』に「夫婦ともども勉強し、何かを築き上げていこうという姿勢で婚約し、結婚した」と書いており、その学究的な姿勢は田中家のリベラルな家風によってさらに強化されていった。

先述の今和次郎の調査によれば、一九二五年当時の銀座での女性の洋装率はわずか一％であった。そのような時代にあって、千代が新婚当時に洋装をしていたことが確認できる写真が多く残されている。その装いは、千代の活発な気質と田中家の進歩的な家庭環境を象徴しているといえよう。

III　文化学院と自由学園

田中千代は、結婚後も学び続けたいという強い希望を持っていた。夫・薫は女性の社会的役割に対して先進的な考えを持っており、千代の学業の継続を積極的に支援した。その結果、千代は長男・久《ひさし》[*3]（1925–2020）の出産後も、授乳のために帰宅できる自由な校風を持つ文化学院[*4]に通学することができた。このような環境のなかで、千代は与謝野晶子（1878–1942）から源氏物語を学び、画家の石井柏亭（1882–1958）から美術を学ぶことで、芸術への理解を深め、自身の創造力を磨き、表現する楽しみを学んでいった（西村勝 1994：58）。文化学院での学びは、彼女がのちに追求するデザイン活動における表現力の基盤を築く重要な経験となった。

この時期、薫は東京商科大学（現一橋大学）で講師を務める傍ら、自由学園でも教鞭を執っており、千代も自由学園とその創設者である羽仁もと子（1873–1957）との親交を深めていった。ジャーナリストであり教育者でもあった羽仁もと子とその夫・吉一（1880–1955）は、高等女学校令によって制限されない自由な教育を目指して、本科（女学校）五年、高等科二年の各種学校として自由学園を創設しており、その教育理念は、千代の価値観の形成に影響を与えた。羽仁夫妻は、教育は外側から教え込むことではなく、子どもの芽を伸ばしていくためのものであると考え、そのための学びの場を「生活」のなかに求めていた。そこで、教育として昼食づくり、掃除、洋服の制作、健康や衛生管理などを実践し、新しい日本の社会において力を発揮する子どもたちの育成を目指していた（野本 2008：189; 王 2010：5）。

家族写真、左より田中薫、千代、長男・久（1927年）

新婚時代にスキーをする田中薫と千代

千代は薫に促されて自由学園の生徒たちの前でスピーチを行い、自身の育児の実践例を語った（小川 1984：93）。千代はそれまで人前でスピーチを行った経験はなかったが、「授乳の際に粉ミルクを飲ませる習慣をつけておく」という具体的な育児方法を紹介したところ、羽仁もと子が創刊した雑誌『婦人之友』への寄稿につながった（西村勝 1994：54）。一九二五年の最初のエッセイは、新婚旅行で訪れた那須の山を描写し、自然のなかでの解放感や感動を素直に綴ったものであった。翌一九二六年一月号には、子を持つ若い母として、生活の質を上げなければならないという主旨のエッセイと、九月号には夫・薫との登山体験についてのエッセイ寄稿している。「少しくらい困難でも、人里からはなれた処でなければ面白くないような気がします。山に行って初めて人の手に触れないものが、どんなに美しく、又どんなに強く人を動かすかという事を知りました」。当時、登山やスキーは富裕層の間で広まりつつあった新しいレジャーであり、夫婦の体験は時代の風潮の先端をいくものであった。このように、自由学園での経験は、千代が自己の考えを表現し、教育的視点を養うきっかけとなった。

羽仁もと子の教育理念や行動は、千代が洋裁学校を設立する際の理念や方針にも大きな影響を与えた。たとえば、学園内で用務員を置かず、仕事を当番制で分担する方針は、千代がのちに洋裁学校を設立した際の学校運営における実践にも反映された（小川 1984：94）。また、訪問者を学校全体で迎え入れる姿勢も、外国のデザイナーが来校した際に生徒たちとの交流を促進する場づくりとして応用されている。このように皆で貴重な経験を共有する羽仁夫妻の教育方法や、人間教育と社会改造を結びつける志向と具体的な行動は、千代が教育活動を行う際の指針となった。

諏訪船上での素描。南京服（上）香港（下）（1928年4月頃『スケッチブック1』より）

諏訪丸船上の田中薫と千代（1928年）

IV 欧米へ

一九二八年、田中千代は文部省在外研究員となった夫・薫の洋行に伴い、ヨーロッパへ向かった。この旅は、千代にとって自己成長と学びの場であると同時に、モダン・ファッションの創造を意識させる重要な契機となった。薫の祖母・須磨は、彼女が夫の文部大輔や枢密顧問に就任した際も臆せず対応できたのは、外国での生活が大きな助けになったと千代に語っていた。千代は帰国後に社会に貢献できるような何かを学んで帰るとの決心を固め、薫とともに欧州へ旅立った。[*5] 日本郵船の諏訪丸で神戸港を出発した洋行の途上、千代は上海で念願のシングルカットに髪を短く切り、シンガポールでは船上で毎晩のようにチャールストンを踊るなど（小川 1984：112）、新しい文化との接触を楽しむ一方で、気になった人々の装いを中心にスケッチブックに描き残している。途中、コロンボでは、ロンドン駐在を終えて帰国する千代の両親と数時間面会し、欧州へ向かった。

欧州ではまずイギリスに滞在し、ニューナム・カレッジの寮に入って夏期講習を受講した。その後、夫・薫はオックスフォード大学へ向かったが、肋膜を患っていた千代にとって霧の深いオックスフォードでの暮らしは難しく、イギリス南部の海岸にある温暖な気候のリゾート地、ブライトンへ移り、女優の娘を持つ家主の家に下宿した。娘に同行してシェイクスピアの演劇を観るうちに、舞台衣装や服装史への関心を深めた千代は、ブライトンのファッション・スクールに通い始めた。しかし、春になると薫がフランスへ移動することになり、千代もブライトンを後にすることとなった。

パリのオートクチュールを着た千代（ロンドン、1929年）

パリでは、美術展覧会やオペラ、コンサートに通い、芸術文化を吸収したが、夫・薫はパリの水が肌に合わないとし、千代を残してベルリンへ移動した。千代はパリのアパートの屋根裏部屋で貧乏生活を送り、当時パリ在住の日本人画家の藤田嗣治（1886–1968）や木下孝則（1894–1973）、福島繁太郎（1895–1960）と慶子（1900–1983）夫妻、実業家の薩摩治郎八（1901–1976）らとも交流した。

千代は贅沢をするほどの金銭的余裕がなかったため、パリでの生活を「修業の旅」として捉え、限られた資金で生活した。彼女は贅沢を控えつつも、大使館の職員からのアドバイスに従い、イヴニングドレスなどは

田中千代、欧州風俗スケッチ、1929–1930年（『田中千代スケッチブック3』より）

一通りオートクチュールで揃えていた（同前：124）。千代は一九四二年に、このときのことを次のように回想している。

> このヨーロッパの旅は私には決して遊びや楽しみのものではありませんでした。（……）家の者は体を気づかって又体が弱くて何もせず、何もおぼえず、只贅沢とおしゃれだけを見憶えて帰って来るのでは何にもならないとの意見でした。（……）私は必ず何かしとげて帰ると云う決心をしてやっと、渡欧のお許しを得ました。そして本当の修業の旅に出掛けました。（田中千代 1982b：18）

この修業の旅のなかで、千代は服飾文化に本格的に関心を抱くようになる。彼女は次のように述べている。

> 服飾史に関するカタログに全部目を通してしまってからは、今度は古本屋あさりに夢中になってしまいました。（……）ハスハイエ《［ママ］》教授の教えを受けてからは、この数々の本が本当に役立って、本からの教えの道も開かれて来ました。図案と云ってもその道は沢山ある、どの道を選ぶべきでしょうか、旅を終えたに際して、果して日本は、どれを待っているでしょうか（同前：19）

千代はこのとき、ヨーロッパの都会の「モード」だけを見ていたのではなく、民俗衣装にも関心を寄せていた。彼女のスケッチブックには、フランスのノルマンディー地方、スペインやオランダ、オーストリアなど、欧州各地のローカルな装いが描かれている。千代は、のちに自身のデザイン活動において欠かせない要素となる民俗衣装や地域の服飾文化を観察し、デザインに生かす視点を養っていった。

1　オットー・ハース＝ハイエによるデザイン教育――「美しい花には健全な根がある」

田中千代は洋行中、彼女の人生を決定づける二人の重要な師と出会う。その一人が、チューリヒの「モード・コスチューム専門学校」校長のオットー・ハース＝ハイエ（Otto Haas-Heye, 1879–1959）であった。彼はバウハウス（一九一九年設立）の予備課程のデザイン教育を構築したヨハネス・イッテン（Jahannes Itten, 1888–1967）の教育方法に基づき、モダン・デザインの教育を千代に指導した。千代は一九三〇年四月から一二月までハース＝ハイエの学校に通い、デザインの基礎を徹底的に学んだ。ハース＝ハイエとの出会いは、千代が『VOGUE』誌を見て彼のデザインに魅了され、手紙を送ったことから始まる。すぐに国際電話が入り、「すぐに来なさい」という招待を受けてチューリヒへ向かった千代は、入学試験として二日間にわたり一枚の葉をスケッチする課題に取り組んだ。これは、写実的な表現を超えて葉の本質と生命力を表現する能力を試すものであった（小川 1984：126–132; 西村勝 1994：74–83）。

ハース＝ハイエの学校での素描（1930年『田中千代スケッチブック17』より）

オットー・ハース＝ハイエ

とうとう私は、その葉の形を見ずに殆んど間違いなく描けるようにまでなってしまいました。そして、その形のなかで特に好きな個所、好きなカーブ、裏返っている所の美しさや、それの作る影などが特に強く頭に印象づけられるまでになりました。私は急にはっと気が付きました。そして、その印象に残った部分だけを心をこめて描いてみました。先生は心から喜んでくれました。それが物を見る心でした。（田中千代 1982b：13–14）

このエピソードは、千代が「物を見る心」を養う出発点となったことを示している。千代はこの体験を重視し、生涯にわたって繰り返し語り続けた。さらに、ハース＝ハイエは「物は眼でだけで見ていては駄目です。心で見て又手だけで描いてはいけません。心で描いてください。そこに図案の心があり、頭があるのです」（同前：14）という言葉を千代に授け、千代に単なる技術以上の創造的洞察を求めた。

ハース＝ハイエの学校では、世界中から二〇名ほどの学生が集まり、デザインや製図、写生などの授業が英語で行われた。午前中はデッサンや写生、デザイン、午後はドイツ式の製図が行われた。千代が特に興味を持ったスケッチの授業では、写実的な描写から省略と抽象を重ねるプロセスを学び、最適なラインや構図を探る練習が行われた（西村勝 1994：84）。また、デザインに行き詰まった際には、スケッチや読書、音楽など日常からの刺激を通じて創作のエネルギーを再活性化させる方法も教わった（小川 1984：135–137）。

ハース＝ハイエによる教育は、田中千代にとってデザインの基盤を築く重要な体験であった。彼の教えは、デザインにおける感覚の鋭敏化と独創的な思考を育むものであり、千代ののちの活動に大きな影響を与えた。特に、「やっていることは『点』でよいので、その『点』と『点』をつないで行く、型どおりにやらず型を崩してみる。生命は続いているので、デザインで困ったら後ろに戻ってみる」という教えや、感覚を鋭くする訓練は、物事を徹底的に観察し、内面的な洞察をもとにデザインに昇華させる姿勢を千代に示した。

千代は「良いレシーバー（受け手）になれ」というハース＝ハイエの教えを受け、花一つを観察する際にも「ただ綺麗だ」と感じるだけでなく、「真ん中は密度が濃く、外側は薄い」「花びらのかたちはどうか」といった具合に、対象の細部を見つめ、本質を摑む力を養った。また、音楽を聴きながら「何色が見えるか」と問われるような感覚の鋭敏化訓練も行われ、千代の創造性はさらに磨かれていった。こうしたレシーバーとしての視点は、デザインだけでなく、人間関係においても重要であると千代は晩年に語っている（同前：142）。千代はハース＝ハイエのもとで「時代の空気や人々が欲するものを察知する能力」がデザインの核であることを学んだ。

千代は一九五八年のラジオ番組で、ハース＝ハイエの授業について次のように振り返っている。

丁度五月ころだったかと思いますが、緑の色を採集するという勉強をしました。私たちは随分沢山の緑を知っているように思っていましたが、天然が作ってくれた緑の数は実に多くて、きっとびっくりするだろうという事でした。（……）こういうふうにしてデザインのクラスはただ机の上に終らさないで、自然に親しませるということろぐみでした。自然を目でみて、その美しさと変化を直感する勉強は、色を本当に味わうことを教えてくれました。（田中千代 1960：100–101）

このエピソードは、自然との対話を通じたデザイン教育の重要性を伝えている。自然を観察し、その美しさを直感的に理解することで、千代は「色を味わう」感覚を学んだ。

ハース＝ハイエの教育は、教師がテーマを提示する場合もあれば、生徒自身がテーマを見つけ出すことを求められる場合もあった。布を与えられ、そこからテーマを見出す課題などを通じて、千代は実際の着用を目的としない創造的なデザインを考案する力が鍛えられた。したがって、それは多くの人が日常的に着用する既製服のデザインには適していなかった。むしろ、オートクチュールや舞台衣装に近い一点ものであったため、のちに千代がアメリカへ移動することを伝えると、ハース＝ハイエは、既製服の学校であるトラペーゲンで学ぶようアドバイスをした（小川 1984：146）。その前にケルンの美術工芸学校で製図や裁断、ショーウィンドウの陳列などを学び、フランクフルトではボディ制作の技術を習得するよう勧めた（田中千代 1948a：118）。こうして千代は、ヨーロッパでの教育を通じてデザインや衣服制作の幅広いスキルを身につけた後、アメリカへ渡った。

ハース＝ハイエは千代に対して、デザインにおける創造性を重視し、知識を体系化してまとめるよりも、感覚や精神を解放することの重要性を説いた。千代は一九四二年に次のように書いている。

貴女は、細い小さい事にこだわった勉強の仕方をしてはいけない。小さい頭でノートを纏《まと》めたりしてはいけない。纏《まと》める事などに夢中になってはいけない。図案の心を呼びさまして、此処を去っていきなさい。纏《まと》めてしまうと安心して固まって伸びなくなる。貴女の勉強は此処を去った後に自分でしなければならない。そしてそれは果てしなくつづくでしょう。そして伸びるでしょう。
（田中千代 1982b：14–15）

ハース＝ハイエからの学びは、田中千代のキャリアの原点であり、のちに彼女が日本で自身の学校を設立する際の理念や方向性に大きな影響を与えた。特に、教育への情熱と創造的なデザインの理念は、この時期に確固たるものとなった。ハース＝ハイエの教育方針や指導法は、千代にとって生涯を通じて活動の根幹にあり、彼女が独自の教育理念を形成していく礎となった。ファッション・デザイン教育に対する千代の熱意が、この時期から育まれていたことは、以下の一九四二年の回想からもうかがえる。

> 先生「ハース＝ハイエ」は私によく「貴女が日本に帰ると、其処には沢山の美しい娘さんが集って、貴女をかこんで貴女の話を聞いている」と急に夢のような事を云われました。（……）ハスハイエ〔ママ〕教授は私の勉強に一つの方針を定めていられたのです。先生は私に具体的にこまかい事を教えたくない、気分精神を教えたいといつも云ってい〔ママ〕られました。（同前：15）

この言葉からもわかるように、ハース＝ハイエの教育は、単なる技術や知識の伝授にとどまらず、創造性や感性を深く養うことを目指していた。具体的な方法論ではなく、ハース＝ハイエの「美しい花には健全な根がある」という言葉に象徴されるように、デザインの本質的な理念を教えるというアプローチが、千代に対する教育方針の核となっていった。

帰国後、千代はハース＝ハイエの描いた夢を実現するために尽力し、実際に多くの若者たちが彼女のもとに集まり、デザイン教育を受ける場を現実のものとした。ハース＝ハイエの影響は、千代の教育活動を通じて日本のファッション文化に広く浸透し続けることとなった。

2　エセル・トラペーゲンによるファッション教育

田中千代にとってもう一人の重要な師は、ニューヨークの「トラペーゲン・スクール・オブ・ファッション」の校長エセル・トラペーゲン（Ethel Traphagen, 1882–1963）である。

千代と夫・薫は、ヨーロッパを離れ、アメリカを巡りながら帰国の途につくなか、ニューヨークに半年間滞在し、千代は一九三一年に、トラペーゲンの学校に通った。タイムズ・スクエア近くのセヴンスアヴェニューにある高層ビルに位置した同校は、創造的な教育に加え、企業との直結した実践的な指導を行い、既製服産業の即戦力となる技術を習得できる場であった。学生数は多く、基礎から学ぶことで卒業後に既製服の会社に就職するシステムが整っていた。一九六〇年代以降には、パリで活躍するイタリア人オートクチュール・デザイナーのピエール・カルダン（Pierre Cardin, 1922–2020）やアメリカのファッション・デザイナー、アン・クライン（Anne Klein, 1923–1974）、ジェフリー・ビーン（Geoffrey Beene, 1924–2004）らも卒業生である。

エセル・トラペーゲン

授業内容は、たとえば布地を与えられ、限られたコスト内で洋服を作る課題など経済性や合理性を重視したもので、商業的な実用性に焦点が当てられていた（小川 1984：152）。千代は初めはその実践的なスタイルに面白さを感じたが、次第にそのスタイルに飽きを覚えたとも述べている。これは、ハース＝ハイエの創造的な授業内容とは正反対であり、ニューヨークの経済合理主義的・商業主義的な視点からファッション業界を照射した教育の機会となった。一九四二年に次のように回想している。

> 衣裳屋の主人がディザインを買いに学校へやって来る

のも、しばしばでした。生徒の図案が何円といって、売られて行くのを眺めて異様な感じを受けました。（……）ディザインを買いに来た店主が自分の好みに合うディザインを描く生徒を見出すと早速その場で雇う交渉がはじまり生徒の就職が定まって行ったりしました。ここは全く商業と結びついた学校です。（……）私の図案が三ドル（当時の六円）で売れた事もありました。（田中千代 1982b：17）

専属デザイナーを持たないニューヨークの小さな洋服店は、常に生徒のデザインを求めていた。千代の作品も時折買い上げられていた。トラペーゲンで学んだファッション・ドローイングや効率的な材料の使用に関する知識は、帰国後の鐘紡での仕事に大いに役立つことになる。

さらに、千代のファッション観の形成において重要だったのは、民俗衣装研究との出会いである。当時トラペーゲンは、画家の夫ウィリアム・ロビンソン・リーとともにアフリカから帰国したばかりであり、トラペーゲンの民俗装身具の収集が千代の興味を大いに触発した。千代は一九六三年に次のように回想している。

園長先生は海外旅行から帰られたばかりで、最初のお講義では海外から集められたいろいろの［ママ］変ったアクセサリーを主として、服を見せながら民族による、又土地柄による衣服の違い、美しさ、そしてその裏に潜む人間の心理を話して下さいました。この初めのお講義は、私にとって物珍らしいばかりか、印象的だったのです。こうした学校に入った事が、私の民俗衣裳コレクショ

ン熱をあおり立てた事は当然です。(同前：166)

トラペーゲンは、アフリカでの調査経験をもとに「服飾やアクセサリーと環境について」というテーマで、足輪や鼻輪など実際の装身具を用いながら、それが単なる装飾ではなく奴隷が逃げないように金属音で察知できるなどの機能についても解説した。千代はこうした授業から、装身具が装飾としての機能だけでなく多様な役割や文化的背景を持つことを理解した(西村勝 1994：94)。さらに、トラペーゲンでは服飾史の授業との出会いがあり、服飾史と民俗衣装・装身具が織りなす豊かな世界は、千代に深い感銘を与えた。ロンドンで自発的にヴィクトリア&アルバート・ミュージアムや古書店で服飾史の本を読み漁っていた千代にとって、トラペーゲンでの経験は、民俗衣装という空間軸と服飾史という時間軸の両方を取り入れ、装いの文化的特性を深く理解する契機となった。この学びは、のちの千代の歩みにおいて決定的な意味を持つものとなった。

アメリカの進んだ既製服産業の実践的な考え方、デザイン技術、制作手法、そして民俗衣装という新たな研究領域に触れた千代は、帰国後、日本のモダン・ファッションの発展に向けて邁進することとなる。

3　日本のファッション誌への寄稿

田中千代は、この洋行を機に『婦人之友』や『婦人画報』誌上でファッション研究家・批評家的な役割で活動を開始していたことも指摘しておきたい。その最初の原稿は「海外流行雑信」と題して、

『婦人之友』一九二九年二月にパリとロンドンの流行色の違いについて述べたものであった。彼女は、パリの流行がロンドンに二か月遅れて到達することを解説し、また、目まぐるしく変化する流行に対し、いかにデザインに修正を加えていけば経済的であるかも具体的に解説している。実際、当時の彼女のスケッチブックには、ヨーロッパ各地で観察した人々の装いのスケッチが多く残されている。

同誌一九三〇年一月号には、ロンドンで流行している髪型について考察し、「もっと自由に自分の姿に合せ『長』に行くも『短』に走るもさっぱりと所信を行うことにしたら良いと思います。私も日本に帰る日が来たら日本服との調和の問題について具体的に考えるつもりです」と、現地での観察レポートに、千代自身の見解も交えて執筆している。

さらに留学中、最後の寄稿となった「日本服批判　服装評論家ミス・デイビスと語る」（同誌同年六月号）では、ファッション批評家としての立場から、外国生活を続けるなかで、日本と滞在国を客観的に観察できるようになったと述べ、確固とした口調で次のように書いている。

第一に日本の婦人服が如何に運動に仕事に不自由であるかと、いうことを痛切に感じました。（……）現在の日本に於いて婦人は初めて社会に乗り出そうとしています。この際にあって私は未だにあの不実用不自然の服が保たれていることが不思議に思われてなりません。（……）今日日本に於いて用いられている洋服は実用の点では及第としても美の点からみて落第かもしれません。（……）美と実用とを兼ねた服装を考案して行く事も怠ってはなりません。

彼女は日本で着用される洋服に対し、実用的ではあるが美的な面で不足していると批判し、美しさと実用性を兼ね備えた服装を考案することの必要を帰国前に発言していたことがわかる。

帰国後の一九三二年には『婦人之友』一〇月号に「神戸の方に住んでおいでになる田中千代子夫人」として登場し、「田中千代子夫人を中心にして　洋服を美しく着るために」というタイトルで、軽井沢を歩く人々の着こなしに関するコメントを紹介する企画が組まれている。千代はこの記事で、鋭い観察眼とデザインを理解する専門家として、具体的な例を挙げながらわかりやすく解説している。これを機に、『婦人之友』にはファッションの連載ページが設けられ、千代は「着こなし」について連載を続けた。さらに、『婦人子供洋服裁縫大講習録』第二巻〜第六巻（婦人之友社、一九三二―一九三三年）では「流行の話」「色と型の調和」「動の美の研究」「国状によって異なる各国の服装」などのテキストを執筆し、それらをまとめたものが、千代にとって初の単著となった『新女性の洋装』

日常の人々の素描、フランス・ニース、1930年３月（『田中千代スケッチブック４』より）

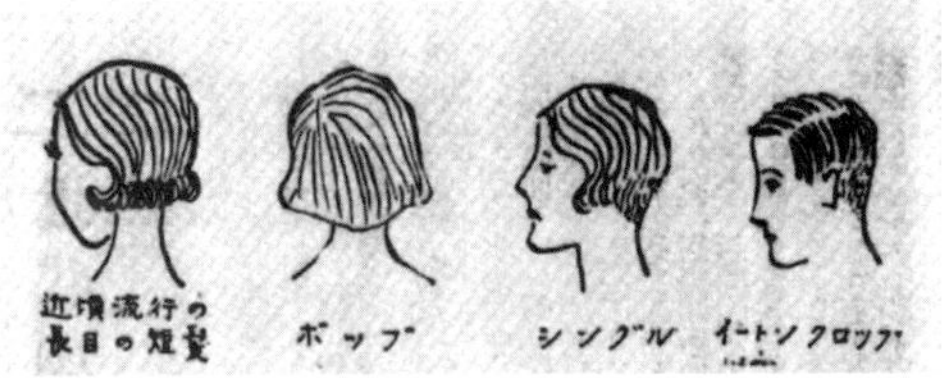

髪型のイラスト（『婦人之友』1930年1月号）

（一九三二年）であったことは、すでに見てきたとおりである。以降も『婦人之友』誌において、一九三六年ごろまで洋服のデザインや着こなしに関する記事を定期的に寄稿した。

＊1 雙葉小学校の大正八（一九一九）年の小学校卒業名簿および同窓会名簿には「松井千代子」の名前で掲載されている。田中薫と結婚後、一九二五年に『婦人之友』に寄稿したのを皮切りに千代の執筆活動が始まるが、一九三五年ごろまでは、「田中千代子」と「田中千代」の両方の名前で寄稿されている。

＊2 東京渋谷の田中千代服飾専門学校（現渋谷ファッション&アート専門学校）の校長室の壁には、明治画壇の洋画家・黒田清輝（1866–1924）の風景画がかけられていたとある（小川 1984：9）。これと同じ作品かどうかは不明だが、千代は一九八八年に東京国立近代美術館に黒田の《落葉》（一八九一年）を寄贈している。

＊3 のちに京都大学薬学部教授、同薬学部長となった。千代の学園の教養科目を教えたり、学園誌に寄稿したりしているが、洋裁教育などの千代の活動に積極的にかかわることはなかった。

＊4 文化学院は大正デモクラシーの波が高まるなかで、独自の自由教育、創造教育を目指した西村伊作（1884–1963）が西村の長女の教育のために設立した学校であったが、長男が中学校に上がるのを機に、日本で最初の男女共学校となった。二〇一八年に閉校（黒川 2011：155）。

＊5 千代の滞在費用は、田中家の祖母・須磨と今村家の祖母・家寿の貯金から賄われていた（小川 1984：109–110）。当時の女性として、これほどの理解と自由を得られる環境は非常に珍しかった。

第2章 モダン・ファッションのパイオニア

戦前の日本では、女性の装いはどのような変遷をたどってきたのだろうか。

明治時代、鹿鳴館時代の終了後も洋装は広く普及せず、多くの女性は依然として和装を維持していた。しかし、一九二三年九月一日の関東大震災を契機に、洋装化は大きな進展を見せる。この災害で洋服の活動性が注目され、和服の非活動性が問題視されたことで、多くの女性が洋服の利便性に目を向けるようになった。また、大正時代の生活改善運動や、東京の近代都市としての再建を背景に、都市の中産階級を中心に、外見上の調和美の観点からも洋装化が唱えられたのである（中山［1987］2010：358–359, 378–379)。

それでもなお、大妻コタカ（1884–1970）ら多くの著名人や知識人が和装の改良を支持していた。一方で、関東大震災後の一九二三年九月末には新装普及会が組織され、一〇月には羽仁吉一・もと子夫妻が運営する婦人之友社が「軽快《ライト》ドレス」を販売するなど、洋装普及を推進する具体的な活動も始まった。羽仁夫妻は、飯島婦人洋服店に安価な簡単服の制作を依頼し、販売を行ったのである。一九二六年ごろに大阪で販売された簡単服「アッパッパ」は直線裁ちのシンプルな夏用ワンピースで、特に日本の暑い夏に適した安価な既製服として全国的に広まり、洋装未経験者に洋服の利便性を伝える重要な役割を果たした。

こうした社会的な変化のなかで、田中千代は欧米留学から帰国し、ファッション・デザイナーとしての活動を本格的に開始した。彼女は先述のように羽仁もと子の依頼を受けて執筆した『婦人子供洋服裁縫大講習録』第二巻〜第六巻（一九三二—一九三三年）に自身の服飾観やファッション論を発表し、それらの原稿をまとめ、一九三三年に単行本『新女性の洋装』を刊行した。この著書で千代は、和服の改良ではなく、洋装への完全な転向の必要性を次のように主張している。

> 帯無しで日本服と云えますか、裾を五寸短かくして脚を出して差支えありませんか、それは出来ない事です。それ等が出来ない以上日本服の改良は出来ない相談です。これは日本服を土台にして不便な所無駄な所だけを取り除いて、日本服の面影を失わずに服を作り出そうという考がそもく〵間違って居るからだと云えましょう。此処に於て日本服に満足することの出来ない日本の新女性が改良服を断念し、洋装に向うのは賢明な事なのです。（田中千代 1933：22–23）

田中千代は改良服の限界を説き、洋装こそが近代日本の女性にとって活動的で衛生的な服装であることを論理的かつ力強く主張した。関東大震災から一〇年経っても洋服の普及が遅れていた状況下、改めて洋装を新しい時代の装いとして提案し、その普及に努めた。

本章では、田中千代の戦前・戦中におけるファッション・デザイナーとしての活動を振り返りながら、彼女の洋装普及への取り組みを具体的に検証し、田中千代が戦前・戦中の日本におけるモダン・

ファッションのパイオニアとして果たした役割を浮き彫りにする。また、彼女の活動が日本における「ファッション・デザイナーのパイオニア」として位置づけられるゆえんを探るための基盤を明らかにしていく。

I 「ファッション・デザイナー田中千代」の誕生——鐘紡との出会い

欧米留学を経て帰国した田中千代は、いかにしてファッション・デザイナーとしての道を歩み始めたのだろうか。その契機は一九三一年九月末、アメリカ・サンフランシスコからの帰国船上で鐘淵《かねがふち》紡績(以下、鐘紡)の前社長・武藤山治(1867–1934)の妻、千世子の知遇を得たことにある。船上で服を縫う千代の姿に、千世子が興味を抱いた。さらに、千代の夫・薫が神戸商業大学(現神戸大学)に就職し、夫婦で神戸で新生活を始めるにあたり、千世子が住まいの準備などで援助を申し出た。加えて、千世子の紹介により、千代は一九三二年三月一日から、大阪心斎橋に新設された鐘紡サービスステーションで顧問・デザイナーとして働き始めることとなった。

鐘紡は一九二四年、自社製品を広めるため「カネボウ商品陳列所」を開設し、翌二五年には海外駐在員を増員するなど、消費者のニーズを反映した製品開発を目指して活動を拡充していた。この流れを汲むサービスステーションは、デザイン重視の付加価値の高い製品開発のために、消費者の求めるものを調査し、商品企画に役立てようとする画期的なもので、当時、紡績会社としては初めてのものであった(鐘紡 1988 : 249)。それは、当時の社長・津田信吾(1881–1948)が掲げた「布地の製造だけに留まらず、日本の衣生活を指導したい」という理想が込められていた（西村勝 1994：107, 122）。田中千代のキャリアは、満州事変勃発（一九三一年）後のこうした革新的な企業文化と、比較的安定した国内経済状況のなかでスタートを切った。この時期の鐘紡は「春は船に乗って」という宣伝テーマに沿って、鐘紡のシルク・ブロケードを用いたドレスなど、舶来品に対抗する製品開発を進

鐘紡のためのデザイン、モデル：田中千代（『婦人之友』1936年2月号）

めていた（田中千代学園編 1982：10）。

翌一九三三年、千代は阪急百貨店社長・小林一三（1873–1957）からの依頼を受け、婦人服部の初代デザイナーに就任した。それまで日本の百貨店では外国人デザイナーが主に活躍していた。一九三七年には佐々木営業部[*1]（のちのレナウン）の尾上設蔵（1887–1940）から依頼を受け、子供服のデザインも手がけるなど、幅広い活動を展開した（西村勝 1994：122, 128）。白木屋、三越、髙島屋などの大手百貨店がファッション・デザイナーを求めヨーロッパへ赴いた時代において、鐘紡や阪急百貨店、佐々木営業部といった先進的な企業が千代を評価し、重要なデザイン業務を託した。この評価は、千代の先進性を示すとともに、日本のファッション界で彼女が新たな地位を確立する契機となった。

阪急百貨店でのデザイナーとしての活動は、『デパートタイムス』（一九三四年一一月一五日号）[*2]で「日本趣味を取り入れキモノ化した婦人服」として紹介されている。一九三四年一一月六日から一二日に

かけて開催された「田中千代女史意匠婦人服陳列会」では、「女史はかねて日本には日本らしい洋装を創る事を主張と《［ママ］》していたが、今回の流行の本場視察に依り巴里でも例えばモリヌーの如き一流衣裳店等が、最近実に巧みに日本趣味を取り入れているのを実地に見、大いに意を強くし創作した」との記事が見られる。たとえば、《無造作》という舶来のウール地を用いた作品では、布の縁を無造作にほぐしたままにして、ボタンではなく裏にフックを付けてとめる仕掛けや、袖付けや手首をタイトに仕立てることで、洋装に日本のキモノの要素を取り入れたと評されている。《羽織》や《粋》と題した作品も和服のエッセンスを取り入れ、「全作品いづれも洋装とキモノの調和に成功を収めた」とされた。

実際、田中千代が単なる洋裁技術を伝えただけではなく、そのデザインに創造性があることは、戦前の活動初期から理解され、評価されていた。『大阪之工藝』（一九三六年一月号）では、林英雄が「大阪の婦人美術工芸家を語る」と題して千代の活動について「今日のひろい服飾美術乃至は工芸の分野を語ろうとするほどのもので、田中千代さんの名を知らないものは、あまりたくさんあるまい」と述べ、「近代明《［ママ］》装の美を遺憾なく体現し、これに配するに日本固有の伝統的感情を交錯して、一つのシンプルな、それは崇高にして、およそ微笑ましい観念にまで到達せしめる新しい婦人洋服の展観」であると評している。このように、千代の活動は日本の気候や風土、文化的・社会的背景に適応した洋装を模索するものであり、当時から理解者が存在していたことがわかる。

1　鐘紡サービスステーション

田中千代のデザイナー活動のなかでも特に重要だったのが、鐘紡サービスステーションでの仕事である。一九三二年二月に開店したばかりのサービスステーションは、大阪心斎橋筋の戎橋に程近い東側に位置していた。正面は乳白色の総ガラス張りで、黒い大理石の縁取りが施され、開口部はダイヤ型にくりぬかれたファサードを備えていた。この店舗は従来には見られない斬新なスタイルを採用していた（上田 1981：8）。ここでの活動は、彼女がファッション・デザイナーとしての立場を確立する大きな転機となった。千代は「顧問」および「デザイナー」という肩書で、主にショーウィンドウに飾る服のデザインの考案や制作を担当したが、他にも布地購入者への無料裁断や注文服のデザインも行っていた（西村勝 1994：108）。千代は、来店する女性たちのほとんどが和服を着ていたため、仮縫いができず、まずは千代が下着のスリップを用意することから始めたと語っている。千代の作品が飾られた西洋風のモダンな店構えのショーウィンドウは、心斎橋でもひときわ目を引くものであった。

千代の代表作の一つ《パジャマ・ドレス》（一九三二年、口絵）は、心斎橋の鐘紡サービスステーションの開店展示用に作られた活動的なパンツ・ドレスで（芦屋市立美術博物館編 1991：110）、バウハウスの造形理論に基づき、「線」の要素を多用し用途のない装飾を省いたモダン・デザインである。鈴木彩希はこの作品について、千代のいう、「動の美」を多分に含むもので「最も『近代的』な衣服として、洋装化やより自由な服装を促進させた」と評価している（鈴木彩希 2015：18）。

一九三〇年代は洋装が都市に住む若い女性に普及していく過渡期にあり、鐘紡での千代の活動は、

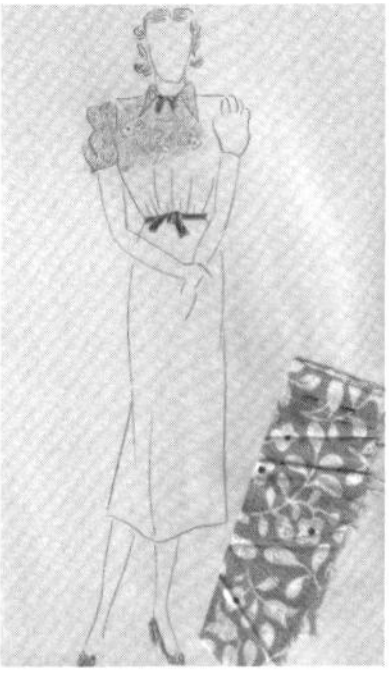

鐘紡サービスステーション用スタイル画（1932年頃『田中千代スケッチブック10』より）

鐘紡サービスステーションで働く千代（『ホームライフ』1935年11月号より）

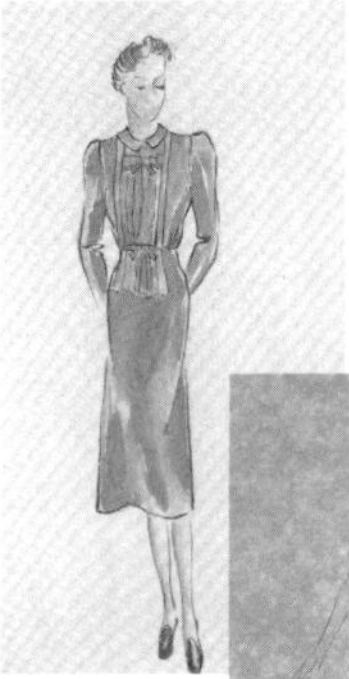

神戸鐘紡サービスステーション用スタイル画（1932年頃『田中千代スケッチブック8』より）

「スタイル画、鐘紡店の飾り用」（1938年『田中千代スケッチブック13』より）

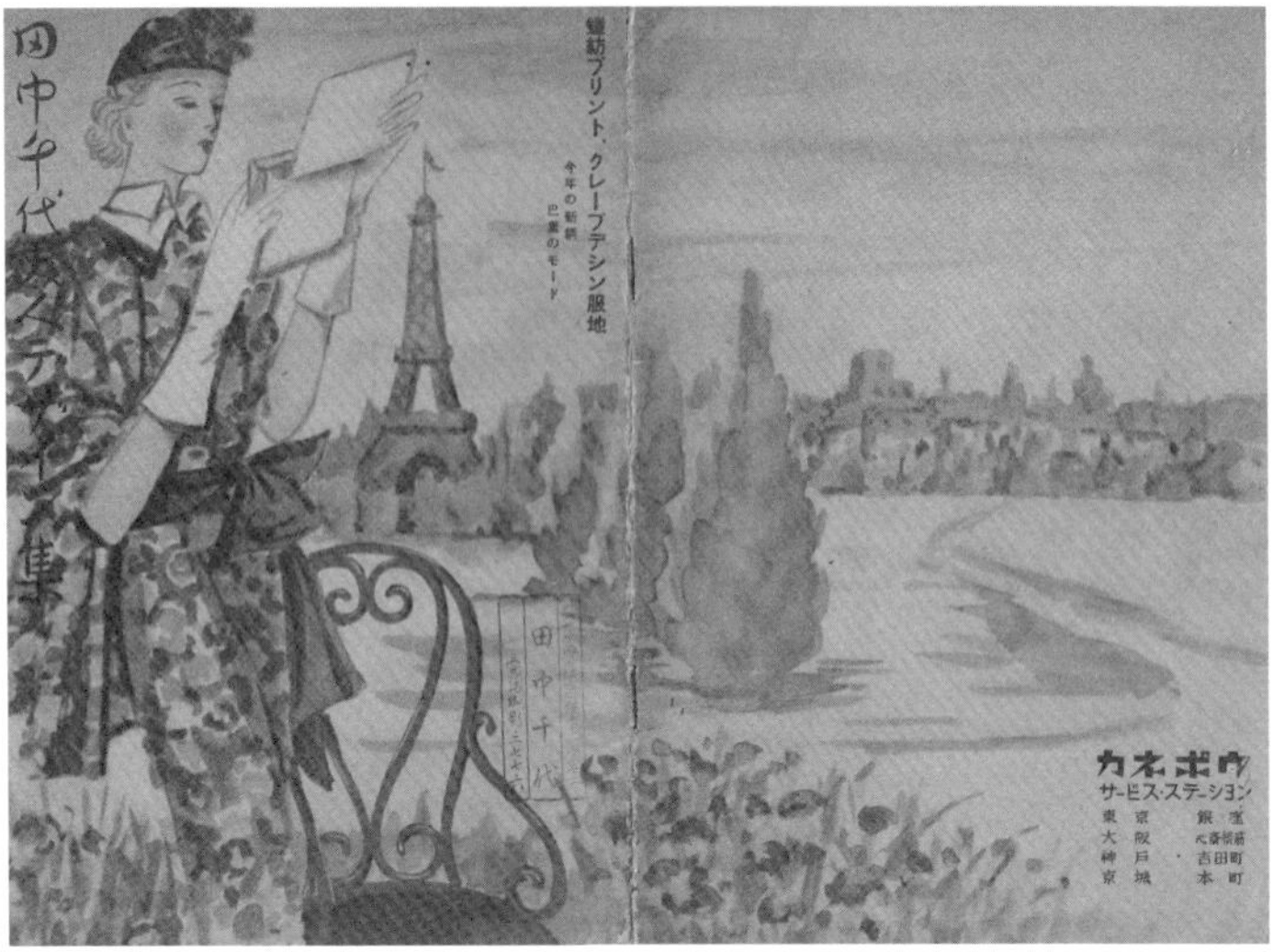

鐘紡商品カタログ『田中千代夫人デザイン集』（1930年代）

当初から存分にモダン・デザインの発想を生かした自身の理想とする創作活動ができたわけではない。最初は「布地の美しい使いこなし方」を伝えることに重点が置かれていた。無料裁断や仮縫いサービスを提供し、全身コーディネートの提案を行うなど、千代はきちんとした洋装のコーディネートを人々に普及させることから始めていかなければならない状況であった。彼女はアッパッパのような簡易服や下着の着方の講習も行い、洋装に対する人々の理解を深める役割を担った。こうした活動について千代は、「あまりにも出鱈目《でたらめ》の洋服の着方」を直すため、「そしてもっと健康的に便利に軽快にしかも美しく」洋服を着てもらうためだったと一九四二年に「追憶」と題したテキストのなかで振り返っている（田中千代 1982b：21–22）。千代の仕事は時代が求めていたもので、多くの人に喜ばれ、注文が途切れることはなかった。

さらに、千代は鐘紡の布地を使用した際の感想や顧客の声を工場にフィードバックすることで、津田信吾社長が掲げた「作り手と消費者を結ぶ」構想を具体化した。これは、日本において消費者の声を直接メーカーに伝える新しい取り組みの一つであり、鐘紡が消費者志向の製品開発を推進することにつながった（西村勝 1994：107）。

鐘紡は創業以来、綿糸・綿布を生産しており、一九〇六年からは絹糸紡績事業にも着手していた（鄭 1998：16）一九三〇年代当時、鐘紡で取り扱われていた布地は、富士絹、クレープデシン、ジョーゼット、ブロードクロース、トブラルコなど限られた布地を素材にする制約があった。鐘紡で製造した布に、外国の雑誌から鵜呑みといったスタイルが、日本人の身体に合うわけもなく、千代はこの制約のなかで「国産の布地を生かすディザイン、しかも日本人に似合うディザイン」を生み出すことを「良い勉強」とし、時代や素材に適応する姿勢を磨き、独自のデザインを生み出していった（田中千代 1982b：24）。前述したテキストに次のようにある。

ここに私の独特のディィザインの立場が生れ私はそれに真直ぐに突進しました。外国の模倣でなくいつもいつもその立場での図案を怠りませんでした。いつの間にか鐘紡カラー、田中カラーのディザインだと世評されるまでにその立場が強調されました。これは只私の好き好みだけではありません。私の立場がそういうディザインをさせただけで至って自然なのです。（同前：24–25）

この言葉からもわかるように、千代は日本人に適した健康的で快適かつ美しい洋装を目指していた。鐘紡製の布地を用いるという制約のなかで、彼女は西洋の模倣を超えた独創的なデザインを模索し続けた。個性的な表現ではなく、多くの日本人女性に似合うデザインをしなければならないという条件は、創造性を重視していた千代にとって挑戦であった。しかしこの制約が彼女の可能性を広げ、ファッション・デザイナーとしての進化を促す重要なきっかけとなった。

鐘紡サービスステーションは心斎橋を皮切りに、神戸・吉田町、東京・銀座[*3]、神戸・元町、京城（現ソウル）、仙台、盛岡、新潟、横浜、京都といった主要都市に展開し、海外では香港やハワイに拠点が設けられた。これに伴い、千代の活動も地理的な広がりを見せた。そのなかでも、一九三五年に銀座に開設されたサービスステーションは、服部時計店（現和光）やミキモトと並ぶランドマークとして注目を集めた（鐘紡 1988：255）。自由学園出身の山室光子は、銀座のサービスステーションを取材し、『婦人之友』一九三六年二月号に記事を執筆した。山室によると、銀座のサービスステーションは、「磨き上げられた黒花崗岩の面にガラスとホワイトブロンズを配したフランス風ファサード」が特徴であり、ガラス張りの一階部分は「生きた大ショーウィンドウ」のように美しい布地やマネキン、店内を流れる人の群れを映し出していた。階段正面には鏡が配され、布地が映り込む幻想的な空間が広がっており、洋装に関するあらゆる商品が揃っていた。この空間には、シフォンベルベットや毛織物、輸出向けの綿布、白地木綿のシーツやテーブルクロスなどの布地が並べられており、そのなかには、鐘紡が国内で初めて製造した布地も含まれていた。また、フランス人デザイナーが手がけたプリントのクレープデシンも取り扱われ、これらの布地は一九三五年のベルリン市場で好調な販売実績を上げた。輸出用布地は、布地見本を取り寄せる時間を省くために、フランスから意匠を直接購入し、それをもとに鐘紡で製造されていた。このような輸出に特化した布地の生産は、鐘紡の国際的な競争力を高めるだけでなく、国内市場にも高品質な製品を提供する基盤となった。さらに、銀座のサービスステーションの一角にはモデルルームが設置され、田中千代がデザインした衣装《流れ》が展示されるなど、ファッションの展示場としての役

銀座・鐘紡サービスステーション（1936年）

割も果たしていた。ここで特記しておきたいのは、店内には「婦人服、ワイシャツのご注文に対応します」という札と「デイザイナー　田中千代」の札があったことである。

この銀座サービスステーションは、一九三七年公開の映画「白薔薇は咲けど」(監督：伏水修)にも登場し、主人公のお針子・篤子(入江たか子)が勤める「銀座ファッション・ストア『マヤ』」として描かれた。映画のなかでは、西洋文化を象徴する洗練されたモダンな空間として描かれており、千代は衣装のデザインや制作も行った。

インタビューで、山室光子は千代が「鐘紡サービスステーションを商品の販売ではなく、鐘紡製の優秀な製品を紹介する場」として位置づけていたことを明らかにした。また、創造的なデザインが求められるなかで、津田信吾社長の「木綿から絹物まで幅広い人々の服装を支える」という理念に基づき、千代が活動していたことが示されている。

千代がデザインした服を披露した鐘紡での初のフロアショーは、一九三五年に帝国ホテルで開催された。千代のデザインは人々の心を摑み、心斎橋のサービスステーションの近隣にある劇場を訪れる芸者や役者、ダンサーたちが顧客となった。[*4] サービスステーションは彼女たちが集う場となったことで、洋装普及の拠点としての役割を強め、千代の活動はさらに広がりを見せた。

私は洋裁という仕事を完成してみようと決心しました。私に与えられた大きな仕事であると深く感じました。(田中千代 1982b：28)

千代の一九四二年のこの言葉からも、千代が鐘紡での活動を通じて、創造的な洋裁への意欲を高めていたことがうかがえる。鐘紡での活動は、彼女のキャリアにおける出発点となり、日本におけるモダン・ファッションの展開に実験場として、またショーケースとして重要な役割を果たしたのである。

調査中に発見した写真をここで紹介しておきたい。この写真は夫・薫が撮影したもので、一九三八年四月一日から五月三〇日まで兵庫県の西宮球場およびその周辺で開催された「支那事変聖戦博覧会」において、「戦時重要産業出品会社」の一つとして鐘紡のセクションで、田中千代がデザインしたと想定される洋服を写したものである。同展の記録集にも同様の写真が掲載されている（朝日新聞社篇「支那事変聖戦博覧会大観」1939：93）。田中千代の著作や鐘紡の社史には記載が見当たらないため、詳細は不明である。

ミニスカートは、長らく一九六〇年代に初めて登場したものとされ、ロンドンのデザイナー、マリ

田中千代によるミニスカートのワンピース（鐘紡「50年後の服飾展」1938年）

田中千代によるミニスカートの婦人服図案（『鐘紡婦人服図案1937–1939』より）

ー・クワント（Mary Quant, 1930–2023）がその生みの親と語られてきた。実際、クワントが一九五八年ごろからミニスカートを販売し始めると、一九六〇年代に入るとイギリスのユースカルチャー「スウィンギング・ロンドン」のアイコンとなって爆発的に流行し、若い女性を解放するファッションとして世界を席巻した。さらに、学生運動やウーマンリブにおいても自由と解放のアイコンとなり、時代を象徴するスタイルとして確立された。事実、一般大衆にまで広がり、膝上丈の短いスカートが世界的な日常着として流行したのはこの時期である。

しかし、こうした通説を覆すかのように、田中千代がすでに一九三八年にこのようなミニスカートをデザインしていたことに、大きな驚きを覚えた。

果たして、この時期、西洋でもこのようなミニスカートが着用されていたのだろうか。西洋のファッションにおいて、スカートの丈は常に重要な関心事であり、わずかな違いがタブーとなりうるほど繊細な要素であった。二〇世紀初頭のファッションは脚を隠すものであったが、一九二〇年代に入ると、都市化が進み、女性の社会進出とともにスカート丈は短くなり、膝丈に近づいた。女性の解放を象徴する存在となったココ・シャネル（Coco Chanel, 1883–1971）も、膝下丈ながらも、動きやすいショートスカートをデザインし、ジャン・パトゥ（Jean Patou, 1887–1836）もテニス選手のシュザンヌ・ランランのために膝丈のテニススカートをデザインした。また、一九二五年ごろには、チャールストンダンスが流行し、フラッパーと呼ばれる女性たちや女優が、膝丈の軽やかなドレスを身にまとい踊った。

しかし、田中千代のミニスカートは、こうしたスタイルとは異なる。むしろ、一九六〇年代以降のミニスカートや、一九九〇年代以降のカジュアルなスタイルに近く、一般市民の日常着としてのデザインとなっている。千代のデッサン帳に残る素描を見ても、それが特別な舞台衣装やスポーツウェアではなく、日常の服としてデザインされていることがわかる。

実物は現存せず、千代自身の言及は見つかっていないため、その意図は不明である。この作品が当時の社会のためにデザインされたのか、あるいは「五〇年後の服飾展」というタイトルが示すとおり、未来を想定したものなのかは定かではない。また、戦時中の戦場パノラマを再現するという主旨の博覧会にもかかわらず、「五〇年後の服飾展」と題して、戦争という時勢を超えた未来志向の強いモダンなデザインを追求する展示が行われていた点も驚くべき事実である。この展覧会自体は負の歴史の一部であり、本資料についてはさらなる調査を要するが、現段階で特筆すべき一例としてここに取り上げておく。

2　新興和装への挑戦

戦前の田中千代の創作活動における一つの重要な試みは、一九三二年ごろから手がけ始めた「新興和装」[*5]である。この取り組みは、彼女の創作意欲を存分に発揮したものであり、洋装を推奨しつつも、和装に新たな創造性を吹き込む試みであった。『新女性の洋装』(一九三三年)で洋装の重要性を主張し、和服の改良は不可能といっていた千代であったが、洋服地を活用して柄をキルティングで浮き上がらせた茶羽織や袷《あわせ》の着物、綿入れの防寒羽織といった、実験的な和装のデザインにも挑んでいた。

洋服用の布地は、和服地に比べて幅が広く、裁断が自由に行えるため、千代はその特徴に注目し、和服のデザインにおける新たな可能性を模索した。彼女はリボンやスモック、ピンタック、フリル、アップリケといった洋裁の装飾技術を和服の模様として取り入れ、型紙を作成し洋服的な裁断技術を組み合わせることで、新しいデザインを生み出そうとした。たとえば、塩瀬と呼ばれる厚手の絹織物にハンガリー調のリボン刺繡を施したり、シルバーグレーのサテンに黒レースを裏地に用いた袷などがその例として挙げられる。

これら千代の新興和装は、鐘紡サービスステーションのショーウィンドウで展示され、前述した女優の入江たか子や水谷八重子が舞台で着用するなど、新しさや洗練された感覚を求める層から支持を得た（田中千代 1955：141–142）。また、画家・東郷青児（1897–1978）も千代の新興和装を戦前に夫人のために購入し、戦後も千代に対して「今でも新しい」と高く評価した。この言葉に支えられた千代は、新興和装を発展させ、戦後には「ニュー・キモノ」と称して再び創作の道を切り拓いた（「カネボウとともに二〇年」『緑紅』一九五二年第四号）。

一方で、ジャーナリストで評論家の大宅壮一（1900–1970）は、千代の試みについて、「洋服の布地を和服に転用することは確かに彼女の独創性によるものであるが、鐘紡が輸出用に作り売れ残った布地を国内消費に転用した、つまり鐘紡のための『服地植民地』を国内につくる大事業に手をつけ成功した」と評しており、鐘紡の経済的な戦略に基づくものであったのではないかと批判的に述べている（大宅 1958：64）。この指摘の真偽は定かではないが、新興和装が文化的な創作活動であると同時に、鐘紡の商業的利益に貢献するための発想であった可能性も皆無ではない。

こうした活動を通じて、田中千代は単なるディスプレイ・デザイナーとしての役割を超え、布地の販売から創造的な洋装文化の普及、さらに洋服地を用いた新しい和装の創造へと活動を広げた。『新女性の洋装』で提唱した洋装化の延長線上で、新興和装を通じて和洋折衷の可能性を探求した千代は、日本のファッション文化に創造的で新しい視点と価値をもたらそうとした。彼女の取り組みは、日本の伝統とモダン・デザインを融合させることで、日本に新しいモダン・ファッションの文化を創出する重要な一歩であった。

II　鐘紡のグローバル展開と田中千代のかかわり

戦前の日本において、繊維産業は基幹産業の一つであり、鐘紡はその中心的な役割を担っていた。第一次世界大戦の影響でさらなる市場拡大がもたらされ、中国やインド、朝鮮などアジア各地、さらには一九二八年には南米ブラジルでの事業展開、アフリカや中東への進出も果たすなど、世界規模での事業拡大が進んだ。

田中千代が鐘紡で仕事をし始めた直後の一九三四年には、日本の輸出品目において生糸が首位から二位に後退し、代わりに綿布が第一位となった。一九三五年には日本の綿布輸出量は、世界綿布貿易の四一%を占めた。この時期、鐘紡は日本国内最大規模の紡績工場を擁し、六万人の従業員を抱える一大企業へと成長していた。同社は、津田信吾社長のもとで一九三一年ごろからグローバル展開を加速させ、世界三一か所に駐在員を配置する体制を整えた。主要拠点は、大連、奉天、天津、上海、香港、マニラ、スラバヤ、カルカッタ、ボンベイ、コロンボ、ヨハネスブルグ、ロンドン、リヨン、ベルリン、ニューヨーク、ロサンゼルス、ブエノスアイレスなど、広範囲にわたった。津田は、当時の先進地域であるヨーロッパ市場はもちろん、「南極と北極を除く世界各地に鐘紡製品を！」という壮大なスローガンを掲げ、若い社員たちを積極的に派遣し新たな市場を開拓していった（鐘紡 1988：244–246）。

前述した山室の記事によると、鐘紡の生産量の約八割を占める綿布は、その多くが輸出用であり、輸出された綿布の大半が無地の白布であった。この選択には、日本国内での布地デザインがまだ発展途上であったため、輸出先の文化や需要に応じて自由に加工できる柔軟性を持たせる意図があった。また、布地を未加工の状態で輸出することは、関税対策としても有利だった。輸出先としてはエジプトやインドが最多で、これにアフリカやオーストラリア市場が続いた。一方で、フランスでは日本製布地の輸入が制限されていたが、鐘紡は戦前の時点で多様な市場を開拓し、国際流通を成功させていた。

鐘紡の成功の背景には、従来の大量生産・廉価販売戦略に加え、欧米諸国が未開拓の地域に対する市場調査や市場適合型の商品開発に注力したことが挙げられる。具体的には、現地の需要に合わせた製品開発を行うことで競争力を高め、既存市場だけでなく新興市場への浸透を図った。このような戦略により、鐘紡は戦前の日本を代表するグローバル企業としての地位を確立した。

「顧問」や「デザイナー」という肩書が与えられていた田中千代はおそらく鐘紡の正社員ではなく、半ば外部のスペシャリストとして位置づけられていたと推測される。女性が職業人として生きるのが難しい時代であり、当時の華族社会では受け入れられるものではなかった。しかし、そのような立場であったとしても、津田信吾の指導は、田中千代のキャリアや仕事に対する意識に多大な影響を与えた。革新的な構想と広い視野を備えた津田は、鐘紡サービスステーションの設立を推進するとともに、千代の活動を支援し、彼女に多くの学びと活躍の場を与えた。一九三四年には、一月から一〇か月間、商工省と時事新報社の嘱託および鐘紡の在外研究員として、千代にパリの名門ファッション・スクール「エコール・ド・ゲール・ラヴィーニュ」(現ESMOD)留学の機会を与えている。この留学は、鐘紡がパリにサービスステーションを設置する計画の一環であり、千代はパリで日本製品の需要調査、ファッション・ニュースや情報の収集、デパートの見本品調査などを行った(田中千代 1948a:118-119)。

留学中、パリの最新モードに触れ、その経験を生かして『婦人画報』一九三四年一二月号と一九三五年一月号において、最新のモードに関する情報を連載した。また、この時期、ベルリンのイッテン・シューレにも通い、バウハウスの流れを汲むモダン・デザインの造形理論を学んでいる。同校では毎朝、腕を和らげる運動で準備を整えた後、図案制作に取り組むという独特の教育方法が採用されており、千代もそのプロセスを体験した。パリでモードを学ぶ一方で、千代がドイツのモダン・デザインにも注目していた点は、彼女の多面的な視野を象徴しており、その姿勢はデザインへの理解をさらに深めることにつながった。

千代の留学中、鐘紡はパリでの活動を拡大し、パリ在住の日本人テキスタイル・デザイナー・木下勝治郎を雇用してパリの捺染新作デザインの買い付けを行うなど、現地市場の調査を進めていた(鐘紡 1988:247)。千代はパリのモードのみならず、ヨーロッパ各地の民俗衣装の収集にも取り組み、個人研究としてこれを発展させた。

渋谷ファッション&アート専門学校には、千代が鐘紡の仕事を通じて一九三七年のパリ万博で金賞を受賞した際の賞状が保管されている。しかし、千代が具体的に何を出品したのかは明確にはわからない。千代自身は『婦人画報』(一九三七年三月号)の「巴里万国博覧会婦人室の出品について」のなかで、椅子に座ったまま作業ができる裁縫箱を出品したと述べているが、その詳細は不明である。一方、鐘紡からは和田三造のスケッチをもとにした大きな絹段通が出品されたとの証言も残されている(上田 1981: 49)。

千代の晩年のエッセイには、津田信吾社長の大きな理想と情熱が色濃く描かれている。津田の支援は、単に鐘紡での活動にとどまらず、千代が国際的な視野を持つデザイナーとして成長する重要な基盤を築くものであった。

田中千代が語った津田信吾との対話は、鐘紡の革新的なビジョンと田中千代自身の創造的な志向を深く結びつけるものであった。津田は、単なる布地の製造や販売を超え、日本の繊維産業をグローバルに展開するという壮大な構想を抱いていた。千代は、その構想に感銘を受け、布地を用いた創造的な提案や消費者との対話を通じて、鐘紡のビジョンを支える役割を果たした。津田の構想を象徴する以下の千代が一九四二年に書いた引用文は、鐘紡が布地を通じて「衣生活の指導」を目指していたこと、また千代がその理想に共感し、使命感を持って活動していたことを如実に伝えている。


或る日私は津田社長にお目にかかれる機会を得ました。(……)社長は、サービスのお仕事は布を只売る事で終るのではありません、布地の正しい使い方又それが洋服になった時にその正しい着方使い方から色々の応用の指導までしたいのです。そしてショーウインドゥーはその手本の一つにならなければなりません。（……）衣に関するあらゆる布地を製造し日本の衣生活の指導をして行きたいのです、と大きな理想を話して下さいました。（田中千代 1982b：22）

津田との対話を通じて、千代はそのビジョンに影響を受け、活動を具体化していった。布地の性質や美しさを伝えるための試作品の制作や、消費者の声を工場にフィードバックする仕組みなどがその一例である。さらに、津田の「衣生活を包括的に支える」という考え方は、千代に学びと創造の場を提供し、そのキャリアの発展に大きく寄与した。

また、千代が一九六八年に、戦前の津田との対話を回想した文章では、鐘紡がいかにして日本製の布地を世界に広めるかという戦略的構想に、千代が深く共感し、そのアイデアに惹かれていった様子を示している。

社長は突然「今、世界中に何も衣服をつけていないで、生きている人種は何人位居るか」私はこの質問に、全く戸惑ってしまった。矢継早に、今度は「では下半身だけ衣服をつけている人種は、何人住んでいるか」これに対しても、答えられなかった私だった。服飾の仕事をしているのに何も知らないではないか、と叱られた。（……）「今、全裸の人にスカートを着せてみる。また、半分着ている人種には、全身衣服を着せることによって、何メートルの布地が必要であるか」益々

熱意をこめて迫ってこられる社長の目的が、どこにあるのか判った。(同前：205–206)

津田の大胆な質問と構想は、千代にとって驚きとともに新たな視野を開く契機となった。彼の目指したのは、布地の輸出を通じて日本の繊維産業を世界規模で展開することであり、その過程で現地の民俗衣装や文化を理解し、それに適応した製品を提供することであった。同じテキストのなかで、このとき、千代は以下のように決心したと語っている。

> 衣服を着る喜び、またこれを作る楽しみを全く知らない人種がまだまだたくさん居る筈だ。遠い彼方の地、熱帯の草木の茂る南の国、そしてその人々との生活、着せてあげる日の双方の感銘を考えるだけで、充分興奮した。是非実現したい、と真剣に計画をねり始め、民俗衣裳採集の仕事も秩序立って来た。
> 勿論、調査の仕事は広く、大きな教育の事業であるとともに、日本の輸出産業と結びつく偉大な事業なのだ。(同前：206–207)

津田は、洋服を縫うという一見小さな女性の仕事が、日本の産業全体へと広がり、さらには世界に貢献する道筋を示した。千代は、このように津田の構想を自身の夢と結びつけ、民俗衣装の調査研究や布地デザインの開発を通じて、その実現を目指した。

しかし、この壮大な夢は、日中戦争や第二次世界大戦の影響により中断せざるを得なかった。津田の「世界中の人に鐘紡の布を着せたい」という思いと、世界中の服飾文化を調査研究し、日本のモダン・ファッションを創り上げようとする千代の夢は、時代の制約のなかで実現には至らなかった。しかし、その共鳴は千代の視野を開く原動力となった。

武藤治太は、津田が朝鮮や満州に進出するにあたり、日本軍部を頼りにしていたことを指摘している。まずは繊維産業を進出させたが、満州が鉄鉱石、石炭、石灰石、アルミ、金、石綿といった地下資源の宝庫であることを知り、繊維工業、重工業、化学工業の三本柱で事業を拡大していった。さらに、機械・航空機工業やお茶やワサビの生産にまで事業を広げていた。

敗戦により、鐘紡が国内に七八か所、海外に一二三か所あった鐘紡の事業所は、国内の二八か所を残して失われた。津田は、戦後A級戦犯容疑者とされたが、これは戦前・戦時中に津田が英国に対してとった行動が原因なのではないかと武藤は指摘している。一九三三年に日本がイギリスを抜いて世界一の綿業国となった際、イギリスは原料である綿花の輸出を制限し、日本の綿糸布の海外輸出に輸出枠を設定するなど、さまざまな妨害措置を講じた。当時、日本紡績連合会の会長であった津田は、これに対抗し、あらゆる機会をとらえてイギリス攻撃の論陣を張った。武藤は、これが、津田が戦後A級戦犯容疑者とされた一因ではないかと分析している。津田は巣鴨の拘置所で体調を崩し、無罪釈放となったが、体調は回復せず、一九四八年に他界した（武藤 2022：314–319）。

田中千代の活動は、津田が思い描いた鐘紡の壮大な構想のごく一部にかかわるにすぎなかった。千代の関心は、事業の拡大や海外進出とは別のところにあった。彼女が目指したのは、より良い服のデザインを通じて、日本の女性たちに新しい価値観を届けることであった。

それでも、津田の描いた大きなヴィジョンには共鳴する部分があったのだろう。実際、彼女は時代の流れのなかで、ファッションをとおして社会に変化をもたらすことを志していた。津田の理念と千代の志は異なる軸を持ちながらも、どこかで響き合っていた。

Ⅲ　田中千代洋裁研究所の設立とその特徴

田中千代が一九三〇年代に設立した洋裁研究所は、彼女の教育者としての側面を本格的に示す場となり、戦前の洋裁教育における特に関西の重要な拠点として発展していった。その始まりは、小さな私的な集まりからスタートしたが、次第に多くの女子生徒を集める研究所へと成長し、千代のデザイン教育への熱意と社会貢献への意志を具体化するものとなっていった。

一九三二年五月、千代は鐘紡サービスステーションで働き始めてから二か月後、自宅の食堂を開放し、友人六人と洋裁の集まりを始めた。[*6] これは、五月に始められたので「皐会《さつき》」と名付けられた。この活動のきっかけは、無料裁断を行うなかで「布地を購入しても縫い方がわからない」という声を聞き、「布地をお持ちいただければ教えます」と応じたことにあった。当時、小学校に入学したばかりの息子・久を抱えながら、千代は中古のシンガーミシン二台を購入して、洋裁を教える場を提供した。ミシンは、先述のように羽仁もと子からの依頼で『婦人子供洋服裁縫大講習録』の「デザイン」部分を執筆した原稿料を充てて購入したものであった。

千代は、この集まりを「授業といった改まったものでもなく、いっしょに服を縫いながらグループのように楽しく製図したり縫ったりお茶を飲んだり」する場で、「時には一緒に自分で縫ったカクテルやイブニング・ドレスを着て音楽会に出かける」など、洋裁を楽しむ場でもあったと述べている（田中千代 1982b：245）。この和やかな雰囲気の集まりは徐々に規模を拡大し、一九三四年にはデザイン・クラスを開設した。（西村勝 1994：139）

開設されたデザイン・クラスは、研究所の教育に独自性を与える重要な要素であった。また、早い時期から教養講座も取り入れられ、洋裁に必要な技術だけでなく、美術、音楽、体操といった幅広い教養が重視された。講義には、洋画家の田村孝之介（1903–1986）、小磯良平（1903–1988）、石井柏亭が美術について講義を行い、時事問題を扱うジャーナリストによる講座やレコードコンサート、デンマーク体操の授業も組み込まれていた。デンマーク体操は、千代がベルリンのイッテン・シューレで学んだ際に行われていたもので、[*7] 生徒の感性と創造性を高める活動として取り入れられていた（イッテン［1963］1970：22）。さらに、近隣の山に登ってすき焼き会を開いたり、スケッチブックを持参して写生を行うなど、自然との調和を大切にしながら、創造性を引き出すことを目指していた（小川 1984：182–183）。

デンマーク体操をする生徒たち（1938年3月）

一九三七年一〇月に兵庫県武庫郡本山村（現岡本）に開設した田中千代洋裁研究所には、本科一年、速成科四か月、選科一年のコースが設けられ、職員は千代の他に四名、生徒は女性のみ六〇名でスタートを切った。千代はすでに、その教育は単なる洋裁技術の習得にとどまらず、創造的なデザインを重視したものであった。一九三九年には生徒数が二〇〇名に増加し、岡本の研究所は手狭になり隣接する洋館も借り受け、六か月間の師範科も新設した。この年からはスキーや登山などの活動も取り入れ、生徒たちに多様な経験の場を提供した。同校は文部省の管轄外であったため、千代は自由な教育活動を実施できた。彼女自身が登山、絵画、音楽を愛好し、ハース＝ハイエの教育方針から「自然から着想を得、心で描くこと」を学んだ影響もあり、創造的で自由な教育が行われていた。

田中千代洋裁研究所は、洋裁技術の習得だけにとどまらず、創造性と教養の両面を重視した教育を行う場として特徴づけられる。その教育方針は、千代自身の経験や影響を色濃く反映したものであった。

田中千代洋裁研究所では、用務員を置かず、日常的な用務はすべて当番制で行われた。この運営スタイルは、戦前の自由学園で羽仁もと子が実践していた教育方針を千代が取り入れたものである。講師には、千代の教え子である森脇雅子、中村倭枝、八木康子、賛助員に画家の和田三造や考現学の今和次郎、図案化の斎藤佳三らが招かれ、単なる洋裁技術にとどまらないデザイン教育を目指した。

一九三九年二月一五日の『大阪婦人新聞』は、田中千代洋裁研究所を「粋なテクニックによる個性美の表現、洋装の常識と合理化、所謂《いわゆる》日本婦人の服飾美に貢献すべき、洋裁知識と技能啓発の道場」と評価している。また、家庭的な雰囲気と温かい指導法で、技術面だけでなく常識や礼儀も教え、家庭生活や趣味の向上にも寄与していると紹介された。

一九四二年時点で、研究所の卒業生は累計九三四名に達し、そのうち六六名が就職していた。就職先の内訳は、田中千代洋裁研究所が二〇名、鐘紡九名、百貨店八名、一般洋裁研究所七名、仕立業七名、女子青年会および女学校六名、自宅教授四名、出張教授二名、個人商店二名、日本衣服研究所一名であった（田中千代編 1942）。このデータは、研究所が単なる技術教育の場を超え、教養豊かなデザイナーの育成を標榜していた一方で、阪神間に住む良家の子女が多く通い、その多くが就職を選ばなかったことを示している。

しかし、戦争の激化とともに一九四三年一〇月には生徒たちが挺身隊として働くこととなり、大阪近郊の工場で落下傘用袋を縫製する作業や、神戸の鉄工所で機械操作用の手袋や足袋の製作に従事した。敗戦直前の一九四四年には、研究所は洋裁学校として兵庫県から各種学校の認可を取得するが、これは県や文部省の管轄に入ることで、学校施設が軍に接収されるのを防ぐための苦渋の選択であった。しかし、戦局の悪化により一九四五年六月には休校を余儀なくされ、ミシンも軍需に接収されるなどの影響で、学校の活動は完全に停止した。千代も信州へ疎開し、戦後の復興を待つことになった。なお、戦後の学園については第6章で詳述する。

Ⅳ　文化服装学院とドレスメーカー女学院

一九三〇年代の日本では、文化服装学院とドレスメーカー女学院という二大洋裁学校が東京を拠点に、洋裁教育とファッション文化の普及に大きな役割を果たした。

文化服装学院は一九二〇年、並木伊三郎（1887–1933）が、徒弟奉公修業の代わりに、職業人や一般家庭の主婦が洋裁技術を習得できるようにと東京・青山の並木婦人子供服裁縫店内に設立した「婦人子供服裁縫教習所」を前身としている。シンガー・ミシンの販売員をしていた遠藤政次郎（1894–1960）も加わり、一九二二年には「文化裁縫学院」を設立し、一九二三年ごろには婦人服の裁断原理の基礎を確立して『婦人子供服講義録』にまとめた。同年、東京府へ申請していた認可が下り、日本で最初の洋裁教育の各種学校となった（坂本 1967：47）。これにより「文化裁縫女学院」と改称した。一九二五年には生徒数が五〇〇人余、一九三二年には五〇〇—六〇〇人、一九三三年には一〇〇〇人近く、一九三六年に「文化服装学院」と改名されるごろには、日本最大の女子教育の場となっており、一九四一年には三〇〇〇人を超え、一九四二年には四〇〇〇人近くに達していた（大沼 1963：資料34–39）。

当初は技術の伝授に重点が置かれていたが、「裁縫」から「服装」へと改称されるころには、服装の総合的な教育の場を目指すようになっていた。具体的には、服装の歴史、地域性、合理性、実用性、美しさ、造形、色彩に関する研究を含め、多角的な教育が行われるようになった。また、一九三六年に創刊された服装研究雑誌『装苑』は、「服装改善とその普及」を掲げた学院の方針を広く伝えるメディアとして活用された。発行人兼編集人は遠藤政次郎で、編集長は中外商業新報（現日本経済新聞）の婦人記者であった白井なを子が務めた（同前：86）。

戦後、文化服装学院は一九五七年に男子学生の受け入れを開始し、その後、髙田賢三、コシノヒロコ（1937–）、コシノジュンコ（1939–）、松田光弘（1934–2008）、山本耀司、津森千里（1954–）、皆川明（1967–）など、現在に至るまで枚挙にいとまがないほど多くのスターデザイナーを輩出している。

また、同学院はアパレル業界へ多くの人材を送り出し、卒業生たちは幅広い分野で活躍している。

一九二六年に杉野芳子が東京・芝に設立したドレスメーカー女学院（当初「ドレスメーカースクール」）も、文化服装学院に匹敵する影響力を持つ学校であった。創設時の生徒数は三名であったが、一九三四年には一〇〇〇人、一九三六年には一二〇〇人を超えた（杉野学園七〇年史編纂委員会 1995：77, 138；中山［1987］2010：418）。杉野は、日本人の体型に合う「ドレメ式原型」を考案し、まずは型紙を普及させることから始めた（杉野［1976］1997：85, 197）。

また、当時は和装で通学する人が多かったため、杉野は洋装の普及を目的として一九二九年春には通学時の服装を洋装とする規則も定めた（杉野［1976］1997：90）。一九三五年には創立一〇周年を記念して日比谷公会堂でファッション・ショーを行った。当初、杉野の洋裁教育は、洋裁技術と型紙製図法などの技術の習得に重点が置かれていた。そのため、服のデザインは杉野や教員が担当し、生徒はそれを応用して服を作るという教育内容であった（鈴木桜子 2007：156）。しかし、一九三七—三八年にパリでデザイナーのエルザ・スキャパレリ（Elsa Schiaparelli, 1890–1973）やジャンヌ・ランバン（Jeanne Lanvin, 1867–1946）にインタビューをしたことを契機に、杉野はデザインの重要性を認識し、一九三九年にはスタイル画教室とデザイナー養成科を開設した（杉野学園七〇年史編纂委員会 1995：139–140）。ここには「日本人の洋装は、日本人のデザイナーの手で、日本人向きにデザインされなければならない」という杉野の信念が反映されていた（鈴木桜子 2007：156）。

戦後、杉野の学校や系列校からは、森英恵をはじめ、デザイナーの島田順子（1941–）、モデルの山口小夜子（1949–2007）ら、国際的に活躍するファッション界を彩る人物が輩出された。

一方、田中千代洋裁研究所は、文化服装学院やドレスメーカー女学院と比較して圧倒的に少人数の学校であった。これは、研究所が神戸に位置していたことに加え、千代自身が大規模校では実現しにくい、少人数教育の利点を重視していたためであろう。千代は国内外で少人数教育を受けてきた経験や、ハース＝ハイエのデザイン教育の影響を背景に、「デザインする心」や創造力、異文化理解を育む教育を目指していた。このような教育方針は、個々の生徒と密接なコミュニケーションを取ることで可能になるものであり、少人数での指導が最適であった。

田中千代洋裁研究所は、「花嫁学校」と称されることもあったが、これは富裕層の子女が多かっただけでなく、人格教育を重視していたことにも由来している。千代は、生徒一人ひとりとの関係を大切にし、デザインや創造性を通じて考え方を養うことに努めた。こうした教育方針により、少人数ならではの温かみと創造性に富んだ学びの場が形成されていた。

文化服装学院とドレスメーカー女学院が大規模校として洋裁教育を普及させ、洋裁人口を拡大していくなかで、田中千代洋裁研究所は少人数教育を通じて、創造力と人格形成を重視する独自の道を歩んだ。千代の教育は、規模の拡大ではなく教育の質にこだわり、服飾文化を通じた総合的な学びの場を提供することに重点を置いていた。

V　同時代のデザイナー・洋裁教育者と比べて

田中千代と同時代のデザイナー・洋裁教育者として活躍した人物には、杉野芳子（1892–1978）と伊東茂平（1898–1967）がいる。彼らもまた戦前から「洋装の普及」を使命として活動していた。杉野と伊東も、洋裁学校の創設や新聞・雑誌へのデザイン案の寄稿を通じて、日本にモダン・ファッションを広めようと努めた。彼らは千代の同志であり、少し年上の先輩でもあった。「洋装の普及」という目的は三者に共通していたが、その動機や目指す方向性には異なる部分も見られた。

杉野芳子は、アメリカ滞在（一九一三―一九二〇年）や関東大震災（一九二三年）の経験を通じて、日本で洋装を一般的な日常着として普及させるには洋裁技術の教育が不可欠であると考え、その使命感から、洋裁学校を立ち上げ、教師としての活動を始めた。母一人の家庭で育った芳子は、千葉県立千葉高等女学校を卒業後、鉄道省で女性初の職員となり、その後小学校の教員を経て一九一三年、単身で渡米した。一九一四年にニューヨークで建築家の杉野繁一と結婚し、一九二〇年に帰国した。夫の猛反対にあいながらも一九二六年四月にドレスメーカースクールを設立し、同年一二月二日には、『読売新聞』で日本で最初の「洋裁講座」、一九二九年五月には『婦人公論』でも「洋裁講座」や「洋裁相談」を始めた（杉野学園七〇年史編纂委員会 1995：138）。杉野の教育はアメリカのように型紙を普及させることを理想とし、また、実際に洋服を作り着せて、見せることで洋装姿を目に馴染ませる「視覚教育」[*8]をとおして、洋装の利便性を伝えようとした。

さらに杉野は、一九三七年七月から翌年二月までニューヨークやパリへ短期留学をし、帰国後、デザイナー養成を目的とした「デザイナー養成科」を開設した。彼女はイタリアやアメリカがパリの流行を鵜呑みにしているわけではないことを知り、「日本もパリから直輸入してまねるのでなく、日本独自のものでありたい」と考えるようになり、日本の特徴を生かせる優れたデザイナーの養成が重要であると考えるようになった。杉野は主として教師という立場からそれを実現しようとしたのである。彼女もまた、強い独立心と行動力を持つ人物であった（杉野［1976］1997：163, 166–167, 263）。

一方、伊東茂平は一九一六年に慶應大学法学部を卒業後、父の背広の構造への関心を出発点に、独学で立体製図法「伊東式」を確立した。中学生のときに興味を持ったスチームエンジンの模型飛行機の構造に立体構造画法を応用した伊東式は、無駄のない洗練されたデザインを生み出し、洋装普及においてエンジニア的な視点を持ち込んだことが特徴であった。伊東は一九二九年に東京・虎ノ門に、一九三五年には大阪・梅田にもイトウ洋裁研究所を設立し、その後、東京・三田、横浜、名古屋へと広がった。一九五二年には女子美術洋裁学校を開校するなど、教育活動にも注力した。伊東は、バウハウス系のモダン・デザインの要素も取り入れつつ、自身が開発した立体製図の教育に主眼を置き（横川編 2006：1, 6）、パリのモードにも精通していた。「私のあこがれの対象はパリのオートクチュールだった」ため、伊東茂平に心酔していたと「日本一のカッター（裁断士）」を目指して伊東衣服研究所に通い、一九六九年に東京ソワールを設立した児島絹子（1930–2022）は回想している（大内・田島 1996：200）。しかし伊東茂平は生涯、海外へ渡航することはなかった（伊東衣服研究所 1996：174–175）。

杉野や伊東が「洋裁教育」や紙面上でのデザイン活動を主軸としていたのに対し、田中千代は企業でデザイナーとして実務の現場を持ち、創造性や国際的な視点を重視していた点が、他のデザイナーとの差異であり、彼女を特徴づけていた。彼女は欧米留学やアジア、アフリカ、南米でのフィールドワークを通じて、世界各地の服飾文化を探究し、日本のモダン・ファッションを創出しようとした。

これほどの行動力を持ち、また家族からの理解を得ていた女性は当時としては非常に珍しかった。自身がデザインしたモダンな洋服をまとったボブヘアの田中千代の写真は、雑誌などに掲載され、彼女自身も、「新しい女性」のアイコンとして、広く知られるようになっていった。また、国産布地を用いた日本人向けデザインという制約を創造性の糧とし、模倣ではなくオリジナルな表現を追究したことも、彼女の特性を際立たせる要因となった。

千代のデザイナーとしての活動は、鐘紡サービスステーションにおいて洋装の仕方を街いく人々に洋服を見せ、伝授するところから始まった。それはまさに日本の女性たちの身体を近代化していくことであり、彼女の若き才能は大企業の経営者たちからも注目された。鐘紡や阪急百貨店、佐々木営業部などから期待を受け現場で活躍するなかで、千代は日本の洋装文化の発展に大きく貢献したのであった。

VI　服飾史研究——民俗衣装研究と日本衣服研究所の活動

1　服飾史と民俗衣装

田中千代の活動の独自性は、服飾史への深い関心と、民俗衣装を実地調査によって研究し、それをモダン・デザインに応用した点にある。

千代は、服飾史と民俗衣装の両方において独自のアプローチを展開した。服飾史に関しては、ロン

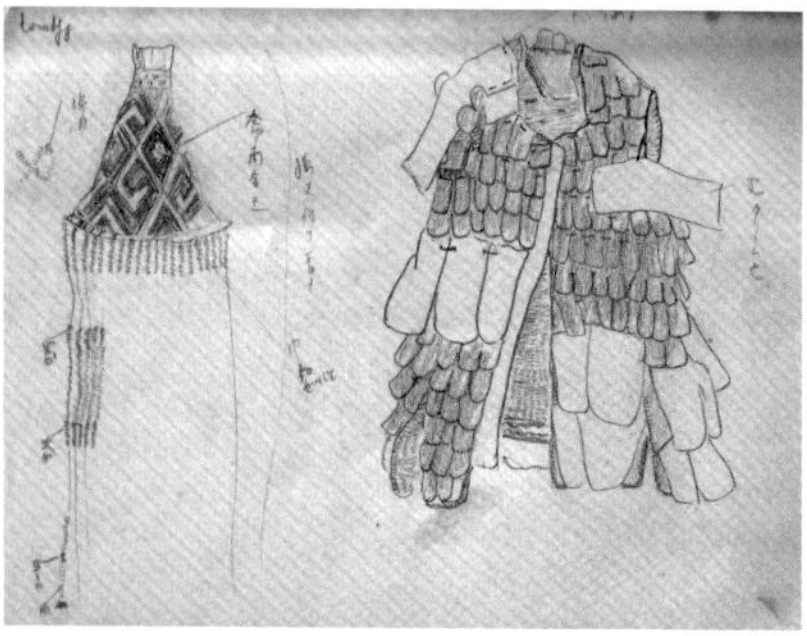

民俗衣装素描（1938年『田中千代民俗衣装スケッチブック12』より）

ドンで購入したオーギュスト・ラシネ（Auguste Racinet, 1825–1893）の『服飾史』（Racinet 1876）や、ニューヨークでのエセル・トラペーゲンの授業を通じて、その興味を深めた。一九三七年から翌年にかけては『婦人画報』で、古代ギリシャやエジプト、ペルシアなどの装いの歴史を、裁断図から見るという、あまり一般的ではなかった視点から紹介した。

一方で、民俗衣装研究においては、文献に頼るだけでなく、経済地理学者であった夫・薫とともに、または単独でフィールドワークを行った。一九三八年には七月二二日から約三か月間にわたり薫は外務省、千代は商工省と鐘紡からの委嘱を受けて、二人でインドネシアで調査を実施した。当時、民俗衣装の研究方法は確立されておらず、二人は人類学の研究方法も参照しつつ、薫は地理学的な視点から、千代は服飾デザインの視点から民俗衣装を調査し、現地の人々が日常的に着用する衣装を観察し、その衣装が生まれた環境や歴史、着装方法などの聞き取り調査を行った。この調査は、千代が研究者としてだけでなく、デザイナーとしての視点からも衣装文化を探究する活動であった。

風俗史研究者の江馬務（1884–1979）や、民俗衣装研究に携わった小川安朗（1901–1991）といった衣装研究者と比較すると、千代のアプローチの特異性が際立つ。江馬が歴史学的な研究に注力し、小川が衣服の材料学から民俗衣装研究に発展させたのに対し、千代と薫は実地調査を重ね、現地での衣装の生まれた環境や歴史、着装方法を詳細に記録し、得られた知識をデザインへと生かした。この取り組みは、研究者、デザイナー、教育者としての千代が果たした役割の広がりを示している。

千代が初めて民俗衣装に関心を抱いたのは、夫の留学に同行し神戸港を出港してからであった。寄港地で見た人々の装いや風景をスケッチに残しており、エセル・トラペーゲンの民俗衣装収集も彼女の研究活動に大きな影響を与えた。彼女は次のように述べている。

> 日本の土地を離れて、外国の地に足を踏みいれた時に、その国独特の美しい風光に驚いたと同時に、国独特の衣裳のある事を知りました。日本ばかりにいると、洋服か和服位しか、服装はないように思いましたが、他の国独特の衣裳をみて、私の服装に対する考えは一変したようでした。(……)インド、セイロンに行った時、黒い肌に軽く巻きつけているサリーや、サロンの美しさは、私をすっかり魅惑してしまいました。洋服にも、和服にもない別の美しさをつくづく感じました。
> (田中千代 1960 : 71)

民俗衣装がその国の気候や国民性に合わせて自然に生み出されたこと、そしてその衣服にはそれを作った人の心や愛情が多分に含まれていることを実感する経験となった。しかし、もちろん千代が現地で見たものは、テキスタイルの制作技術や装いだけではなく、当時の現地での社会情勢と民俗衣装とのかかわりでもあった。一九三八年の夫・薫とのインドネシアでの調査では、ジャワ更紗の素材となる綿布に日本製の綿布が用いられているのを知り、一九三八年の『婦人画報』一〇、一一、一二月号と三回にわたり紹介し、「ジャバ更紗を訪ねて」と題した最終回では次のように報告している。

先ずジャバに着いて驚いた事は、その更紗染めに用いる白く晒した綿布（キャンブニック）に、メイドイン、ジャパンのマーク付の布地が如何に多いかであった。蘭印に日本製品制限前、ジャバの好景気時代には、このキャンブリックは日本製品が全消費の三分の二を占めた事もあったそうだ。そして鐘紡製が全消費の三分の一を占めるに至った事があったという。（……）その割合で行くと、何しろ三人に一人は鐘紡製の布を巻いているのだからこんな愉快な話はない。

千代はインドネシアでのジャワ更紗の調査において、地元で染色される布の多くが日本製の綿布を素材としている事実に着目した。民俗衣装研究は文化研究としてだけでなく、経済や産業との結びつきにも意義を見出せる分野である。

千代の民俗衣装研究において特筆すべきは、それがデザイン、研究、教育という三つの領域を有機的に結びつけた点にある。単なる文化の「収集家」として終わらず、その知見を生かして服飾デザインを創造し、教育を通じて次世代にその価値を伝えた千代の活動は、日本のファッション文化における新しい方向性を切り拓いた。このような多角的なアプローチは、研究者や教育者としての枠を超えた活動であり、彼女の独自性を際立たせている。

千代の民俗衣装研究は、越境的でグローバルな視点を象徴しており、デザインの着想源となるだけでなく、彼女の創作活動全般に影響を及ぼした。さらに、教育者としての活動にも生かされ、教え子たちに異文化理解を促すきっかけとなった。彼女の研究は、衣装文化の収集や紹介にとどまらず、新しい服飾デザインの基盤を築き、日本のモダン・ファッション文化の発展に寄与するものであった。研究と実践を結びつけたアプローチは、彼女が研究者、教育者、そしてデザイナーとして多面的に活躍したことを示している。

2 日本衣服研究所の設立と活動

田中千代にとって、日本衣服研究所での活動は、鐘紡でのデザイナー活動と並ぶ戦前期の重要な業績であり、その独自性を示すとともに、社会的な存在としての位置を確立する仕事となった。一九三八年一一月、大阪帝国大学繊維科学研究所にて開催された学術講演会において、同大学医学部教授である梶原三郎（衛生学）、夫・薫、そして千代が衣服に関する衛生、地理的環境、輸出貿易に関する講演を行ったことをきっかけに、日本衣服研究所は一九四〇年三月、大阪帝国大学理学部繊維科学研究所内に設立され、世界の服飾文化研究、繊維産業の発展、衣服衛生の向上を目的として活動した。当時大阪は日本の繊維産業の中心地であり、伊藤忠商事の専務取締役社長の伊藤竹之助が理事長、梶原三郎（大阪帝国大学医学部教授）、田中薫（神戸商業大学教授）、呉祐吉（同大学理学部教授、繊維科学研究所所長）が常務理事、千代が所長で他に六名の女性研究員が配置されており、幹事や顧問、評議員には関西を代表する繊維産業や百貨店の幹部、官僚らが名を連ねた。関西財界の代表者や官僚も関与し、民間と学術界の連携が特色となっていた。

明治維新以降、日本の装いに関する議論は、国の近代化と深く結びつきながら進展してきた。一九二九年に設立された「被服協会」は、生活改善同盟会の衣服改善運動の一部を継承する形で、陸軍被服本廠内に設立されたもので、繊維資源の確保とともに、国防、国民経済、国家財政の観点から民間人の服装を制定する活動を主導した（井上 2001：103；井内 2010：76–99）。これに対し、一九四〇年に設立された日本衣服研究所は、単に国内向けの衣服改善にとどまらず、世界の服飾文化研究や繊維産業の国際展開を目指した点で異なる方向性を持っていた。

日本衣服研究所の活動は、服飾文化を包括的に研究する三本柱を掲げていた。第一に「衣服の経済地理学的研究」では、実物標本の収集・整理・比較とともに展覧会の開催を通じて、服飾文化の国際的な交流を図った。第二に「服飾の研究」では、服飾素材の適応性や意匠・裁断技術の科学的分析を行い、また服飾史を研究することにより新たなデザインの基盤を模索した。第三に「衣服衛生」では、被服資材の衛生学的研究やその実用的応用に注力した。これらの研究内容は、『日本衣服研究所彙報』や写真資料に加え、各種講演会や二つの展覧会を主催、四つの展覧会に資料を貸し出すという形で伝えられた。

戦時下においても、日本衣服研究所は国際的な民俗衣装の調査を継続し、精力的に活動を展開した。薫はこの研究所で、衣服を通じて指導的役割を果たしたいとしつつも、同時に、非西洋地域の衣服文化を単に調査し、そこから学び取り、新たな価値を創造するという視点が含まれている。この視点は、単なる衣服の改良や衛生性の向上にとどまらず、服飾文化をグローバルに考察するという大きな視野を示している。

薫はまた、衣服を再検討するにあたっては、都会的な価値観や中央集権的な視点にとらわれず、地方的なものや勤労的なもの、簡素なものに目を向けるべきだと主張した。産業革命や経済発展によって見過ごされてきた過去の衣服文化に価値を見出す姿勢は、単なる歴史的検証にとどまらず、未来の服飾文化に生かすための重要な指針となった。

さらに薫は、日本の和服文化について、家庭裁縫が基盤となっている点を挙げ、既製服全盛のアメリカとは対照的であると位置づけて評価していることは重要である。この視点は、和服を着用する日本が、民俗衣装を着用する地域と文化的に近似していると考える根拠にもなっている。また、女性の標準服を考案する際、モンペや筒袖、羽織・袴など、女性が日常的に用いる衣服が研究の基盤となるべきであると述べ、女性研究者がこの分野を主導する必要性を合理的に説いた（田中千代編 1941a：3）。

日本は着物を着ている人口が多いので民俗衣装を着用している国と近似しているという薫の指摘は、地球上の文化を俯瞰する客観的な観察に基づくもので、彼の地理学者としてのグローバルな視点の表れでもある。また、女性の装いであり女性の関心が高い分野であるため、女性が研究するという薫の主張は、合理的かつ男女平等の思想に基づくものである。しかし、当時の日本の社会においては非常に先進的な考え方であり、田中千代という存在は、こうした先進性を持った薫の支えがあってこそ生まれたのである。

この研究所の一大プロジェクトとして、千代は単身、一九四〇年七月二六日に神戸から大阪商船「報国丸」の処女航海に便乗し、東アフリカのタンザニアでスワヒリ族の衣装を収集、さらにアルゼンチン、ブラジル、パナマ、アメリカ・ロサンゼルスなどを巡り、持参した着物と引き換えに約五〇〇点の衣装を一二月一五日に持ち帰った。

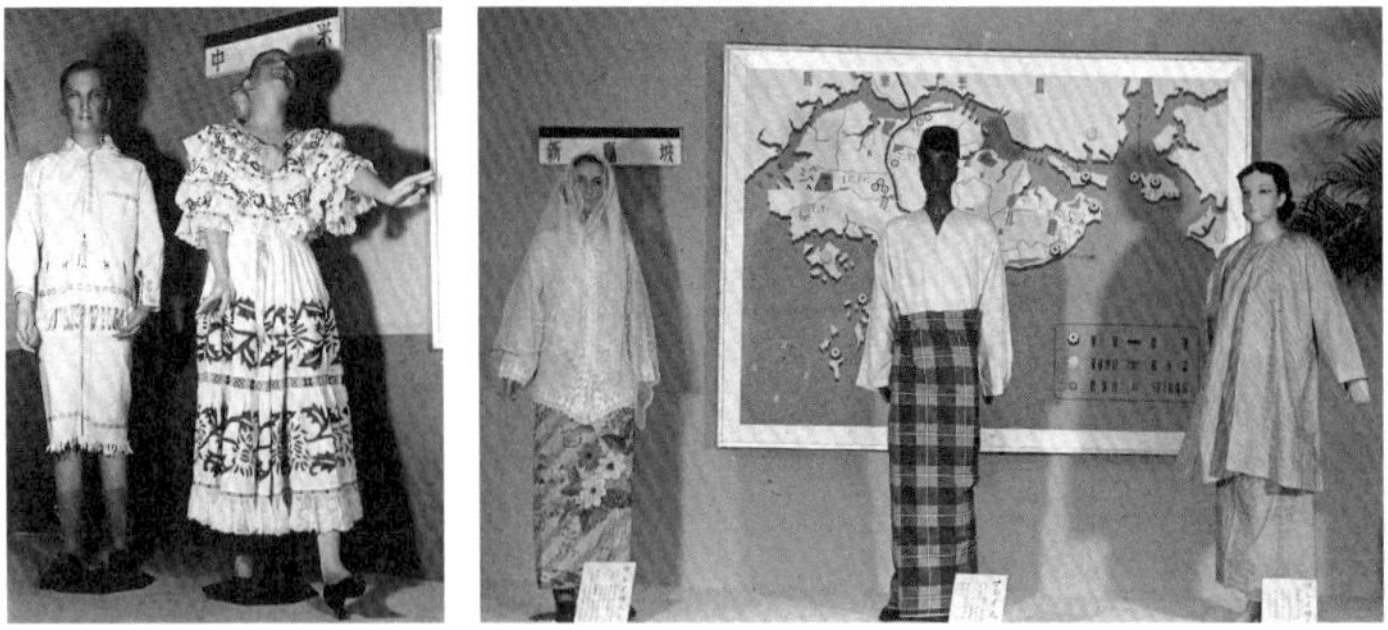

日本衣服研究所、「民族と衣服展覧会」、1941年

千代と薫は、民俗衣装の収集の際、販売されているものを購入するのではなく、現地の人々との交渉を通じて、できるだけ着用中の衣装を物々交換することを方針とした。この方法は、知恵と忍耐と交渉力が求められた。また、それは単なる視覚上の観察にとどまらず、衣装が生まれた文化や生活環境に直接触れ、それを自らの身体を通じて吸収していくものである。このように異文化を身体で体験し、内面化していくプロセスは、まさにトランスカルチュラルな儀礼ともいえる。

・「民族と衣服展覧会」（一九四一年）

日本衣服研究所による民俗衣装の収集活動は、「民族と衣服展覧会」（一九四一年）および「大東亜共栄圏の衣生活展」（一九四二年）で発表した。これらの展覧会は、学術的および博物館学的要素を示しつつ、当時の政治的背景に根ざした内容も含んでいた。

「民族と衣服展覧会」は大阪、東京、神戸、福井の四つの百貨店で展示された。一九四一年三月の大丸百貨店大阪本店および五月の三越百貨店神戸支店での展示には、李《り》王妃[*9]（李方子《まさこ》 1901–1989）が考案し、田中千代洋裁研究所の生徒が制作した婦人服も併せて展示された。

展示では、南半球地域の衣服や気候や文化、構造の違いを示す形で紹介され、来場者に装いの文化の多様性を視覚的に伝える内容となっていた。展示における学術的側面として、衣服の分類方法が存在しないという課題に直面し、田中薫と千代は一九世紀の地図学者ベルグハウスの世界衣服分布図を活用するなど、独自の工夫を凝らした。

東京展については各新聞で大きく取り上げられ、『読売新聞』一九四一年四月二三日付では、展示内容や、「私たちは衣服の改善を求める前に暑い所、寒い所の環境に自然な科学的な衣服を検討してみる必要がありましょう」という提言が紹介された。この展覧会の芳名帳と見られるものには、洋裁学校関係者や新聞記者の名前に混ざり、柳宗悦、柳宗理、吉田謙吉、東郷青児、田村孝之介、宮本三郎、伊東茂平、羽仁もと子らの名前もある。

・大東亜共栄圏の衣生活展（一九四二年）

一九四二年から一九四三年にかけて開催された「大東亜共栄圏の衣生活展」は、情報局の後援により、大阪、東京、京都、神戸の百貨店で行われた。

ここで特筆すべきは、そもそも「日本人は何を着るべきか」という議論がなされ、国民服や婦人標準服が一応は制定されたものの、多くの人が納得する結論に至っていなかった状況下に、日本がリーダーシップをとって、今度はアジア諸国にふさわしい衣服を考案しようと考えていた姿勢である。

この展覧会は、「衣服の基本様式」「衣服と生理的気候の関係」「大東亜共栄圏諸民族の衣服」「働くための衣服参考品」「大東亜共栄圏に対する衣服の考案」「衣料資源と消費量に関する統計等」というセクションから構成され、アジアの文化的・地理的条件を考慮した適切な服装を提案する試みであった。しかし、この展覧会には帝国主義思想が内在しており、その背後にある政治的意図や植民地主義的視点は強く批判されるべきである。

田中千代洋裁研究所の村田珣子は「欧米の文化が最も新らしいものと考えていた私達に、今このような南方、又は蒙古にも、力づよい、自然な文化を見出したのだ」（田中千代編 1942：74）という言葉を残しているが、同展についてはさらなる研究が必要である。

・衣服の基本構造分類と展示空間の工夫

ここで注目したいのは展示方法についてである。「民族と衣服展覧会」から「大東亜共栄圏の衣生活展」までのわずか一年余りの間に、服飾の分類や分析方法は大きな進展を見せた。そのなかでも特筆すべきは、衣服の地理的分類から構造的分類への転換である。

「大東亜共栄圏の衣生活展」では、冒頭に「衣服の基本様式」が示され、次の六つの型に分類された。(1)裸型、(2)貫頭衣、(3)筒型、(4)肩掛型、(5)衽《おくみ》型、(6)立体型という衣服の構造による分類は、従来の地理的なナラティブに代わり、衣服の形態に基づく新たな視点を提示したものであり、斬新な試みであったと考えられる。直線を基調としたモダンな展示空間では、この分類に基づき、この地域の衣服の分布と構造が視覚的に表現され、来場者にその多様性を示すとともに、展覧会の主旨をわかりやすく伝えることに成功している。田中薫は同展の直前に「衣服学」という新たな学問の構想を発表していた。[*10] これは衣服を単なる装いではなく、社会的・文化的背景を読み解く手がかりと捉える試みであり、服飾文化研究に新たな視点をもたらした。

本展は、大東亜共栄圏構想に基づいた活動であり、その思想は批判されるべきものである。しかし、田中夫妻の研究が純粋に服飾文化の学術的発展に寄与した側面も見逃してはならない。政治的側面だけでなく、服飾文化の観点から深く考察することは、当時の日本とアジア諸国との関係性を理解するための手がかりとなる。とりわけ、この分類が持つ学術的意義やその後の服飾研究への影響については、さらなる研究が期待される。

Ⅶ 服装の改革――改良服、婦人標準服、新興和装

「日本人はどのように装うべきか」――この問いは、明治維新以降、西洋文化が急速に流入した日本において、教育者や医師、知識人たちによって繰り返し議論されてきた重要なテーマであった。田中薫は一九四一年に、「明治、大正、昭和を通じて着物の改良が検討されてきたが、明治末期から大正にかけての改良服運動は、和装を土台としてこれに改良を加えようとする試みであった」と指摘している（田中千代編 1941a：1–2）。これらの議論は、洋装と和装のどちらを基盤にすべきかという選択を含み、近代日本の服装文化の形成に深く影響を与えた。

明治期、鹿鳴館時代に象徴される洋装は、ウエストを絞り、腰部を膨らませるバッスル・スタイルが主流であった。しかし、このスタイルは、女性の身体に負担を強いるコルセットによる健康被害を

ともなうものであった。そのため、洋装に対する反発が高まり、一八八八年後半から一九〇二年ごろには、和洋折衷の服装や和服を基本にした日本独自の改良服を模索する動きが盛んになった（山田、寺田他 2013：79）。この改良服運動は、健康に配慮した機能的な服装を重視しつつ、日本の伝統的な美意識を維持しようとする姿勢も示していた。

本節では、明治・大正時代における改良服の試みや、日本独自の新たな服装を模索する動きに加え、第二次世界大戦中に国民服や婦人標準服がどのように議論され、導入されたのかを概観する。これにより、戦前の日本における服装改革の多様な試みがどのように展開されたのか、その背景や意義を明らかにしていく。

1　改良服の試み

衣服改良の必要性は、さまざまな人々によって提唱された。その主な動機は、明治時代には欧化政策、大正時代には生活改善であり、具体的には大きく以下の四点が動機となっていた。(1)衛生の向上、(2)女性の運動・体育の必要性、(3)経済性の追求、(4)国際性への対応である。これらの要因にもとづき、改良服についてさまざまな提案がなされたが、その方向性は二つに分けられる。一つは和服をもとにしてより活動的なデザインを追求する動き、もう一つは洋服の機能性を取り入れた和洋折衷型の開発であった（同前：72）。

明治期の衣服改良運動の推進者としては、『國民新聞』を主宰した思想家の徳富蘇峰（1863–1957）、文部官僚であり教育者であった寺田勇吉（1853–1921）、実践女子学園を創設し女子教育に取り組んだ下田歌子（1854–1936）、医師の三島通良（1866–1925）、女子教育者の加藤錦子（1861–1913）、政治家で医学者の山根正次（1857–1925）、裁縫教育者の渡邉辰五郎（1844–1907）らがいた。これらの活動家たちは教育者や医師といった知識人であり、衣服の改良を通じて社会全体の生活水準を向上させることを目指していた。そのなかでも渡邉辰五郎の活動は特筆すべきものである。

渡邉辰五郎は、江戸の和裁と洋裁の仕立職人から学び、地元、千葉県長南町で仕立屋と裁縫塾を始めたのち、裁縫教育の普及に尽力した。一八七四年には地元の小学校で裁縫を教え、裁縫教科書も執筆した。その後、千葉女子師範学校と東京女子師範学校での教員生活を経て一八八一年には和洋裁縫伝習所（現東京家政大学）を開校し、一八八六年には共立女子職業学校（現共立女子大学）を設立するなど、裁縫をとおして女子教育を行った（中村精二 2012：40）。

渡邉は一八八二年に「改良服を考案する会」を設立し、日本の風俗に適合しながら機能的かつ美観を損なわない改良服を考案した。一八八三年には『婦人改良服裁縫指南』を出版し、具体的なデザイン案を広めた。渡邉が考案した婦人改良服は、上下二部式の構造を持ち、帯を廃したデザインが特徴であった。このデザインは、腰丈の上衣とスカート状の袴を組み合わせ、袖は筒袖で袖口をリボンで絞る仕様となっており、着用の簡便さと圧迫感の軽減を意図していた（山田、寺田他 2013：75–76）。これにより、活動的でありながら日本の風俗に調和した衣服が実現した。

婦人改良服の提案は、他の活動家にも影響を与えた。たとえば、女子美術学校（現女子美術大学）の創設者の一人である横井玉子（1854–1903）は、一八八八年に創立した東京美術学校（現東京藝術大学）が女子の入学を認めなかったため、女性の地位向上と自立のために女子の美術学校を設立する必要性

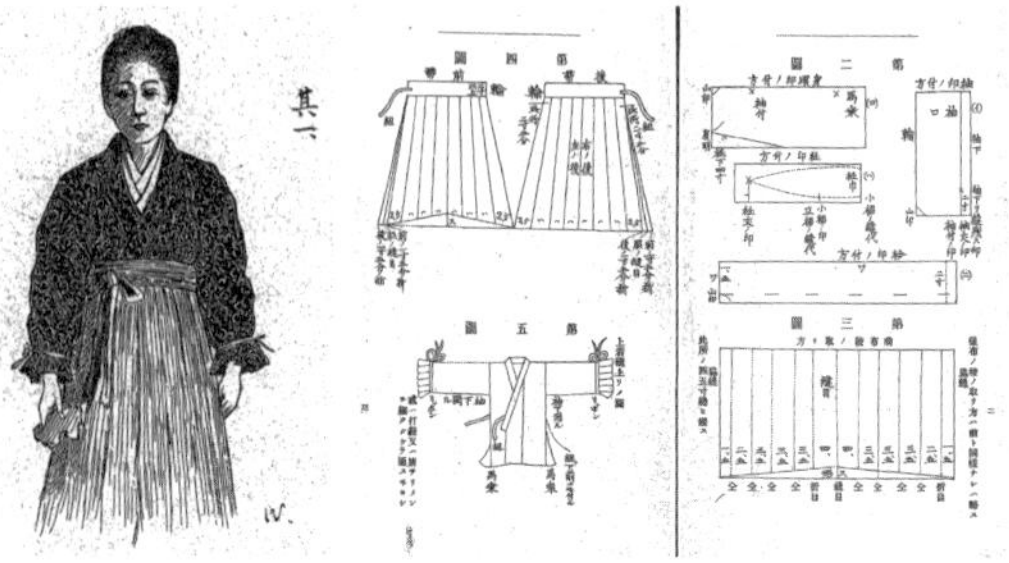

渡邉辰五郎「改良服」案、裁断図（渡邉 1903：口絵、2–3）

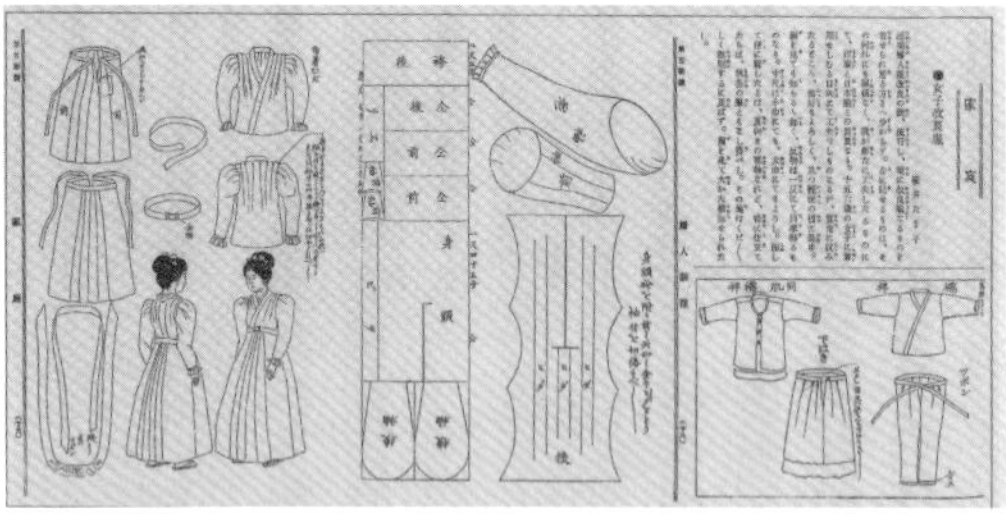

横井たま子「女子改良服」（『婦人新報』1901年 6 月25日、女子美術大学編（2018）より）

を感じていた。横井が一九〇一年六月二五日号の『婦人新報』で発表した女子改良服は、渡邉の案との共通点が多く見られる。彼女のデザインも和洋折衷案であり、和服と洋服の技術的要素を融合させた独自の工夫が見られる（小倉監修 2018：22）。横井の改良服は、和洋両方の技術と知識がなければ制作できないものであった。

大正時代において、女性の社会的地位向上や第一次世界大戦後の変化を背景に、衣服改良の議論が再び注目を集めた。一九一八年、第一次世界大戦後には政治学者の吉野作造（1878–1933）を中心とする黎明会の設立や社会主義思想の高まりとともに婦人解放運動が盛んとなり（中山［1987］2010：359）、女性の装いも生活改善の一環として議論された。特に、大正デモクラシーの潮流のもと、参政権の獲得や家庭生活の合理化と効率化が求められるなかで、衣服の改良が女性の活動性を支える要素として位置づけられた。

一九二〇年に設立された文部省外郭団体の生活改善同盟会は、合理的な生活を推奨し、そのなかで、簡易で活動的な洋装の普及を重要な目標とした（中川 2012：78）。同盟会が一九二一年に発表した『生活改善調査決定事項』には、「服装の改善」が具体的に示され、現代人の生活に適した衣服は「簡易で手間のかからないもの」が望ましく、「身体を束縛しない簡易な構造」が求められるとされた。また、男子服と婦人服の両方が洋装へ移行するべきであると提言され、洋装の実用化に向けた動きが見られた。

生活改善同盟会の会員であった尾崎芳太郎（1877–没年不明）は、一九二一年と翌年に『是からの裁縫』（前・後編）を出版し、日本人に適した服装として「日本的洋装」を提唱した（中山 1987［2010］：369）。当時、洋服は、布地代と仕立代を抑えることでさらに廉価に仕立てることが可能となり、もはや上流階級の独占物ではなくなっていた。同盟会は都市に住む中流階級にも洋装を普及させるため、尾崎は技術講習会を頻繁に開き、女性たちに家庭裁縫の技術を伝授した。こうした活動を通じて、洋装は上流階級だけのものではなく、幅広い層に広がるきっかけが作られた。

同時期、自由学園の創設者である羽仁もと子もまた、生活改善の一環として洋装の重要性を訴えていた。彼女は雑誌『婦人之友』を通じて婦人仕事着のデザインを募集している。「和服に袴を元にした改良服」と「洋服を土台にした簡単服」の二種類のデザインを募集し、当選作品を『婦人之友』一九一九年七月号にて発表した。一九一九年一〇月号では生活改善特集を組み、型紙や既製服の販売も行うなど、実践的な洋装の普及活動を展開した。

このように洋装の普及に向けての活発な動きがあったにもかかわらず、改良服が社会全体に広く根付くことは難しかった。序章で触れたように、一九二五年五月に今和次郎らが行った調査によれば、東京銀座における男性の洋装率は六七%、女性の洋装率はわずか一%であった。しかし、一九三七年に『婦人之友』六月号に今が執筆した記事「全国十九都市女性服装調査報告」では、『婦人之友』チームのサポートを得て行われた八都市二万六〇〇二人についての調査では、女性の洋装率は平均二六%に達し、東京では二五%、京城(現ソウル)で四〇・七%、北京では四六・六%と大きく伸びている。この一二年間での変化は、洋装普及の着実な進展を示している。

この時期に活動を開始した田中千代は、先述の『新女性の洋装』(一九三三年)において改良服の失敗を指摘している。彼女は、和服の美は過去の社会に根ざしており、部分的な改良ではその美しさを保つことはできないと述べている(田中千代 1933:21)。彼女の主張は、和服の伝統的な美を否定するものではなく、それが過去の社会構造と密接に結びついたものであることを認識しつつ、現代に適合した全く新しいデザインが求められるという洞察に基づいていた。彼女は、時代に即した新しい美を追求する必要性を指摘し、和服から洋装への完全な転換が求められると主張したのである。この視座は、単なるデザインの問題を超え、女性の身体が近代化されていく過程を示すとともに、服飾文化が社会や時代とどのように相互作用するかを深く洞察している。千代の批判は、服飾を単なる実用性にとどまらない社会的役割や美的価値を持つ文化的な表現として捉える視点に基づいていた。

大正期の衣服改良運動は、日本が西洋文化を急速に取り入れていくなかで、自国の伝統と外来の要素を融合しようとする創造的な取り組みの一環であった。この運動は、単なる衣服の変革にとどまらず、女性の社会的地位向上や家庭生活の合理化といった社会全体の近代化と連動したものである。和洋折衷的なアプローチの限界や社会的制約に直面しつつも、これらの運動は日本人の衣服観を大きく変化させる胎動となった。

しかし、改良服という和洋折衷的なアプローチは、その革新性にもかかわらず、いくつかの限界に直面した。和服を基盤とした改良服は、日本の伝統的な美意識を尊重する一方で、社会的・機能的な要請を満たすには不十分であった。和服の美は、特定の文化的・歴史的背景と密接に結びついており、その部分的な改良では現代社会のニーズに完全に応えることができなかった。さらに、和洋折衷的なデザインが持つ美的曖昧さも課題であった。和服の持つ伝統的な均整美と、洋服が象徴する合理性や機能美をどのように統合するかという課題は、デザインの工夫では解決できず、服飾文化全体における価値観の再構築が求められた。

田中千代の改良服に対するこうした批判は、新たな服飾デザインの方向性を示し、洋装が普及していく過程で彼女の役割を際立たせるものとなった。

2　新しい日本服を求めて

本項では、一九四〇年の国民服や一九四一年の婦人標準服が制定される前に、新しい日本服を模索した動きを振り返る。これまで見てきたように、和服の改良は明治時代から繰り返し議論されてきた課題であり、多くの先進的な考えを持つ人々によってその必要性が感じられていた。田中薫は一九四一年に「昭和に入ってからの国民服、婦人標準服の議論は、洋装の普及があっての新たな装いの議論であった」（田中千代編 1941a：1-2）と述べ、一九二〇年代後半以降、洋装の普及にともない和服に対する新たな視点が生まれ、創作の可能性が広がったと指摘している。

じつは、改良服や合理服の運動は日本だけでなく、西洋でも一九世紀後半から議論されていた。改良服や合理服は機能を重視し美を追求するものではなかったが、パリのオートクチュール・デザイナーであったポール・ポワレは、一九〇六年ごろにコルセットを排除した直線的なシルエットのドレスを発表し、女性の身体に自由をもたらした。

また、ココ・シャネルは、第一次世界大戦中の一九一六年、布地不足を背景に、男性用下着に用いられていたジャージー素材を取り入れたドレスやスーツを制作し、快適で活動的な装いを提案した（能澤［1991］2004：266, 288）。これらの改革は、パリのモードにとどまらず、女性の社会進出と相まって一般市民の装いにも大きな影響を及ぼした。

一方、日本では、近代生活に適した新しい装いを求める動きのなかで、当時の西欧の洋服が装飾を省いたシンプルなスタイルへと変化したことにより、洋装が近代日本の生活に馴染みやすいものとして受け入れられるようになっていった。当時は日本に限らず、一九二〇年から三九年までの両大戦間の時代は、世界的にファッションが単一化していく時代でもあった。トルコでも同様の動きが見られ、「近代トルコの父」とされるムスタファ・ケマルは、イスラム的な服装を廃止し、西欧のモードを導入した。この時期、多くの地域で民俗衣装が放棄され、植民者と同じ服装をする傾向が強まったと指摘されている（ロゼル［1980］1995：241）。その背景には、西洋文化が先進的と考えられていた点もあるが、一九二〇年代の西欧の洋服が近代社会の活動的な生活に適していたことが大きな要因となっている。

前項で述べた改良服の試みと同様に、「新しい日本服」[*11]の創造についてはは明治時代から議論されており、和服と洋服の折衷案が多いことを確認したが、新たなデザインを模索する試みもあった。その一例として、安城寿子は装飾美術家の斎藤佳三（1887–1955）が一九二二年に提案した「天平式」を挙げている。これは、天平時代の衣服から着想を得たオルタナティブな服装であり、安城はこれを「和服でも洋服でもない新たなスタイルの提案」と位置づけている（安城 2015：66）。興味深い試みではあったが、折衷案であれオルタナティブであれ、これらの試みは文化的独自性を重視しながらも、実際の普及には至らなかった。

《兵児帯のブラウスとシルクのスカート》1935年、モデル：田中千代

一九三七年の日中戦争の勃発とそれに続く戦時体制が厳しさを増すなかで、衣服の改良や合理化は次第に国家的な課題となり、文化的な模索から社会的・経済的な必要性へと変化していった。井上雅人は、大正時代の生活改善運動で提案された合理的な衣服の理念が、戦時下における一九四〇年の国民服やその翌年の婦人標準服の制定へとつながり、官僚や軍人を含む多くのステークホルダーがこの動きに参加していたと指摘している。ま

た、斎藤佳三はその両方の動きに関与していた（井上 2003：60–61）。一部の先進的な考えを持つ人々は、これを服装改革の好機と捉え、さまざまな試みを行った。

常見美紀子は、この時代の新しい日本服を求める動きについて、当時『婦人画報』の編集者であった桑沢洋子が「洋服の日本化」と「和服の洋服化」の双方向から衣服における「日本的なるもの」を模索し、「和服」に代わる新たな「日本服」の創造を試みていたと指摘している（常見 2007：58）。斎藤佳三の「天平式」の提案もその一例であったが、基本的には和服をもとにした改良服と、洋服をもとにした改良服という二つの方向性に集約されることはすでに確認したとおりである。

田中千代も「洋服の日本化」と「和服の洋服化」に取り組んでおり、その活動は彼女のキャリア初期から顕著であった。「洋服の日本化」の例として挙げられるのは、《兵児帯のブラウスとシルクのスカート》（一九三五年、前頁）である。この作品は、伸縮性のある男物の兵児帯を用いた、パリのモードを彷彿とさせるシャープなラインのブラウスであり、日本の伝統素材を巧みに取り入れたモダン・デザインであった。同様の試みは千代だけではなく、一九三九年に国方澄子が『婦人画報』一〇月号で「和服地を洋服に使う事はかなり前から試みられていますし、銘仙などはすっかり洋服地として扱われる様になりました」と述べているように、当時のデザイン界でも注目されていた。

一方、「和服の洋服化」においては、田中千代の取り組みは際立っている。一九三二年ごろから手がけた新興和装は、幅広の洋服地に洋服の裁断法、リボンやフリルなどの洋服的技法を取り入れたもので、和装の既成概念を破り、新たなデザインの可能性を切り拓いた（田中千代 1955e：141）。戦後、この時期を振り返り、千代と夫・薫は「キモノの約束から解放された立場で、試作の範囲を超え、商品として街頭に進出したのはおそらくこの時が最初であった」と語っている（田中千代 1952d：124）。これらの取り組みは、伝統と革新を融合させた新しい和装の提案として画期的であった。

また、千代は鐘紡が刊行していた企業誌『銀鐘』一九三九年三月号に寄稿したエッセイ「和服新考」で、洋装の総合的な美しさが理解されつつある一方で、和装には総合的な美が欠けていると指摘し、「一目見て摑み処のある美しさ」や「乗り物から降りて小走りにビルの中に消えていく動く女性の一瞬に翻る美しさ」を追求する新しい和装のあり方を提案した。この主張は、戦前の彼女の著作に見られる「動の美」の概念を発展させたものであり、伝統的な和装を刷新する挑戦的なアプローチであった。

一九三〇年代後半になると、日中戦争や第二次世界大戦の下、「和服の洋服化」や「和服の合理化」が再び注目を集めるようになる。一九三七年一一月号の『婦人画報』では、「伝統の問題」という題で座談会が行われ、藤田嗣治、今和次郎、三徳四水、内海千枝子、吉行あぐり、伊東茂平が参加した。この座談会では、服装改革を「絶好のチャンス」と捉え、新しい和装デザインの可能性が議論された。特に今和次郎は「パリ、ニューヨーク、東京を世界の流行の発信地としたいがこのままでは到底そうはいかず、東洋からヨーロッパに影響を与えるようなものを創り出さなければならない」と発言をしており、日本の服飾文化が国際的に果たすべき役割を主張した。

・藤田嗣治の試みと『婦人画報』における新しい日本服の模索

藤田嗣治は、一九三七年一二月号の『婦人画報』において、藤田が考える新しい和服デザインを三

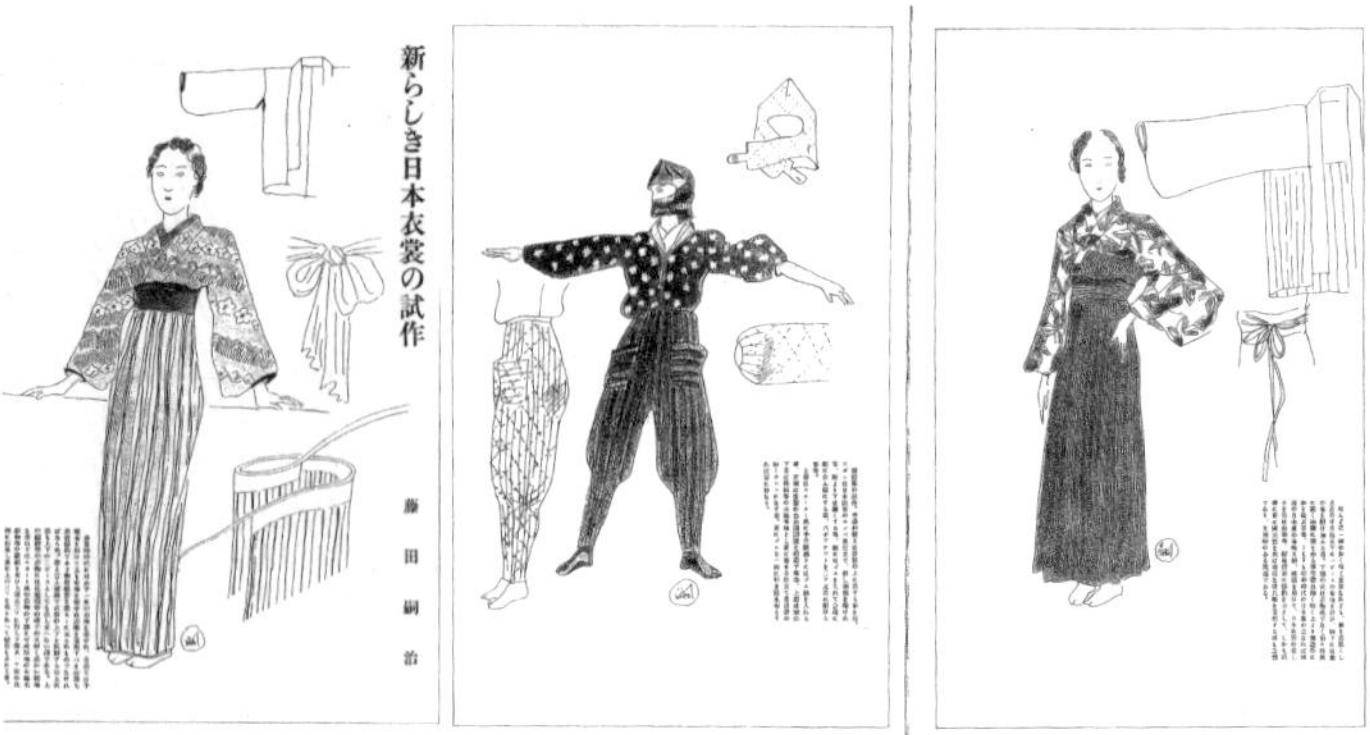

藤田嗣治「新らしき日本衣裳の試作」(『婦人画報』1937年12月号)

点提案した。それは上下二部式で袖や帯が細く、活動しやすくしたものだった。国防服に至っては、和服または洋服の上に着用することを想定し、下はモンペ風であるが、両側の隙間を閉じ、柔道着のように刺子を施したズボンとなっており、ポケットも付いている。上着はセーター風に手首周りにゴムを入れることを提案している。これらは実現可能なデザインであったように見受けられる。翌年の一九三八年一〇月号では、それらのデザイン案を実際に服として制作した写真が掲載された。この巻頭特集「こんな風に服装を改革しよう・新日本女性服」には、藤田以外にも吉田謙吉、山本武夫、橋本徹郎、伊藤熹朔、河野鷹思、麻生節子、花柳寿美らが参加し、それぞれのデザイン案が紹介された。和服を改良したデザインの方が多いものの、洋服を改良したものもあり、どれも材料の節約や着回しによる経済性、活動性・運動性を考慮したものであった。

たとえば吉田の《構成衣裳》は、絣《かすり》と縞《しま》の銘仙地を活用し、洋服と和服の両方を作る試みで、少ない布でもパッチワークのように組み合わせて制作できる点が特徴である。また、橋本徹郎は、《ハヲリコート》と題して、和装と洋装の双方に対応するコートを提案した。羽織を短くしてジャケット風に着用したり、長くしてロング・コートのように着るデザインや、キュロットを取り入れた上下二部式の着物も含まれていた。さらに、この号では、物資が逼迫した社会状況を反映し、男性用の背広を女性用のスーツに作り替えたり、風通の単衣をスーツに作り替える「更生服」のデザインも複数紹介されている。

一九三九年には「日本的な型を創り出す」という意識がさらに高まり、『婦人画報』は六月号と一〇月号で洋装を、七月号では和装を特集し、これからの服装のあり方を議論した。六月号の編集後記では以下のようにその意図が説明されている。

この非常時の物資節約の時代に於て、敢て洋装を特集とするのには、国策線に沿うて、わたし共の服装を解決しようとする意味であることは申すまでもありません。(……)これからの婦人画報の洋装の頁は主として日本の材料で日本的な型を創り出すことをしていきたいと思います。(……)現在のような、日本の文化の底力を極度に発揮せねばならぬときに、私たちは服装の問題についても、おろそかにせず、日本民族のよき趣味を発揮し

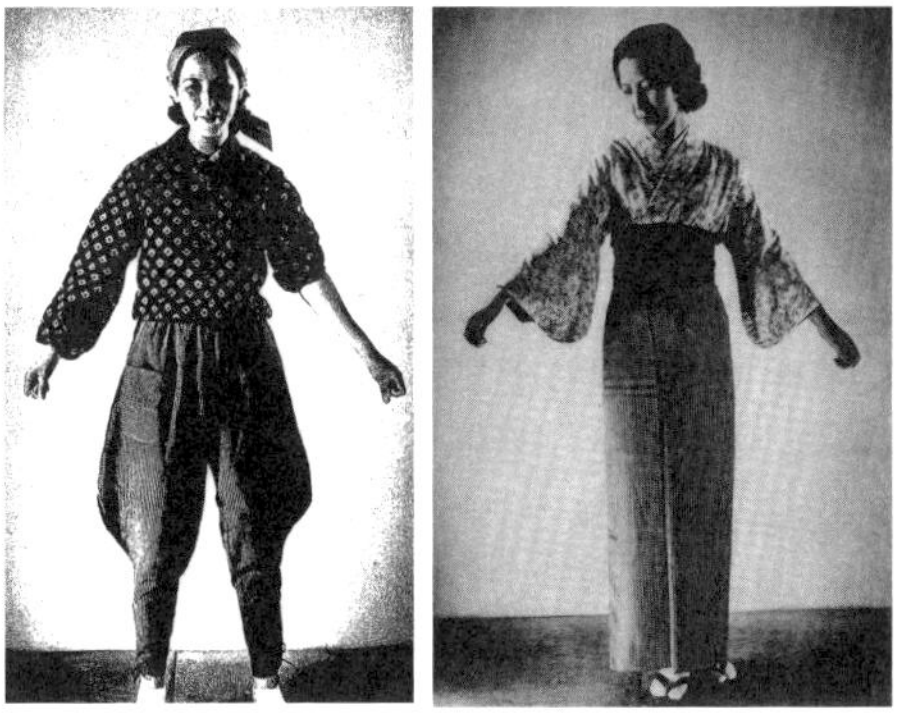

藤田嗣治《国防服》(左)と《上下に別れる衣裳》(『婦人画報』1938年10月号)

たいと思います。

この文章が示すとおり、物資節約のために日本の材料を用いた機能的な洋服の創造が急務であると記されている。特集記事では、伊東茂平が「洋装シルエット」と題して洋装の基本知識を箇条書きで紹介し、体型に合わせた良い例と悪い例を図解で示すなど、洋装初心者向けの具体的な提案が行われた。また、田中千代の連載記事「装飾的図案」も同号の洋装特集の一つに組み込まれており、壺のデザインを引き合いに「用の美」を考察している。

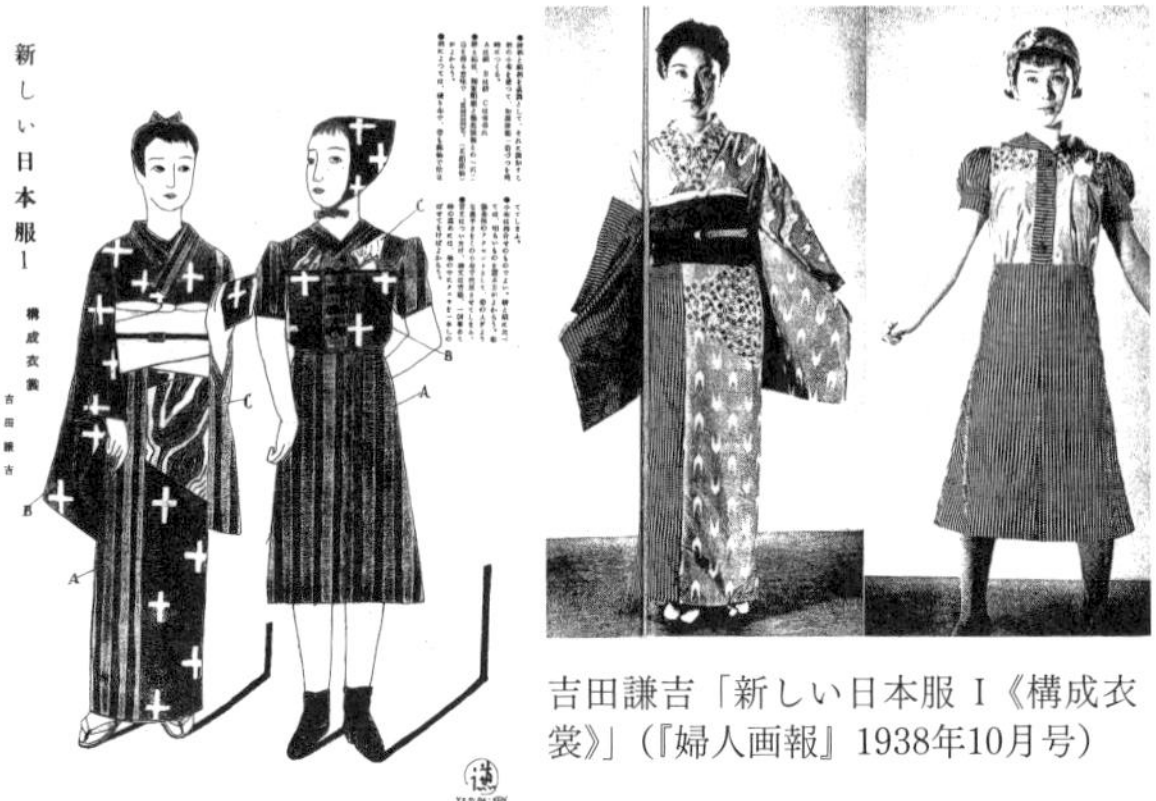

吉田謙吉「新しい日本服Ｉ《構成衣裳》」（『婦人画報』1938年10月号）

翌七月号の和装特集では、編集後記に「洋装生活が進歩的と考えられている割合に、和服生活が退歩的だと考えられているのは心外です」と書かれているように、和服の意義を見直す多角的な視点が示されていた。「和服シルエット」というタイトルで、体型や年齢に合わせた配色のアドバイスや「日本趣味のボーグ」と題したページでは、洋画家・鳥海青児（1902–1972）のエッセイ「新しい日本的美の創造」と、「日本のキモノはどう変わっていくか」という坪内士行、藤川榮子、永田一侑の座談会が掲載された。鳥海はここで、日本趣味や復古趣味は一部の趣味人のものであり大衆に普及しないと批判し、現代の人々は近代生活に見合った新しい美を創造すべきであると主張しているが、具体案を示すには至っていない。座談会では、和服改良案として袴の改良やスカートの導入が議論されたものの、いずれも大きな進展には至らなかった。この座談会では特に具体的なデザイン案は提示されず、最終的には生活に根ざしたものが最も正しい方向で成長すると結論づけられた。特集全体を通じて意気込みはあるものの、新しい日本服の具体例が示されておらず、コンセプトを形にすることの難しさが浮き彫りとなっている。

一〇月号では「これからの洋装のゆきかた」というテーマで再び洋装が取り上げられ、伊東茂平と田中千代が執筆した特集記事が組まれた。この特集では千代が『新女性の洋装』以来提唱しているシルエット論が強調され、無批判に西洋のシルエットを模倣するのではなく、現代日本の生活において最も美しいシルエットの模索が勧められている。新しい日本服の創造に関連する唯一の記事は、国方澄子の「和服地で試みたデザイン」であったが、これは和服地を使用した通常の洋服であり、新しい型の創作ではなく素材の新たな扱い方にとどまっていた。

一九三九年のこれら三つの特集を通じて、『婦人画報』は新しい日本服を創造するという確固としたコンセプトを掲げ、「洋服の日本化」と「和服の洋服化」に対する意欲を示しつつも、新しい日本服を具現化する具体的なデザイン案を提示するには至らなかった。和服の近代化や合理化への関心は高かったものの、むしろ、その困難さが明らかにされた。これは、社会が近代化していく一方、戦争によって生じた経済的・社会的制約のなかで模索された試みであり、同時に日本の服飾文化における転換期を象徴する動きであった。

3　国民服、婦人標準服の制定

一九三七年の日中戦争勃発を受け、繊維資源の使用に厳しい規制が課され、輸入に依存していた羊毛や綿の使用が制限された。一九三八年には品質の劣る安価な化学繊維ステープル・ファイバー[*12]（通称「スフ」）を三割以上混合することが義務づけられた。一九三八年四月一日には国家総動員法が施行され、物資、資本、労働の戦時統制が敷かれ、同年六月には市場から綿製品が姿を消し、スフしか用いられないことになった。

こうした状況下で、国民の戦意を高揚させ統制を強化するため、内閣情報部は男性用「国民服」の制定を提案し、厚生省を中心に服装委員会が立ち上げられた。一九三九年には国民服の基本方針が定められたものの、厚生省が進める計画は実現には至らなかった。その後、陸軍被服協会がこれを引き継ぎ、一九三九年一〇月二五日の第一回委員会で国民服の基準型式や懸賞募集が決定された。

国民服の基本要件は、(1)平時には民間の常服、応召時には軍服として着用できること、(2)民間常服として現状に近く、日本固有の特質を生かし、勤労用に適する、(3)一般儀礼用にも兼用でき、服制の簡略化を図ること、(4)保健的・経済的であること、(5)外観内容ともに世界衣服文化の水準を抜き、かつ指導的服装であること、(6)茶褐色系の国防色とすること、が求められた。一九四〇年一月二六日に皇紀二六〇〇年を記念して男性用国民服が発表された。さらに、一一月一日に勅令第七二五号「国民服令」が交付され、甲号と乙号が制定された。また、その普及のために大日本国民服協会が設立され、講演会や展示会が開催され、雑誌『国民服』が刊行された（中山［1987］2010：437–438）。

翌一九四一年三月には厚生省社会局生活課が婦人服改善懇談会を発足させ、日本衣服研究所の所長であった田中千代も委員の委嘱を受けた。[*13] 大政翼賛会文化部内に服飾研究会が設立され、婦人標準服の現状調査や目的に関する議論が重ねられた。千代は日本衣服研究所を代表して、この会合にも召かれた。[*14] この議論をもとに厚生省に婦人標準服研究会が設置され、婦人服は男性服と異なり、働き着を目標とすることが決定された。洋服型と和服型の二つを基本とし、全国から応募された約六〇〇点をまずは一九四一年一〇月中旬に開催された小審査委員会で選定し、一〇月二一日に最終審査決定会が神田一ツ橋の如水会館にて行われ、入賞試作品が決定された。審査して入賞作品を選定した後、婦人標準服研究委員会が設けられ、委員会が試作品をもとに標準服を決定し、一九四一年一二月一九日、婦人標準服が新聞や雑誌で発表された（田中千代編 1943a：76–78）。婦人標準服は、さまざまな立場の人々の意見を取り入れ、有識者たちが何度も議論を重ねて作り上げられたものであった。

婦人標準服の型は、以下の一〇パターンに分類された（中山［1987］2010：444–445）。

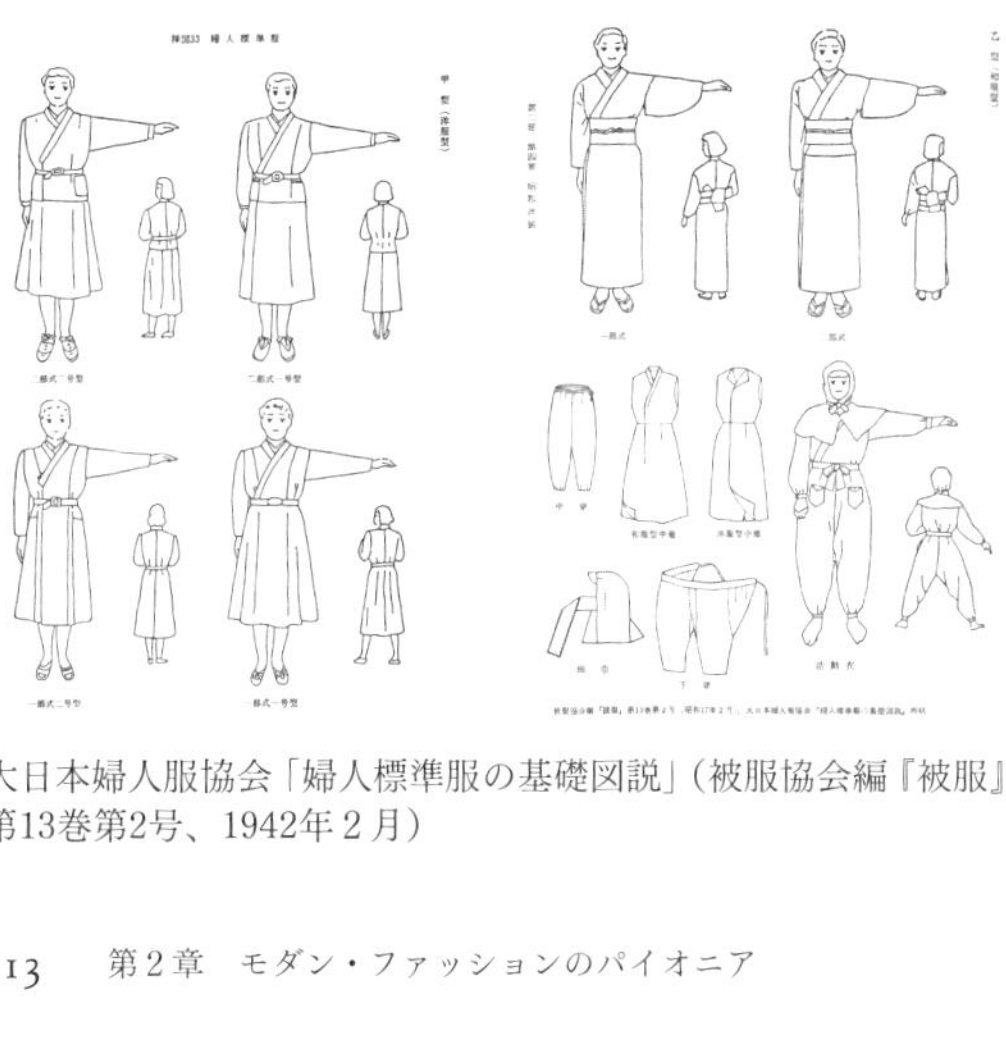

大日本婦人服協会「婦人標準服の基礎図説」（被服協会編『被服』第13巻第2号、1942年２月）

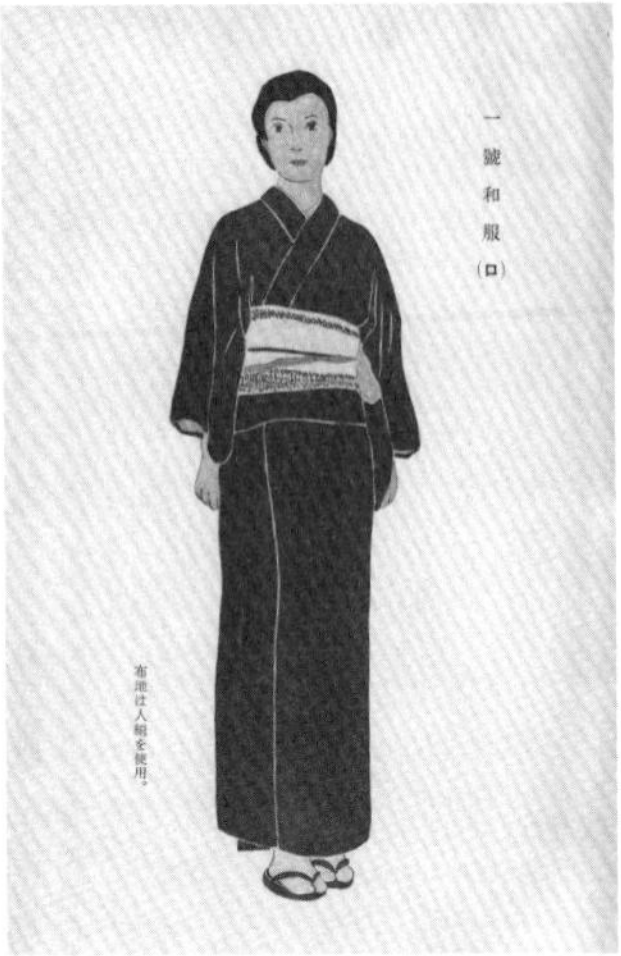

《一号和服（ロ）》

《一号和服（イ）》

《三号勤労服（モンペ）》

《二号洋装》

李王妃考案の改良服デザイン画（頁内すべて田中千代編1941：口絵より）

1　甲型（洋服型）二部式一号（襞《ひだ》スカート）、二号（六枚接《は》ぎスカート）
2　甲型（洋服型）一部式一号、二号
3　乙型（和服型）二部式一号（巻き合せ下衣）、二号（筒形下衣）
4　乙型（和服型）一部式一号、二号
5　活動衣　二部式一号（スラックス）、二号（モンペ）

これらは和服と洋服という従来の区別を超越することを目指し、技術的には簡易な裁断法を採用して家庭裁縫に取り入れられるものが条件であり、特に戦時下の物資不足の状況で合理性と実用性が重視された。一九四二年には婦人標準服の普及を目的に、大日本婦人服協会が設立され（大政翼賛会編1942：3）、各地で講習会が開催され、新聞や雑誌でも婦人標準服の着用が奨励された。

・李王妃の婦人改良服の制定

婦人標準服制定に先駆けて、一九四一年三月と五月に日本衣服研究所が主催した「民族と衣服展覧会」では、李王妃が考案した婦人改良服が出品された。これまで経緯や目的については資料がなく不明であったが、資料が見つかったため、ここで紹介したい。これらは和服型、洋服型、活動衣（モンペ）で構成され、田中千代と学園の生徒たちが制作を担当した。この改良服は、戦前からの和洋折衷的デザインの潮流を象徴しており、のちに制定される婦人標準服と共通点が多かった。

李王妃の改良服については『日本衣服研究所彙報』や田中千代のアルバムに展示写真が残るのみで、

その詳細は未解明の部分も多い。《一号和服（イ）》《一号和服（ロ）》《二号洋装》《三号勤労服（モンペ）》が展示され、これらのデザインは、「和服をベースにした案」と「洋服をベースにした案」と「活動衣」という考え方で、婦人標準服と同様の枠組みで、和服を上下二部式に分け、帯と袖を細くし、下衣を袴のように仕立てるなど、活動性を考慮したデザインとなっていた。この形式は、一九三七年に藤田嗣治が『婦人画報』で提案したデザイン案にも共通している要素が見受けられる。

4　婦人標準服に対する田中千代の反応

田中千代は、戦時下の日本における服装の理想と現実の乖離を問題視していた。[*15] 一九三九年に『神戸商大新聞』で発表した「事変下に生れてほしい服装」では、以下のように述べている。

結局私共都会に住む婦人は何を求めているのだろう。先ず男子の人の背広服に相当するものを求めているのではないだろうか。事務も買物も訪問にも会合にも出られるという服を望んでいるようである。（……）それは単に国民服や非常服ではない。（……）未来へ進む日本婦人の服として将来いつまでも愛用して行かれる服がほしい。今迄の標準の礼儀も習慣も持たない新たな服が欲しいと思うのである。

この発言は、婦人標準服が制定される以前から千代が抱いていた問題意識の反映でもあった。彼女は、戦時用の服装だけではなく、未来へ進む日本婦人の生活に根ざした普遍的な服装の必要性を強調していた。

一九四一年六月号の『婦人画報』特集「婦人国民服に就いてどういう御意見をおもちですか」においても、千代は、婦人国民服は日本人全体を平等にすることを目的とするのか、職業ごとの制服であるべきなのかが明確でなく、また、生活の簡易化を目指した実用的なものなのか、それとも日本人の象徴としての服であるべきか、その主旨を明らかにする必要があると述べている。同時に、婦人国民服は強制されるべきではなく、個々人が選択できるような雰囲気と制度を政府に作って欲しいと提言し、具体的なデザインとして、和服や洋服の形を完全に変化させるのではなく改良程度とし、和服の場合はツーピース型（上下二部式）の短袖と袴式、洋服の場合はブラウスやジャケットにゆったりしたズボンの組み合わせとすれば、すぐに働き着になるとの提案もしている。

この特集には他の服飾の専門家も意見を寄せており、多くは成人女性の日常着として洋服型と和服型の二本立てを提案している。一九三三年に『新女性の洋装』で日常着の洋装化を主張した千代も、ここでは洋服型・和服型の二種類の選択肢があるべきだとしている。一方、和服のみを支持する意見も少数ながら存在し、和洋女子専門学校（現和洋女子大学）教授の藤田とらや東京女子医学校（現東京女子医科大学）校長の吉岡彌生は和服を改良するべきだと主張している。

婦人標準服が制定された一九四二年に大政翼賛会が刊行した『新生活と服飾』には、大政翼賛会文化部が企画した座談会の記録が掲載されている。この座談会には岸田國士を座長に、山室善子と小場瀬卓三の企画のもと、今和次郎、篠遠よし枝、田中千代、谷野節子、羽仁説子、深澤紅子、村岡花子、和田三造といった多彩な参加者が名を連ね、和服・洋服問題や合理的な服装のあり方について活発な議論が展開された。

この座談会の目的は、大政翼賛会が「新日本」にふさわしい服飾のあり方を探るために有識者から意見を求めたもので、大きく⑴和服・洋服問題、⑵賢い整理と計画、という二つの議題が掲げられた。ここでは⑴に注目したい。岸田國士は、日本人に適した服とは何か、和服を改良すべきか、あるいは洋服を標準とするべきかといった根本的な問いを提起し、議論を促した。田中千代はこの問いに対して最初に回答しており、「これからの服装は、生活全体を改善していくものであるべきだ」と述べ、婦人標準服の基本方針が明確でないことに不満を示した。また、千代は国民服について、本来ナショナル・コスチュームとは民族が長い時間をかけて形成してきた民族独自の服であり、今回制定するのはむしろ制服に近いものになるだろうが、強制ではなく自発的に広まるものでなければ普及しないと主張し、服装の自由な進化を強調している。また、和洋折衷案はちゃちに見えるものが多いという座長の指摘に対し、千代は「できるだけ上手に二重生活するのも良い方法」と述べ、日本の生活に即して使われる洋服は日本化された洋服であり、和服もまた現代化された和服があるのでは、と主張した。

洋画家の和田三造は、千代の意見に賛同し和洋折衷の服装案に対し「異国人に見える」と批判し、形式にとらわれず生活に適した洋服を着用すべきだと述べている。

洋服を着ることとは、欧米にかぶれていることだとはき違えてはならない。現在のわれわれの着ている洋服は、男子の場合も女子の場合も既にわれわれの生活を体験しつつある、日本人のきものですよ。そこから一そうよいものが生みだされることは大いに期待し、奨励しなければならないが、とにかく形式のみを論じるのは不自然でもあり決してよいものを齎《もたら》す所以ではないと思う。

この発言は、洋服が日本の生活文化に根づいているとの認識を示すものであり、既存の形を超えた進化への期待を表している。また、今和次郎は第一次世界大戦後のヨーロッパで実現された衣服改革を引き合いに出し、日本も生活の単純化・合理化を目指すべきだと述べ、新しい時代にふさわしい日本独自の服飾を創り出せると期待を寄せている。

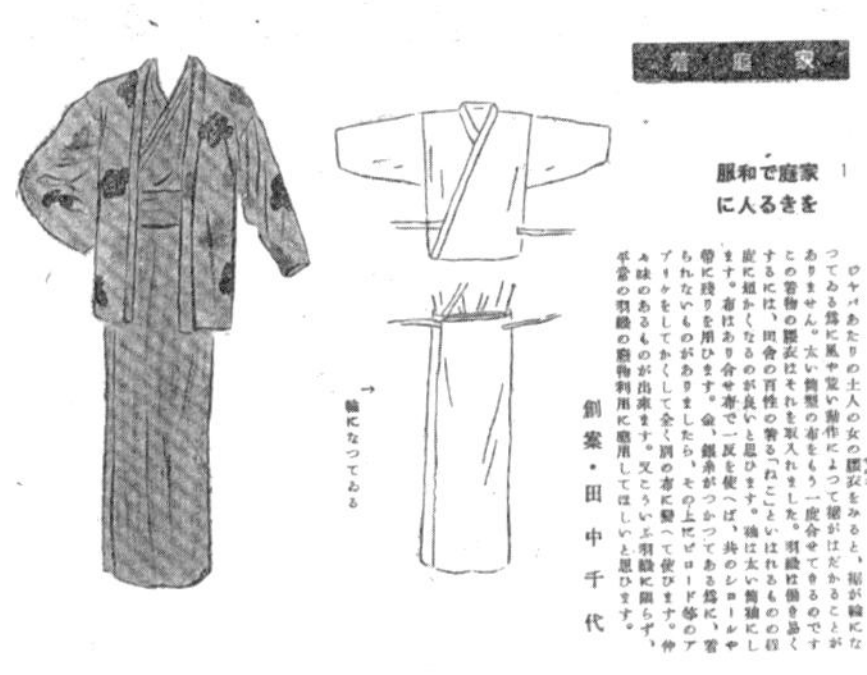

田中千代、《家庭着》(『婦人画報』1941年4月号)

田中千代は、和洋の区別を意識せず、それらを自由に組み合わせ、偶然から良い形が生み出される可能性があると主張した。田中千代のデザイン観は、生活に根ざした実用性と美を融合させるものであった。それは一九三〇年代に始めた鐘紡での活動を通じ、国産の布地を用いて日本人のための洋服をデザインしたり、「新興和装」として洋服地を用いた和服のデザインを手がけたりするなど、実際の制作によって具体化された。

明治期以来、多くの人々が取り組んだ改良服の試みは、田中千代の場合、和服と洋服の二項対立を超えた自由なデザインの追求として展開された。千代は一九四一年四月号の『婦人画報』で、《家庭着》として和服調のスタイルに、ジャワの腰衣「サロン」の裾を輪にする構造を、上衣には農村で着られていた

「ねこ」と呼ばれる短く活動的な羽織のスタイルを取り入れたデザインを発表した。この作品は民俗衣装にインスピレーションを得たもので、田中千代の独創性を示す試みであった。そして、こうした試みはのちに、三宅一生が得意とした試みでもあった。

一九四四年、戦局が悪化し物資不足が深刻化するなか、千代は『婦人画報』四月号で勤労服について次のように述べている。

勤労服は毎日着ても飽きない美しさを備えていてほしい。働き着として活動に便利な条件は世界共通なものであるはずです。

この発言は、グローバルな視点で普遍的なデザインを追求する千代の考え方を端的に表している。彼女は西洋と日本という二項対立を超越し、実用性と美しさを統合するデザインを追求し、日本における服飾デザインの革新に挑戦したのである。

こうした議論や試みが行われていたにもかかわらず、戦争末期には空襲の激化や生活困窮が深刻化し、多くの人々が実際に着用したのは、活動衣として推奨されたモンペであった。美しさや革新性よりも実用性が優先される状況下で、田中千代のデザイン観は時代の制約に阻まれながらも、その後の日本のファッション文化に影響を与え続けることとなった。

＊1　一九〇二年に設立され、二〇二〇年一一月二七日に破産手続きに入るまで、佐々木営業部（後のレナウン）は、日本のアパレル産業の主導的存在として業界を牽引した。戦後はのちにヴァンヂャケット（VAN）を設立し、男性用既製服を制作することで、日本のメンズファッションの隆盛に貢献した石津謙介（1911–2005）も佐々木営業部に勤務し、千代の芦屋の学園も手伝っていた。

＊2　渋谷ファッション&アート専門学校が所蔵している資料のなかにその切抜が残されているが、詳細は不明。

＊3　一九三五年一二月二〇日に東京・銀座店が開店した（鐘紡 1988：1052）。鐘紡は在日外国人の顧客もおり、日本国内で発行されていた英字新聞 *The Japan Advertiser*, December 22,1935：13 にも開店の広告が掲載されている。

＊4　たとえば顧客には女優の入江たか子、水谷八重子、森律子、森赫子がいた（坂口儀蔵、吉岡新一、木下勝治郎、田中千代、増田とみ「カネボウとともに二〇年」田中千代監修『緑紅』一九五二年第四号）。

＊5　田中千代学園編（1982）に掲載の田中千代学園の年表、および芦屋市立美術博物館での展覧会カタログ（1991：12）では、一九三二年に鐘紡のショーウィンドウでニュー・キモノを展示し話題になったと記載されていが、正確にはいつだったのか不明である。

＊6　当初の洋裁教室の生徒には、戦後佐々木営業部社長（のちのレナウン理事長）となる尾上清の妹・寿美子もいた。他には神戸に設立されたベビー子供服のベビーショップ・モトヤ（のちの株式会社ファミリア）の四人の創業メンバーの一人、田村江つ子（1919–没年不明）や伊藤忠商事創業者の伊藤忠兵衛の娘・キヌ子、武田薬品の武田長兵衛の娘も最初の六人のメンバーであった（西村勝 1994：125）。

＊7　イッテンは学生たちの身体の緊張を和らげ、呼吸の調整や精神集中の鍛錬を行うために体操から授業を始めた。身体全体を使って描き、体験し、理解するのがイッテンの授業であった（深川、杣田監修 2019：33）。

＊8　「目で見て納得し、視覚的な経験を積ませること」を杉野芳子自身が「視覚教育」と呼んでいる（杉野［1976］1997：85）。今日使われている意味とは異なっている。

＊9　梨本宮守正と伊都子の長女として東京に生まれた。一九一六年七月に朝鮮王族の王世子・李垠《イウン》と婚約し、一九二〇年四月に結婚。韓国併合後の融和策であるとされた。一九二一年に長男、晋《チン》が生まれるが、翌年、朝鮮訪問中に夭折。一九二三年の関東大震災の後では、朝鮮人に対する暴力がひどく、一九二六年には、李垠の兄で李王の

李拓が亡くなるなど、結婚後も多くの苦境を経験していた。一九四〇年五月に李垠は大阪の留守第四師団長に就任していた。自伝（李方子 1984）には、標準服の話は書かれていないため詳細については不明である。

＊10 「日本衣服学」を「一般衣服学（衣服学総論）」と「特殊衣服学（世界衣服誌、東亜衣服誌）」の二つの系列からなることを想定し、「一般衣服学」においては衣服に関する理論を追究し、衣服科学をとおして、日本人の国民生活を規定し、大東亜共栄圏における全民族の総合的な衣生活上の基準を確立することを目的に掲げている。他方、「衣服誌」においては、衣服を地域的（地理学的）にまたは民族的（民族学的）にまたは技術的（政治的、経済的、芸術的）に把握し、その個性を正確に記載することにあるとし、衣服には歴史的、地理的、民族的、資源的等の環境があるため、この環境との有機的関係において記述されなければならないとした（田中千代編 1943a：85–98）。

＊11 「新しい日本服」という表現は、たとえば一九三九年の『婦人画報』七月号の編集後記などにも見られる。『婦人画報』は同義語として他に、「新日本女性服」という言葉も用いている。

＊12 第一次世界大戦時に羊毛・綿の代用品としてドイツで開発された。皺《しわ》になりやすく、耐久性に乏しく、品質が粗悪であった（中山［1987］2010：437）。

＊13 第一回懇談会（一九四一年三月一九日）の主な出席者は次のとおり。日本女医会会長、吉岡彌生、大妻高等女学校校長　大妻コタカ、大政翼賛会文化部　山室善子、自由学園園長　羽仁もと子ら関係者等。第二回懇談会（一九四一年四月二八日）は厚生省にて開催され、所長田中千代も出席した（試作品出品せず）（田中千代編 1941a：32）。

＊14 第一回会合は一九四一年五月二二日に開催され、田中千代も意見を求められ、「国民服の制定は生活改善の為に行はれるのか、それともそれとは別個に急速に制定せらるべきものか、此の点、男子国民服の場合と非常に異なるので、其の目的を明らかにする必要ある旨」を力説し、出席者の賛同を得た（田中千代編 1941a：33）。

＊15 一九四二年の「戦争とみだしなみ」でも当時の人々の装いを、「活動的な新しい服装も動作も見あたら」ず、時局的な服装とは「只服が穢《きたな》くなる事であったのか、余りにも進歩性のないこの日本の服装界の姿を見て、物足りなさを感じた」と批判している（田中千代 1942b：115）。

第3章　オートクチュールから既製服へ

——田中千代の戦後デザイン活動

戦後、田中千代は洋裁文化の普及において先駆的な役割を果たした。この取り組みは彼女一人の力だけでなく、他にも同様の志を持つ人々の努力があってこそ実現されたが、千代はそのなかで重要な牽引力を発揮した。彼女は日本の女性たちの装いを通じて、身体を近代化し、解放し、活動的にすることで、社会のなかで自立する力を後押しした。本章では戦後の田中千代のデザイナーとしての活動に焦点を当て、戦前からの継続性と戦後の変容と実践を考察してみたい。

I　洋裁文化時代の到来

一九四五年八月、日本はポツダム宣言を受諾し、敗戦によって終戦を迎えた。戦後、焼け野原と化した混乱の時期、食料や衣料が極度に不足するなか、多くの女性たちはモンペや焼け残った布地を仕立て直して着用していた。こうした厳しい状況のなか、一九四六年には洋裁を学ぶ女性が急増し、その後の洋裁教育の普及と国産ミシンの発展により、洋裁ブームが広がっていった。アメリカの占領政策では、女性の解放を図り、洋裁には簡易なアメリカ式型紙が導入され、既製服の導入を目指していた。しかし実際には、日本人女性たちは既製服よりも洋裁技術の習得に熱意を注いでいった（中山［1987］2010：462）。

戦後、人々の日常着が洋服へと移行していく現象は「衣服革命」[*1]とも称され、日本の服飾文化における重要な転換点となった。戦争によって繊維工業の設備の約七〇％が失われ、一九四七年には衣料品配給規則や衣料切符規則が制定されるほど、人々の生活は困窮していた。戦後三年が経過した一九四八年の夏になっても商工省は衣料切符の廃止に踏み切れず、衣服不足の問題は続いていた（村上［1955］1977：213）。戦後、再開された繊維工業が好転し始め、衣料品配給規則および衣料切符規則が廃止されたのは、一九五一年のことであった。

千村典生は「戦後の洋装化」の背景を以下の三点に整理している。第一に、戦時中の女性が標準服の着用を強制され、活動的な装いが浸透していたこと。第二に、戦後のアメリカやフランスの映画を通じて欧米文化への憧れが広まったこと。第三に、男性にはすでに定着していた洋服が、民主主義や自由・平等の象徴として女性にも受け入れられたことを挙げている（千村［1991］2005：29）。さらに、連合国軍最高司令官総司令部（ＧＨＱ）の政策による女性参政権の付与や日本国憲法の制定（一九四六年）も、女性の社会進出を後押しし、活動的な服装の普及につながっていった。

当時の状況を見ていたファッション・ジャーナリスト林邦雄（1923–2000）は次のように述べている。

インフレーションの嵐が進む昭和二三［一九四八］年から、二四年にかけて、若い女性や戦争未亡人達は、「芸は身を助ける」「洋裁知らぬは女の恥」「美しくなりたい、センスを磨きたい」とばかりに、洋裁学校の門をくぐったのである。戦後、男女同権の思想によって、著しく社会意識を高めた女性が、職業への要求をもつようになったこともあげられるだろう。（林［1987］1992：20）

洋裁ブームは、作り手となった女性たちの生き方にも影響を与えた。衣服を自らの手で作らなければならないという必要性から、洋裁技術は女性の生活に不可欠な技能として広まり、職業的自立や社会進出のきっかけとなった。それは戦争で夫を失った女性にとっても、生計を立てるための重要な経済的手段となった。そのように戦後の日本では洋裁の需要が急速に高まり、それにともない洋裁学校が急増した。二大洋裁学校であった文化服装学院とドレスメーカー女学院の例を見てみよう。

文化服装学院は一九四六年九月に再開し、三〇〇〇人を受け入れた。翌年には在校生は六〇〇〇人になり、急激な勢いで増えていった。また、ドレスメーカー女学院も一九四六年四月に再開し、定員一〇〇〇人で募集を行ったところ、わずか数日で締め切りとなるほどの応募が殺到した。一九四七年には全国で約四〇〇校、生徒数約四万五〇〇〇人だったが、一九四九年には約二〇〇〇校、約二〇万人に達し、一九五五年には約二七〇〇校、五〇万人を超える規模へと拡大した。中山千代は、『朝日新聞』（「日本人」一九五七年一月一三日付）および大宅壮一の記事（「日本の企業」『週刊朝日』一九五八年一月二六日号）を参照し、一九五七年時点で全国の洋裁学校の数が七〇〇〇校、全国洋裁学校収容力は五〇万人に達していたこと、さらに一九五八年には、文化服装学院には約三〇〇校、ドレスメーカー女学院には約七〇〇校あったと述べている（中山［1987］2010：463）。このように女性たちは驚異的な勢いで洋裁を始め、洋裁学校も急速に発展していった。

また、戦時中に兵器工場として稼働していた施設が、戦後は平和産業のミシン・メーカーへ転換したことも洋裁熱を技術的に支えていった。

一九五三年から五五年に日米通信社に勤務していた林邦雄は、戦後のデザイナーの活躍について「戦後、デザイナーの第一期的役割を果たしたのは、杉野芳子、田中千代、伊東茂平、原田茂、野口益栄、山脇敏子、原のぶ子といった人達である」とし、「その勢力分布図は、文化系四〇、ドレメ系四〇、田中千代系六、伊東系四、山脇、桑沢その他大勢といったところ」であり、「源氏（文化）、平家（ドレメ）、その上に貴族（田中）と公卿（伊東）が君臨している図である」とユーモアを交えて解説している（林［1987］1992：20–21）。

この空前の洋裁ブームのなかで、ファッション・デザイナーは女性たちの憧れの職業となり、「デザイナー」という言葉が一般に定着したのも一九四六年から五〇年代にかけてのことであった。田中千代、杉野芳子、伊東茂平らは洋裁雑誌や婦人雑誌にデザイン案を発表し、それらを全国に流通させた。当時は既製服産業がまだ発達していなかったため、商品化はごく限られていた。井上雅人は、この特異な状況について、GHQの占領政策による民主主義の潮流のなかで、ヨーロッパに見られるような上流階級向けオートクチュールが存在せず、大衆消費社会に対応するプレタポルテも日本ではまだ成立していなかったため、洋裁学校を基盤とした独自のヒエラルキーが形成されていたことを指摘している（井上 2017：16）。これは、日本のファッション界に特有の状況であった。

伊東茂平『私のきもの』表紙

杉野芳子監修『ドレスメーキング』創刊号表紙

中原淳一『きものノ絵本』表紙

戦後の洋裁ブームを支えた重要な要素の一つに、「洋裁雑誌の出版」がある。戦時中の言論統制によって抑制されていた出版活動が、戦後には自由化されるとともに活発化し、出版ラッシュが起こった。洋裁雑誌もその流れに乗って広く普及した。これらの雑誌は、洋服を作るための型紙や制作方法を紹介するスタイルブックとして、またデザインや着こなしを提案する媒体として、洋裁学校の再開とともに次々と刊行された。

具体例として、一九四六年五月には伊東茂平が『私のきもの』を創刊し、文化服装学院は同年七月号から『装苑』を復刊した。また、杉野芳子の『ドレスメーカー・パタンブック』も一九四六年九月に復刊され、一九四九年には『ドレスメーキング』が鎌倉書房から刊行されるなど、洋裁雑誌が洋裁ブームを力強く後押しした。中原淳一（1913–1983）の『きものノ絵本』や『ソレイユ』、花森安治（1911–1978）と大橋鎮子（1920–2013）が衣裳研究所（現暮しの手帖社）を設立し、創刊した『スタイルブック』も重要な役割を果たした。

さらに、一九四九年には日本織物出版社社長の鳥居達也がアメリカのシアーズ・ローバック社の通信販売カタログの掲載権

『アメリカン・スタイル全集』第7集表紙

を得て、『アメリカン・スタイル全集』（秋冬号）としてスタイルブックを刊行し、一二万部のベストセラーとなった（林〔1987〕1992：35）。これは当時のアメリカと日本の間にある圧倒的な経済的・文化的格差を象徴すると同時に、日本人が、豊かなアメリカのライフスタイルに憧れていたことを示している。それは、敗戦直後の日本社会におけるアメリカの絶大な影響力を物語っていた。

次に、洋裁ブームをさらに支えたもう一つの重要な要素として挙げられるのは「戦後の繊維産業の発展」である。戦前から政府と民間が力を入れ、日本の輸出産業の主力の一つであった繊維産業は、戦後も政策によって迅速に再建された。米国援助による輸入米綿の確保や、織機の生産・補修が容易であったことから、一九四九年半ばから五〇年三月ごろにかけて「ガチャマン景気」と呼ばれる、空前の内需・外需拡大が起こっていた。この「ガチャマン景気」は「糸へん景気」とも呼ばれるもので、繊維産業が日本経済を牽引し、洋裁ブームを物質的に支える重要な要因となった。衣料切符制度が廃止され、生地の自由販売が開始されると、洋裁は日常生活にさらに浸透した。このような繊維産業の復興は、戦後日本の経済成長を支える基盤となり、洋裁文化の発展にも大きく寄与した。

そして、洋裁ブームを支えた第三の重要な要素が、ミシンの普及である。終戦直後、国内のミシン保有台数は六〇万台にまで激減していたが、ジューキ、リズム、トヨタ、ピース、津上、光洋、日立、芝浦といった、戦時中に兵器を生産していた工場が、戦後、ミシンの生産へと転換した。一九五四年には年間生産台数が一五〇万台だったのが、一九五六年には一七〇万台に達し、同年のミシン保有数は三五〇万台となった。この結果、全国で四世帯に一台、都市部では世帯数の七五％に普及した。
また、生産台数を増やしたミシンは、輸出の道も切り拓いた。一九五四年には、輸出台数が九〇万台、輸出額が八〇億円に達し、日本は世界第一位のミシン輸出国となった。この時期、日本ミシン協会に所属する会社は六七社を数えた（中山［1987］2010：465–467）。

林邦雄によれば、一九五三年以降、日本のファッション文化は国際化と大衆化が進展した（林［1987］1992：58）。一九五三年のエリザベス女王の戴冠式や伊東絹子のミス・ユニバース世界大会三位入賞、ナイロンの生産拡大、日本流行色協会の発足、国際羊毛事務局（ＩＷＳ）の日本支部設立、クリスチャン・ディオールのファッション・ショー日本開催など、戦後の日本は新しい時代に突入していった。
そうした時代背景のなかで一九五〇年代の田中千代の活動は、当時の鐘紡社長・武藤絲治の次の言葉によって象徴されている。

田中さんが日本服飾界に遺された足跡は、まことに大きなものがあり、お仕事の関係は、宮中に伸びているときききます。和服を現代的に表現したニューキモノの海外発表。シルクを素材とした第一級のデザイン。日本で初めての試みである『原色世界民俗衣服図鑑』、『服飾事典』の編集出版。それからクリスチャン・ディオールなど、パリ、オートクチュールの作品の日本紹介。アメリカ、パワーズ・モデル・スクールのモデルによる本格的ファッションショウの日本での初公開など、常に国際感覚を身に着け、世界的視野にたつとともに日本の伝統の美しさを忘れず、研究と実践に努められて、日本服飾界に大きな成果を挙げられたことは、周知のところであります。
(「田中千代服装学園創立三〇周年記念ショー」パンフレット)

田中千代はファッション・デザイナー、教育者、服飾研究者として、戦後日本のファッション文化を牽引し、その発展に尽力した。彼女が異文化との接点をどのようにデザイン活動に取り入れたのか、その具体例を見ていくことにしよう。

II　デザイナー田中千代の仕事――既製服とディオール

日本で既製服の普及が本格化したのは高度経済成長期の最中、一九六〇年代のことである。しかし田中千代は、すでに戦後間もない一九五〇年代から佐々木営業部(のちのレナウン)や高島屋といった企業の仕事の一環として、既製服のデザインに携わっていた。既製服はオーダーメイドと比べて安価で即時に着用可能という利点があり、洋服の大衆化を推進する重要な要素であった。

1　戦後のファッション・ショー

終戦直後、洋裁学校を再開した千代にとって、一九四七年に佐々木営業部が大阪心斎橋に開設した

「田中千代デザインルーム」はデザイナーとしての戦後最初の大きなプロジェクトであった。同年一〇月、大阪・文楽座で開催された第一回田中千代デザインルーム・ファッション・ショーは、まだモンペ姿が一般的だった時代に、千代の《いかり肩スーツ》（口絵）は大きな反響を呼んだ。観客が文楽座を三重にも取り巻いて入場を待つほどの盛況ぶりであった（尾上 1982：11）。一九四八年には第二回田中千代デザインルーム・ファッション・ショーを大阪・毎日会館および東京・三越劇場で開催した。一九五二年にはレナウン製の田中千代オリジナル婦人服を発表し、婦人スーツやワンピースなどがデパートや即売会で販売され、好評を博した。（ショーについての詳細は第6章参照）

一九五〇年から五一年にかけてニューヨーク大学に留学したのち、田中千代はさらに既製服普及への注力を強めた。一九五三年一一月九日付の『産経新聞』に「一九五四年ファッション・ショウに寄せて」というタイトルで既製服について意見を述べている。

佐々木営業部田中千代デザインルーム（1947年頃）

私たちの被服も世界の主流から離れては発展性がないというように、まずそれぞれ固有の服を世界の被服にとけこませる事が、人類に共通な美の意識を高めるためにも、生活感情を一つにして民族間の文化的理解を深める上にも必要であると信じています、（……）建築をみても、（……）新しい材料の登場によって急速に世界共通の様式が発展していきますが、（……）「着もの」だけが一つところに何時までも足ぶみしているわけにはいかないでしょう。

田中千代は、日本の伝統的な装いを西洋のファッションに融合させると同時に、女性の社会進出により既製服への需要が高まっていることに着目し、既製服の利点である手軽さと高品質を重視し、高級既製服の提供を目指した。

千代は佐々木営業部の他に、髙島屋でもデザイナーとして活動していた。一九五二年一〇月七日には大阪・髙島屋で「CHIYO ORIGINAL SHOP」が開設され、一九五三年には髙島屋で千代が主宰する「ヌーベル・モードの会」も立ち上げられた。千代の他、東京から原口理恵、大阪から谷口よし子、京都から藤川延子の四名のデザイナーが参加し、生地の企画から服のデザインに加え、ファッション・ショーも実施した。これは、見せるのは服であったが、販売するのは生地のみという形をとり、輸入生地を参考にしながらオリジナル生地の開発が進められた（大内・田島 1996：204–205）。また一九五三年一一月一六日付『産経新聞』には、千代がヨーロッパから持ち帰った新しいデザインが同年一一月一六日と一七日に「一九五四年サンケイファッション・ショウ」にて発表されると同時に、そのオーバーコートとスーツが大阪なんば髙島屋四階の田中千代オリジナルショップにて販売されることが記されている。

一九五四年春からは婦人服売場で「マンスリー・ファイヴ」と題し、毎月五点の田中千代オリジナ

田中千代オリヂナル「マンスリー・ファイヴ」売場（大阪なんば髙島屋、1954年）

ルの新作を発表・販売する企画が開始された。佐々木営業部社長の尾上清（1911–1988）は「レナウンが婦人服地を販売していたころ、田中千代が毎月五点の作品をデザインした『マンスリー・ファイヴ』は大好評であり、全国のデパートからのコーナー申込みにより、レナウン・ファブリックの名が一層高まった」（尾上 1982：11）と述べている。「マンスリー・ファイヴ」は、レナウンの布地を使った千代のデザインの服が毎月五点、高島屋をはじめ、全国の五大百貨店に陳列され、実際に販売もされたもので、都市部に住む中間層以上の購買層をターゲットにした。布地と既製服を販売する方法は、一九六〇年代から七〇年代にかけて本格的に既製服産業が発展していくにあたっての先駆けとなった。

2　パリ・オートクチュールを日本へ

田中千代が戦後の鐘紡で手がけた最も重要なプロジェクトの一つが、クリスチャン・ディオール（Christian Dior, 1905–1957）との仕事であった。

一九五三年は、ディオールが日本で一大旋風を巻き起こした年であった。同年一一月から一二月にかけて、ディオール自身は来日しなかったものの、責任者とモデルが来日し、主要都市でファッション・ショーが開催された。[*2] このショーは、日本のファッション文化に多大な影響を与え、新聞や雑誌で大きく報道されたことで、パリ・オートクチュールの存在が日本に広く知られる契機となった。その芸術性と完成度の高さは多くの人々を魅了し、日本人のファッションへの関心はさらに高まった。そして、その関心の矛先が、戦後のアメリカ一辺倒からパリへと移り変わるきっかけとなった。

田中千代はこのショーに先立ち、鐘紡の依頼でディオールの作品を日本に紹介した最初のデザイナーであった。ディオール一行来日直前の同年一〇月五、六日（大阪・クラブ関西）、一七、一八日（東京・三井倶楽部）で「ディオール・サロン」と題するファッション・ショーを開催し、千代が制作したディオール作品を発表していたのである。千代は同年夏、パリでディオールのショーを視察し、一四点の型紙を一〇〇万円で買い付けた。千代にとっては、パリの・ディオールのショーで二〇〇点程度発表されたなかから、鐘紡の生地でできるものを選ぶというのは難題であった。当時、フランスは布幅が一メートル以上あるのに対して、日本のものは九〇センチという違いがあり、また日本人のプロポーションも考慮しなければならなかった。通産省の許可分として一〇〇万円の購入費が認められ、型紙は一枚一〇万円であったので、一〇点購入の予定でいたが、それだけではショーにならないということで、四枚付け加えてもらえた。それを色を変えて使えば一八枚になるので、それだけあればどうにか小さなショーになるのではというディオールの親切心から、最終的に一四枚となった。だが、税関では、ハトロン紙が一〇〇万円もするということは考えられないということで、他に何か隠してい

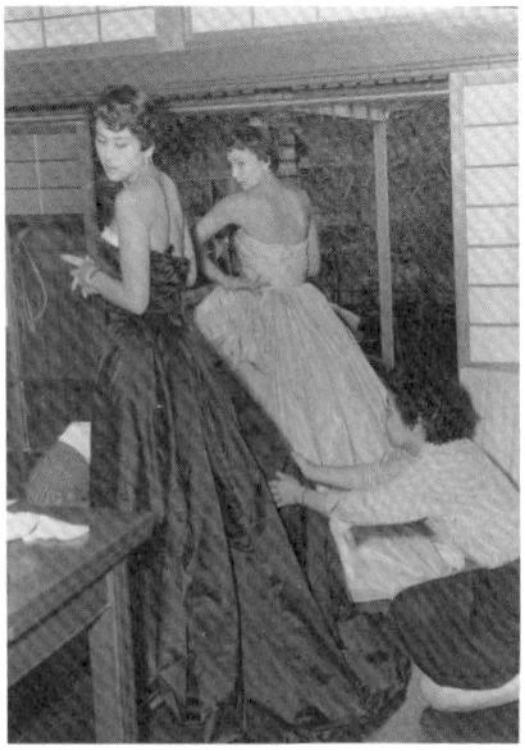

ディオールの型紙から作ったドレスを試着する様子

るのではないかと疑われて、すぐに入国することができなかった（小川 1984：178）。そうした苦労のすえにそれらを日本に持ち帰り、鐘紡の布地を用いて作品を制作・発表した。この試みは、日本における最初のパリ・オートクチュールの再現であり、ディオールからもその技術を認められた。これにより、千代自身とテキスタイルを製作した鐘紡に新たな自信と視座をもたらした。

この経験は、千代にとって新しい知見となった。たとえば、ディオールのイヴニングドレスの型紙は一着に一〇〇メートルを超える生地を使用するものであることや、身体のラインを整えたうえでチュールや重層的な下着を組み合わせて身体のシルエットを整えていく技法、芯地を使用した仕立て方法など、それまで千代が知らなかった技法やアイデアが多く含まれていた（同前：173–176）。芯地に関しては、当時日本で代用品として入手可能だったネクタイの芯地を買い集めて使用するなどの工夫も行ったことをのちのテレビ出演で語っている。千代はこの経験をとおして、パリ・オートクチュールのデザイン力、発想力、技術力と日本の洋裁の違いを目の当たりにした。

ディオール側は、千代が再現した作品に対して高く評価し、「ディオール」の名を冠したショー開催を許可している。これは、ディオールの世界展開戦略の一環でもあった。

また、ディオール一行の来日直前に、大丸百貨店はディオールと自社サロンでのオーダーメイド服の制作を開始する独占契約を結んだ。[*3] これを皮切りに、ディオールのファッション・ショーの興奮の波に乗り、一九五〇年代後半から日本の百貨店は次々とパリのオートクチュール・デザイナーと契約を交わした。たとえば、伊勢丹はピエール・バルマン（Pierre Balmain）、高島屋はピエール・カルダン、三越はギイ・ラローシュ（Guy Laroche）、大丸は一九六四年にはディオールとの契約を解消したのち、ジバンシイ（Givenchy）やバレンシアガ（Balenciaga）との契約を結んだ。サロンでの一着の価格は平均一五万円と高価であり、当時の平均月収（三万四六六三円）をはるかに上回る贅沢品であった（新居 2007 : 27）。これらは一般市民には手が届かないものであったが、百貨店のステータス向上に大きく寄与し、一九七〇年代、八〇年代まで続いた。

千代の戦前の活動が洋装の普及を主軸としていたのに対し、戦後の活動は日常着としての既製服の発展、すなわち衣服の大衆化に加え、その対極に位置するオートクチュールの紹介といった二面的な取り組みを展開した。彼女はこれらを企業と連携して実現し、既製服や高級オートクチュールが広く普及する一九六〇年代から七〇年代に先駆ける形で、日本のファッション文化に多様な選択肢をもたらした。こうして、田中千代は国内ファッション産業および文化の発展に大きく貢献したのである。

一方、同時期のアメリカでも、ティィナ・リーサ（Tina Leser, 1910–1986）というデザイナーが、日本の民俗衣装を含むアジア地域の民俗衣装に着目し、独創的なデザインを生み出した。同時代を生きた彼女と千代の活動には多くの共通点があり、両者が築いた交流は、日本とアメリカのファッション文化に新たな影響を与えた。次項では、ティィナ・リーサと日本のファッションのかかわりについて詳しく考察する。

3　ナショナル・ファッション・デザイン・コンテスト（ティィナ・リーサ賞）

一九四八年から四九年にかけての四か月におよぶ世界一周新婚旅行で日本を訪れたティィナ・リーサは、紺絣《こんがすり》の野良着など、日本の伝統的な織物に深い関心を抱いた。当時、彼女の宿泊先にはアメリカのファッションに興味を持つ日本人が多く集まり、ティナは日本女性たちが自分たちのライフスタイルにある、モダンで新しいスタイルを求めているものの、伝統的な着物をどのように変革すべきか戸惑っていると理解した。これを受けて、ティナは日本国内でのデザイン・コンテストの開催を提案した（Calahan 2009：78）。その結果、一九四九年に毎日新聞社が主体となって「ティナ・リーサ賞」を設立し、ナショナル・ファッション・デザイン・コンテスト[*4]が開始された。このコンテストは一九五三年までの五年間にわたり開催され、若手デザイナーの育成を目的としたものであった。

田中千代はこのコンテストに深く関与し、日本側の審査員として参加した。[*5]最終審査はアメリカのファッション関係者によって行われ、優勝者にはアメリカへの一年間の留学機会が与えられた。この試みは、洋裁学校などで学ぶ生徒たちや日本の若手デザイナーの卵たちに、国際的なファッション感覚を意識してデザインする貴重な経験の場を提供した。

ティナ・リーサは、田中千代と同世代でありながら、アメリカのファッション界で独自の地位を築いたデザイナーである。彼女はフィラデルフィアで生まれ、幼少期に養母ジョージーン・ウェザリル・スミス[*6]とともにインド滞在を経験し、鮮やかな色彩や東洋の哲学に魅了された。ティナはアジアやアフリカ、ヨーロッパを巡るなかで、民俗衣装やテキスタイルへの興味を深めた。その後、美術学校で学び、結婚後にハワイに移住して観光客向けのブティックを開業。一九三五年にはビーチウェアやイヴニングドレスのデザインで成功を収めた。離婚後、ニューヨークに拠点を移し、太平洋戦争中もコティ化粧品やコカ・コーラ社、フォード社の広告やデザイン活動で高い評価を受けた（同前：14，27）。

ティナ・リーサ、《モンピ》
1949年（うらべ 1956：57）

一九四九年に再婚し、新婚旅行で世界をめぐり、大量の衣服や布地を収集したティナは、日本でのコンテスト開催を通じて得たインスピレーションを、自身の作品にも反映させた。たとえば、日本のモンペから着想を得た《モンピ》という作品は、ティナのグローバルな視野を象徴するものである。着物ではなく、モンペにデザインのヒントを見出したティナの視点が興味深い。

一九四九年九月に開催された第一回コンテストでは、一二〇点のデザイン画が選ばれ、ファッション・ショーで披露された。田中千代服装学園の小西美知子と小出とし子が近代的な日本の装いであることを評価され、ティナ・リーサ賞を受賞し、四〇〇〇ドルの賞金が授与された。[*7] このコンテストにより、洋裁学校の学生たちの創作意欲が高まり、特に杉野芳子のドレスメーカー女学院では、コンテストが創作デザイン熱を高める契機となった（杉野［1976］1997：210）。

一九五三年の最終年には、審査方法が改められ、デザイン画だけではなく、応募者が制作した実物の衣装作品そのものがアメリカで審査される形式に変更された。これにより、参加者の技術的な課題が浮き彫りとなった。当時アメリカに滞在していた田中千代は、ティナ・リーサと直接意見交換を行い、ティナが「デザイン画から具現化する過程でアイデアが失われている」と批判した点について話し合った。たとえば、ふくらみを必要とするブーファント・スカートに十分な工夫がなされていないことや、襟ぐりの仕上げに欠陥があることが指摘された(『毎日新聞』一九五三年五月一二日付)。ティナはデザイン画に落とし込んだ創意が、適切な素材選びや技術で実現されておらず、細部の仕上げに欠ける点を批判し、参加者の技術的な課題や知識の不足を指摘したのである。この年の審査の結果、一九五三年五月に、第一回受賞者である小西美知子が再びティナ・リーサ賞を受賞した。この批評は、日本のデザイン教育における技術的課題を示すものであり、日本の若手デザイナーおよびファッション界全体に国際的な基準を認識させる重要な機会となった。

ナショナル・ファッション・デザイン・コンテストは、ティナ・リーサというグローバルな視野を持つデザイナーと日本の若手デザイナーの卵たちが交わる異文化接触の機会となった。この場において、日本の洋裁教育は国際的な視野を広げ、ティナにとっても日本の伝統と近代化が交錯する現場に立ち会う貴重な交流の場となった。コンテストを通じて、日本のデザイン界は新たな視点を得るとともに、世界基準への適応を模索する契機となったのである。

4 日本におけるファッション・モデルの誕生

ティナ・リーサ賞は、洋裁を学ぶ若い人たちが、国際的な視野を広げる契機となると同時に、日本において本格的に「ファッション・モデル」という新たな職業が誕生するきっかけを作った。一九四九年(第一回)と一九五〇年(第二回)に毎日新聞社主催で帝国劇場にて開催されたナショナル・ファッション・デザイン・コンテストでは、日劇のダンサーがショーのモデルとして起用された。しかし、舞台上で不要な演技をするとして「ファッション・ショーには適さない」と評され、改善が求められた。そこで一九五一年、第三回コンテストのために毎日新聞社は専属のファッション・モデルを募集し、全国から二〇七四人の応募が集まった。面接を経て東京で二〇人、大阪で一五人の計三五人が「毎日ファッション・ガール」として採用され、日本におけるファッション・モデルの職業化が実現した。このなかにはのちに著名なモデルとなる伊東絹子、岩間敬子、相島政子らが含まれていた（林 1969：76–77）。彼女たちの月給は一万五〇〇〇円で、当時の繊維産業の平均月収一万二〇〇〇円を上回る高収入であった。

毎日ファッション・ガールは、戦前に欧米で活躍した振付家・伊藤道郎（1893–1961）の指導により、アーニー・パイル劇場（接収された宝塚劇場）で週三回、一か月間の基礎訓練を受けた。その後、第三回ナショナル・ファッション・デザイン・コンテストが終了すると解散したものの、翌一九五二年には、銀座のストック商会の木村四郎（1906–1973）が旗上げしていたデザイナー団体「日本デザイナークラブ（NDC）」[*8]（一九四八年設立）内で再び組織化され、「東京ファッション・モデル・クラブ（TFMC）」が設立された。

一九五三年、元「毎日ファッション・ガール」の一人、伊東絹子がミス・ユニバース世界大会で三位に入賞したことは、日本のモデルブームに火をつけ、ファッション・モデルが注目を集める出来事となった。

一九五一年一〇月、毎日新聞社主催で行われた「田中千代帰国ファッション・ショー」にも毎日ファッション・ガールが出演した。このショーのモデルについて田中千代は、「これまでのあり合わせのモデルと違って立派であった」と評価する一方で、衣装の見せ方や歩き方などについては一から指導する必要があると述べている（田中千代 1952d：132）。翌五二年四月には、ニューヨークのパワーズ・モデル・エージェンシーからモデルを招聘し、「田中千代グランド・ファッション・ショウ」（主催：産経新聞社）が開催された。このパワーズ・モデルには、のちに著名な女優となったグレース・ケリーら多くの一流モデルたちが所属しており、アメリカ流の本格的なファッション・ショー文化を日本に紹介する役割を担った。

このショーについて一九五二年四月三日付『大阪新聞』は次のように報じている。

パワーズ・スクールのモデルは、その教養と美貌とセンスをもって知られ、アメリカの流行は殆ど彼女らによって全世界に紹介されていますが、本社（……）ではかねて彼女らの服飾に対するセンスをわが国に紹介する意向をもっておりましたところ、この程パワーより日本の著名なデザイナー田中千代女史を指定する条件によって（……）国際的なモデルとデザイナーが渾然一体となって演出する今回のショウこそ、わが国ファッション界に贈る最初の豪華版であります。

この文章から、海外の一流モデルは教養と美貌、そしてセンスを兼ね備えた存在として認識されていたこと、さらにパワーズ・モデルが千代を指名しており、千代がアメリカのファッション界と渡り合う日本のファッション界の権威として認識されていたことがわかる。

ナショナル・ファッション・デザイン・コンテストは、単にデザインコンペの場を提供するだけでなく、ファッション・モデルという新たな職業を日本で定着させる契機ともなった。さらに、毎日フアッション・ガールの育成やパワーズ・モデルの招聘といった活動は、日本のファッション・ショー文化の形成と発展に大きく寄与した。これらの取り組みを通じて、田中千代は日本のファッション産業における新しい流れを創出し、国内外での日本のファッション文化の認知度向上に貢献したといえる。

III　ニュー・キモノの提唱

田中千代は、洋裁教育およびファッション・デザインの第一人者として、多岐にわたる依頼を受け、戦後の日本社会においてファッションを通じた幅広い活動を展開した。特に、一九五〇年代にかけて力を注いだのが、ニュー・キモノの提唱と戦前から続けてきた民俗衣装の収集・研究・普及であった。彼女は「戦争中いやでも、衣服の機能性や動態美を知った日本婦人が、従来のキモノに満足できるわけはない」と指摘し、戦後の日本再建を「キモノの美を世界に発信する好機」と捉えていた。このような思いから、戦前の新興和装を発展させ、「ニュー・キモノ」として位置づけた。

ニュー・キモノは単なる和服の延長ではなく、機能性と美を融合させた新たな衣服スタイルを目指しており、その普及に際して千代は、「新しいキモノは、日本人より先に欧米人が着るようになり、逆輸入されることになるかも知れない」とまで期待を寄せていた（田中千代 1952d：124）。この発想は、従来の和装の概念を超越し、和装を国際的なファッションとして再構築するという大きな挑戦でもあった。

千代が戦後提唱したニュー・キモノは、一九五〇年代後半になると、和服改良の一大潮流へと成長し、同時代の大塚末子（1902–1998）、宇野千代（1897–1996）、高林三郎（1905– 没年不詳）、中原淳一らもこの動きに加わった。一九五三年に『婦人画報』の増刊として刊行され、その後独立した雑誌『美しいキモノ』は、この動きを特集することで大きな影響力を持つようになった。特に田中千代は、この分野の先駆者として評価され続けた。たとえば、『週刊女性』（一九五八年一月一二日号）では、「三〇年もデザイン一本やりで通してきた田中千代さんは、戦後は『皇后さまのデザイナー』となったが、もとはといえば『新しいきもの』の創始者である」と評されている。また、一九三六年に鐘紡のショーウィンドウに飾られた広幅洋服地を裁断しアップリケを施した斬新な展示や、ビロードの羽織が入江たか子、水谷八重子、森律子、森絲子、栗島すみ子ら舞台俳優たちに愛用された様子が紹介されている。

1　ニュー・キモノ：「活動に便利な服は世界共通である」

田中千代は、戦前に試みた「新興和装」を戦後に「ニュー・キモノ」として発展させ、欧米人にも着用可能なモダンなデザインを目指した。田中千代が「ニュー・キモノ」という言葉を用いたのは、一九五〇年のアメリカでのショーの際に用いたのがおそらく最初であり、物資不足の戦後において古い着物を再利用する「更生着物」運動とも関連していた。しかし、千代のニュー・キモノは、更生着物を超えた現代的かつ国際的な表現としてデザインされた。

戦後、田中千代がニュー・キモノを発表したのは、一九五〇年六月に読売会館で開催された「田中

「田中千代のきものと子供服ショウ」(読売会館、1950年6月21日)

千代のきものと子供服ショウ」であった。このショーは在日アメリカ人から特に高く評価され(『週刊女性』一九五八年一月一二日号)、彼女はアメリカ人彫刻家イサム・ノグチ(1904–1988)や画家の猪熊弦一郎夫妻の意見に励まされながら[*9]二〇点以上の新作を制作し、その後、一九五〇年秋に渡米し、ニューヨークで初めてニュー・キモノを発表した。これを契機に、ニュー・キモノはアメリカ国内のデザイナーやファッション・エディターから認められ、日本国内でも広まっていった。

まず千代自身がニュー・キモノをどう捉えていたかについて、確認しておきたい。一九五五年出版の『図解服飾事典』の記述が示唆的である。ニュー・キモノは、和服を現代の生活に適応させたものであり、次のように説明されている。

「一九五〇年にニューヨークで田中千代が発表した新しいキモノにつけた名称」で、ニューヨークタイムスおよびアメリカのデザイナー、ファッション・エディターに認められ、その後日本でも一般的な名前になった。（……）機能的衛生的に、国際的にも共通なように（外国人にも着られるように）感覚的にも新鮮で、経済的にまた暮らしの上においても合理的にとつとめた。伝統的な日本の用布を使って（日本の輸出振興をもかねて）この美しさを、世界に紹介するように努めた。（田中千代 1955d：505–506）

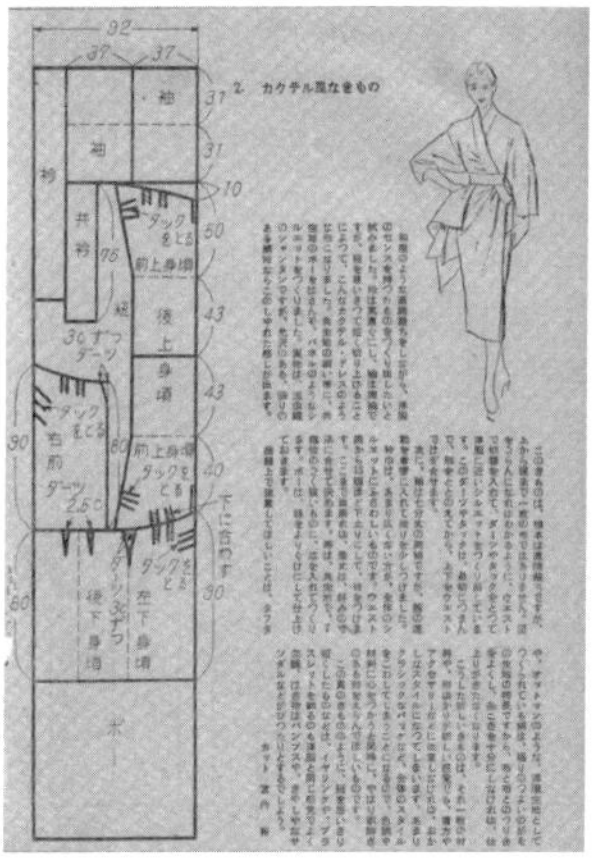
田中千代、《カクテル風なきもの》裁断図（『婦人画報』1953年５月号）

田中千代、《カクテル風なきもの》1953年（同左）

この説明から、田中千代はニュー・キモノの制作に取り組んでいた当時から、ニュー・キモノを和服による「現代の表現」として位置づけ、その制作にあたり、機能性や国際性、衛生的な要素、経済性、伝統的な技術の活用、さらには現代の技術の導入に配慮していたことがわかる。

同時期にニュー・キモノに積極的に取り組んだ大塚末子（1902–1998）は、『美しいキモノ』（一九五五年第四号）で、自身のニュー・キモノの特性を以下の点か

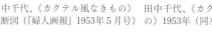

ら評価していた。⑴時間をかけずに着られること、⑵紐を多く使わずにすむこと、⑶袖がぶらぶらしないこと、⑷帯が窮屈でないこと、⑸着崩れしないこと、⑹丸洗いできること、⑺一年を通じて着られること、⑻縮まないこと。これらは機能性を重視した視点であり、日常生活の快適さを追求するものであった。一方で、田中千代は創造性や国際性も考慮し、ニュー・キモノを「現代の和服の表現」として位置づけた。両者のアプローチの違いは、千代がトランスカルチュラルなデザインとして、外国人にも着られる国際的なキモノとすることを目指していた点にある。

田中千代のニュー・キモノには、「一枚の布」と「自由な裁断」という構造的な革新があった。袂《たもと》を短くし、上下二部式とすることで、着やすさや裁断のしやすさ洗濯の容易さに重点を置いていた。また、帯を細く短くすることで重量感や圧迫感を軽減させ、布地については並幅・広幅の区別なく使用できるよう設計し、洋裁の立体裁断法を取り入れた自由なデザインを特徴としていた。

洋服の裁断法も取り入れた自由なデザインとはいえ、千代のニュー・キモノの構造的な特徴は、「一枚の布」という和服の伝統的な構造にあった。一九五三年の『婦人画報』五月号では、《カクテル風なきもの》の裁断図が掲載されており、大きな一枚の布にできるだけはさみを入れない形で構成されていることがわかる。この作品について、同誌では、千代自身は「洋服の要素は何もない」と述べ、直線裁ちによる伝統的技法と現代的な用途の調和を強調している。

ただし、ここで重要なのは、千代のニュー・キモノがすべて和服の「一枚の布」の構造に基づいていたわけではない。一九五三年の『婦人朝日』三月一日号では、「和服がいつまでも、和服の世界だけにとどまっていては進歩はない。どんどん洋服の世界に飛び込んで、その境をなくすことは、和服に大きな改良をもたらすことだ」と述べ、洋裁の技術を取り入れることが和服の進化に寄与するとも主張している。また、同年三月二六日付『神戸新聞』では「布地を体にかぶせるという基本的な考え方に立つと、和服と洋服の区別は不要である」と発言しており、彼女にとってニュー・キモノは、着物か洋服かという境界を問うことに意味はなく、伝統とモダン・デザインの融合として捉えていたことを示している。

この視点は、戦前の一九四〇年代に「和服」か「洋服」かという二項対立の議論を超え、両者を一体として捉える彼女のデザイン哲学に通じる。一九五七年一月三日付『神戸新聞』への寄稿では、和服と洋服を「平行線を走る汽車」にたとえつつ、両者が同じ目的地を目指していると述べ、同じ方向に進んでいるため、「和服の線」に乗っても「洋服の線」に乗っても矛盾を感じないと述べている。

千代の「活動に便利な服は世界共通である」という理念は、ニュー・キモノを通じて具現化された。その根底には、機能美を追究したデザインは、普遍的かつ国際的な価値を持つという認識がある。千代のニュー・キモノは、和服と洋服の融合を超え、国際性や創造性を追求したデザインであった。

一方で、大塚末子のアプローチは、和服の実用性を高める方向性に重きを置いており、ニュー・キモノを日本の日常生活に根ざした衣服として捉えていた。千代と大塚の視点は異なりながらも、ともに日本社会にふさわしい日常着とはどのようなものかを考えさせ、日本の和服文化を進化させるための重要な取り組みであった。これは、戦後日本におけるファッションの多様性を示している。

2　ニューヨーク留学とニュー・キモノの国際的評価

一九五〇から五一年まで、田中千代は特別留学生としてニューヨーク大学で一年間デザインを学んだ。この当時、日本はまだGHQの占領下にあったが、衣料配給制がようやく解除されるなど、戦後の復興が進んでいた。千代はイサム・ノグチや猪熊弦一郎夫妻との対話を経て「田中千代のきものと子供服ショウ」で発表したニュー・キモノを携え、アメリカの軍艦に乗って渡米した。

ニューヨーク大学では、平面デザインや立体デザイン、舞台衣装、既製服の流通に関する講義など幅広い分野を学び、ポスター作成や彫刻、紙細工、モビール制作などの実技に加え、素材の感触や服飾史に重点を置いた授業も受講し、デザインの新たな可能性を探究した（西村勝 1994：166, 169–170）。また、戦後アメリカのデザイン教育が「快感」を主題として重視し、生活に密着した価値としてデザインを捉える特徴に触れ、多大な影響を受けた。千代はこれについて、次のように述べている。

> 学校では、一つのアイディアを生み出させるために、博物館につれて行ったり、実際美しいものを見せて感動させて、それを刺激としてその人の独創的なアイディアを生み出させようとする。そしてそれを実際に作らせる。（……）その思いつく事、作らせる過程を尊ぶのである。実際に作り乍《なが》ら、色々なことを経験してゆく、その経験がその人独特のノートとなってゆく。（……）自分の経験によってその人独特の結論が出来てゆく場合が多い。（田中千代 1982b：49）

このような生活と結びついたアメリカの実践的で自由な教育環境は、千代にとって新鮮な体験となり、のちのデザイン活動に多大な影響を与えた。

・海外初のショー——ニュー・キモノの海外発表とその反響

「十二単衣から現代まで——新しいキモノ」

主催：ブルックリン美術館

開催日・場所：一九五〇年一一月一三日　ブルックリン美術館（ニューヨーク）一二月一四日

国連クラブ（ワシントンD.C.）他

留学中の一九五〇年に、田中千代はニューヨークのブルックリン美術館で「十二単衣から現代まで——新しいキモノ」と題するファッション・ショーを開催した。このショーは、ブルックリン美術館のキュレーター、ミッチェル・マーフィーが企画した文化事業であり、おそらく日本人デザイナーによる初の海外ファッション・ショーであった。

このショーに関する資料は限られているが、ブロードウェイで活躍していた伊藤祐司（舞台衣装家）が伝統的な着物の展示を手伝い、その妻テイコ・イトウ（東洋舞踊家）が伝統的な着物と千代のニュー・キモノ作品の両方のモデルを務めた。また、女優の山口淑子（李香蘭、1920–2014）もニュー・キモノのモデルを務めたことが記録されている。

ショーは二部構成で、第一部では千代がショーの主旨について解説し、十二単衣をまとったテイコ・イトウが登場し、着物を一枚ずつ脱ぎながら、その意味や歴史を千代がスライドを用いて解説する内容であった。第二部では、千代のニュー・キモノが紹介され、アメリカ人モデルを含むモデルたちがランウェイを歩き、千代はそれに短い解説を付けた。

『ニューヨーク・タイムズ』（1950年10月27日付）

ニュー・キモノを着る田中千代（1950年）

ニューヨークの日本人クラブにて（1950年）
左から湯川秀樹夫人、宮川美子（オペラ歌手）、千代、伊藤テイコ（モデル）、李香蘭。

この発表により、千代は『ニューヨーク・タイムズ』紙や『VOGUE』誌などで注目を集め、アメリカのファッション界での評価を高めた。また、このショーの経緯については、夫・薫との共著エッセイ集『私たちの生活手帖』（一九五二年）でも詳しく述べられており、マダム・バタフライの役で世界的に有名だったソプラノ歌手・宮川美子やイサム・ノグチなどの著名人によるサポートも記されている。

　千代に批判やアドバイスを与えた『ニューヨーク・タイムズ』のファッション・エディター、ヴァ

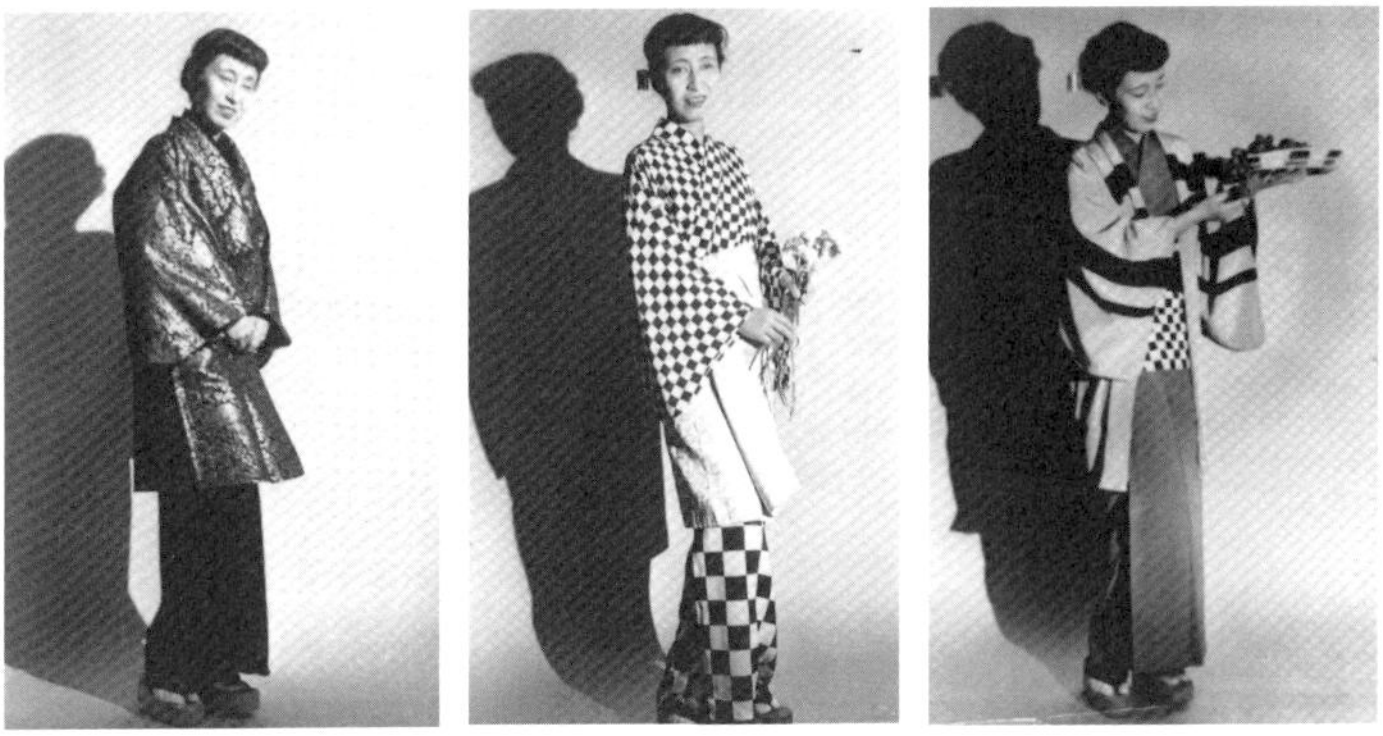

ワシントンの国連クラブで行ったショーでの田中千代（1950年）

ージニア・ポープやアメリカファッション雑誌『VOGUE』のモンゴメリー女史や『マドモアゼル』のK・シルヴァー夫人の勧めで、このショーは、ワシントンの国連婦人会でも開催されることとなった（田中千代 1985：4–5）。

国内に向けて、千代は『大阪新聞』（一九五一年一月七日付）に寄稿し、好評を博したニュー・キモノ三作品、(1)「モダン若衆」薄紫のクレープデシンをツーピースに仕立てた着物、(2)黒ビロードに銀色の西陣織を配したもの、(3)黒地に金糸で正倉院風の模様をあしらった龍村織物美術研究所の作品を能衣装の仕立てで短い羽織に付けたもの、を写真入りで紹介している。

「第一回国際ファッション・レヴュー」
　主催：フィラデルフィア美術館他
　開催日・場所：一九五一年三月一六、一七日　シャルフォンテ・ハドン・ホール（アトランティックシティ）

ブルックリン美術館での成功を受け、田中千代は一九五一年三月、ニュージャージー州アトランティック・シティで開催された「第一回国際ファッション・レヴュー」に招待された。このショーは、クリスチャン・ディオールやエルザ・スキャパレリなど世界八か国のトップデザイナーが参加する「流行衣装のオリンピック」とも称され、世界の最新ファッションの動向を一望することができる国際的なイベントであった。

千代の作品は「ハワイ、フィリピン、日本」をテーマとする「シーン4」で紹介され、渋い黄緑色のワンピースや黒地に金の西陣織を使用したケープ、青い絣を用いた越後縮みのツーピースなど、ニュー・キモノ三点を含む五点が発表された。千代自身もモデルとしてランウェイを歩き、黒ビロードと銀糸の西陣織を交ぜた作品を披露した。

黄緑のニュー・キモノ、1951年（「第1回国際ファッション・レヴュー」アトランティック・シティ。*The Sunday Bulletin*, March 18, 1951）

演出は二〇世紀フォックス映画社の衣装主任ヴィヴィアン・ドナーが手がけ、二〇〇点以上の作品が二時間にわたり披露された。千代はこの経験を『婦人画報』（一九五一年七月号）で詳述しており、ショーの意義を「各国の伝統的な美を新しい感覚で生かした世界一流のデザイン発表の場」と評価した。また、アメリカでの経験を通じて、日本の着物を単なる民俗衣装ではなく、国際的・普遍的なモダン・ファッションとして再構築する必要性を改めて実感する機会となった。国際ファッション・ショーへの参加は、千代が国際的なファッション・デザイナーとして知られることへとつながっていった。

　ニューヨークでの経験を通じ、千代は「和服」か「洋服」か、という二項対立を超え、自由で普遍的なデザインを追求する姿勢を深化させた。一九五二年の第二回国際ファッション・レヴューでは、新しい日本製素材を使用した作品を出品し、和服の直線裁ちを基礎にしながらも、国際的なモダン・ファッションの可能性を追求した。実際にアメリカで西洋人の身体にニュー・キモノを着せたことで、着物か洋服かという境界を実体験的として超え、自由な発想による新しい国際的なモダン・ファッションの創造へと意識が発展していったことがわかる。

ニューキモノ（トラペーゲン、1950年）

　また、千代が着物を単に「日本らしさ」を強調するためのデザインとして海外で発表したわけではないことは、重要な点である。和服を客観的に世界のなかの民俗衣装の一つと位置づけ、直線裁ちという構造を再評価していた。この視点から、千代は自由な発想でニュー・キモノの創作に取り組んだのである。
　ブルックリン美術館や国際ファッション・レヴューでの成功を通じて、千代は国際的にその存在が知られるようになっていった。ニュー・キモノは、日本の伝統を基盤としながらも、現代の感覚と融合したデザインであり、文化的な境界を超える普遍性を持つものであった。千代の活動は、日本のモダン・ファッションが国際的に認められる礎を築き、日本のファッション史における重要な一歩となった。

第二回国際ファッション・レヴューについて記載されたアメリカの新聞記事でも、千代の作品は高く評価されており、確かな手応えがあったことがうかがえる。こうした田中千代のニュー・キモノへの取り組みは、国内外で大きな反響を巻き起こした。

3 ニュー・キモノの受容と展開

・イサム・ノグチとニュー・キモノ：異文化の融合

田中千代のニュー・キモノへの挑戦は、彫刻家イサム・ノグチにも大きな影響を与えた。一九五〇年のブルックリン美術館でのファッション・ショーでは、ノグチは千代の取り組みを手伝い、モデルとして出演した山口淑子と出会い、のちに結婚した。そしてこのころから、ノグチ自身もニュー・キモノを手がけるようになった。彼が山口のためにデザインしたニュー・キモノ作品は、『毎日グラフ』一九五一年七月二〇日号で紹介されている。

ノグチは、このなかで日本の伝統的な着物の美しさを評価しながらも、その非活動性や非合理性を指摘し「日本人女性には着物が一番よく似合うが、着物には無駄が多い」と述べ、次のような改良点を提案している。

たくさんの下着、たくさんのしめるベルト（帯）、あれでは非活動的で不経済で、若い女のひとは面倒で着ません。椅子にかける生活には重い帯は邪魔です。布地のムダをうんとはぶき、身体の線を美しくみせるようにデザインして、帯はもっと上にあげて日本人の胴の長さを隠すべきです。袖も、簡単に、活動的にするにはムカシ風（元禄小袖風の意）のものか、いま流行しているウィング・スタイルがよいです。

イサム・ノグチ、ニュー・キモノ（『毎日グラフ』1951年7月26日号）

ニュー・キモノを見るイサム・ノグチと千代

これまでの改良服議論で指摘されてきたように、帯が健康的ではなく活動を妨げるという考えをノグチも持っており、彼は不要な布地を取り除き、帯の位置を上げることによって身体の線を強調する提案を行った。これは、パリのデザイナー、ポール・ポワレが一九〇六年にコルセットを排除し、ハイウエストで直線的なドレスをデザインした革新的な取り組みを彷彿とさせる。山口はこのニュー・キモノをハリウッドのパーティーなどで好んで着用していた。

一九五一年一一月一七日付の『朝日新聞』では、婚約後に帰国した山口が「元禄風の短い袖、蝶結びの一重帯」というノグチ考案のニュー・キモノを着た写真が掲載された。翌月の『毎日新聞』（一二月一七日付）では、ノグチが山口のためにデザインした「洋服を採入れた新しい着物」が紹介され、その合理性が評価された。

洋服の様にダーツや曲線を使い、羽織も帯も極度に無駄をはぶいて合理化されている。これは野口氏が小柄な淑子さんには洋服より和服の方が似合うが、そうかといって従来のきものは着附がむずかしく、活動に不便なので着せたくないという理由から大体のデッサンをして、和服染織の研究家竹仙の小川茂男氏が裁断と縫い方を考案したもので、布が普通仕立よりすくなくてすむことや、着附に便利な点で今後の和服のあり方を示す一つのモデル・ケースとして注目されている。

イサム・ノグチの発想は、洋服の要素を取り入れ、ダーツや曲線で身体のラインを強調する点で田中千代のニュー・キモノとも共通点がある。山口は、自身の体型には中国服が最も似合うと述べたことをきっかけに、ノグチが中国服のスタイルを取り入れた、活動的で機能的なニュー・キモノをデザインした。ノグチは帯を上下に詰めて胴を一巻きにし、ジッパーでとめるデザインを考案した。また、胸元にダーツを取り入れ、体のラインを生かす中国服のようなスタイルに仕上げ、羽織も短めに設定した。山口は、帯地が一本から三本作り出せるようになり、また着物自体も二反から着物二枚と羽織一枚が取れるよう工夫されたノグチの「ニュー・キモノ」を絶賛した（『週刊朝日』一九五二年三月二五日号）。このデザインは布の無駄を省き、重さや着付けの手間を軽減する実用性を備えていた。

さらに興味深いのは、一九五三年一一月一五日、アメリカのビザが発行されずパリ滞在を余儀なくされた山口が、ピエール・バルマンに着物を基調とするニュー・キモノを依頼したことである。これにより、パリのオートクチュール・デザイナーによる「ニュー・キモノ」の試みが始まった。バルマンが制作した「ニュー・キモノ」は黒を基調とし、帯をアクセントとしたデザインであった（「パリの山口淑子」『家庭朝日』一九五三年一一月一五日付）。『神港新聞』（一九五三年一一月二〇日付）によれば、この作品は裏地に真紅の絹を用い、全体は暖かいウール地、袖口や帯にシマウマの毛皮を取り入れるなど、大胆で贅沢な素材使いが特徴であった。藤田嗣治から着物の美を学んだ経験が反映されているとさえ書かれており、異文化の美的要素を融合させた創造的な成果として評価されている。さらに、『読売新聞』（一九五三年一二月六日付）では、一九五四年の最新流行を予測するものとして取り上げられ、シルクとウールを交織した新素材の黒地を使用し、表面にはサテンのように光沢があり、裏面は毛でできた新しい布であったこと、袖口と帯にシマウマ模様のウール地が用いられたこと、さらに山口が日本から持参した着物と同じ裁ち方を踏襲して制作されていたことが報じられた。

パリの山口淑子　パリの有名なデザイナーP・バルマン氏は、渡仏中の山口淑子さんのために、キモノを基調にした新しい衣裳をデザインした。全体は黒を主にしたもので、オビもアクセントとして取り入れてある。写真は新しいキモノを着た淑子さんとバルマン氏（AFP特約）

『家庭朝日』1953年11月15日

田中千代が提唱したニュー・キモノの思想は、イサム・ノグチやピエール・バルマンといった海外のクリエーターたちに影響を与え、和洋の文化が交差する創造的な場を生み出した。ノグチのデザインは、活動性と合理性を追求する点で千代の理念と一致し、山口淑子を通じて国際的な評価を得るに至った。さらに、パリのオートクチュール・デザイナーがニュー・キモノに取り組んだことは、世界的なファッションの流れに組み込まれたことを示すものでもある。ニュー・キモノは、単なる異国情緒的な意匠を超え、異文化間の対話を捉し、新たな価値創造を象徴する存在となった。

・海外進出の広がりと評価

一九五二年秋、田中千代はニューヨークで開催された国際絹織物ショーに参加し、国際絹織物協会連合会総裁アリスト・ボトンの知遇を得た。この縁を通じて、一九五三年の渡欧時に千代はリヨンでボトンを訪問している。同協会は日本の蚕糸協会も所属する絹の国際団体であり、ボトンは千代の「ニュー・キモノ」に注目していた。千代がパリに到着すると、協会職員がすぐに千代を訪問し、「ニュー・キモノ」がリヨンの商工会議所に数十点展示されることが決定した。

展示に先立つ懇談会では、「なぜ美しい日本の着物を新しく変える必要があるのか」という質問が寄せられた。それに対し千代は、「日本の女性は何時までも静かに座るだけではなく、働きながら暮らしていくため、より活動的で健康的な改良が必要である。また、新しい美が現代生活のなかで見出されねばならない」と答えたと報告している。これは千代が戦前から一貫して主張してきた考えに基づくものである。また、細い帯や短い袖について、一部では「伝統的な着物と比べて少し寂しい」との意見もあったと報告している(『婦人朝日』一九五三年三月号)。

一九五〇年から五一年にかけての千代によるアメリカでのファッション・ショー以降、日本人デザイナーによる海外での作品発表が活発化し、その機運も高まっていった。一九五七年四月にはニューヨークで開催されたシンデレラ・インターナショナル・ファッション・ショーでジョージ岡が豪華なキモノで一等を受賞。同年五月には宇野千代がシアトルの国際見本市に招待され出品したビーチウェアとハイヒールを合わせて着用する豪華なキモノを発表し、好評を博した。「出品作は一括してシカゴのマーシャル・フィールドが買い上げたが、個人注文が後を絶たず、帰国後改めて航空便で送るような状態」であったとある。さらに、宇野は滞米中に、マーシャル・フィールドとニューヨークのビー・オートマンの両デパートと、商品を「東京渡し、九千円のキモノ三千着」の条件で契約を結び、日本スタイルの認知度向上に努めた（『週刊女性』一九五八年一月一二日号）。

一九五七年九月、田中千代は杉野芳子、伊東茂平、上田安子、大塚末子ら著名デザイナーらとともに、イタリアのヴェネツィアで開催されたヴェネツィア国際コットン・ショーに参加した。これは繊維メーカーとデザイナーがタッグを組んで海外へ向けて作品を発表したもので、日本的なものの表現が多かった。倉敷紡績と桑沢洋子による《ハッピとモモヒキ》、鐘紡と田中千代作ビーチウエア《北斎》、大日本績と伊東茂平作《マタタビコート》、東洋紡績と大塚末子作《縞の着物》、呉羽紡の杉野芳子作《小菊》など、外出着が出品された。

日本織維意匠センターの野町常務理事がこのショーの評価を述べ、「モンペ」や「ハッピ」が噂に伝えられるほど評判の良いものでなかったと述べ、むしろ日本人のデザインに対する創造力の乏しさを反映したものであると指摘し、「おそらく西欧デザインのマネではない、日本本来の味を出そうとしてつくられたものであろうが、そんな姿がファッションとして通用するはずがない」という厳しい批判を残している（『週刊女性』一九五八年一月二二日号）。しかし、こうした批評があったとはいえ、ニュー・キモノがモダン・デザインとして海外で発表される機運が生まれたことは事実であり、それが日本のファッション・デザイナーの国際化へとつながっていったことの功績は大きい。

・中村乃武夫のパリでのファッション・ショー

日本人デザイナーとしてパリで最初にファッション・ショーを開催したのは、中村乃武夫（1924–2014）である。一九六〇年七月二二日、ホテル・アンバサダーで開催されたこのショーでは、《鳴神》や《越後獅子》など日本の伝統をモティーフとした二二点の作品が披露された。モデルには、下駄や草履を履かせるなど、日本の伝統を意識した演出だった。

このプロジェクトは、当時、文化出版局に勤めていた今井田勲（1915–1989）が中村に声をかけ、西武百貨店取締役の堤清二（1927–2013）がスポンサーとなったことで実現した。また、中村は、来日中の美容業界の先駆者カリタに自身のデザイン画を見せる機会があった。カリタは特に浮世絵や歌舞伎の衣装をもとにしたデザインに興味を示したことから、中村はショーのテーマを「日本のかたち」と定めた。

中村は、羽織袴姿でパリへ向かうなど、日本らしさを強調する旅を演出した。現地では税関でのトラブルがあったものの、堤の妹であり、西武百貨店のパリ駐在事務所代表を務めていた堤邦子（1928–1997）が中村を助けた。邦子は、一九五六年からパリに駐在し、ヨーロッパのブランドを日本に紹介していた。

当時のパリにおけるファッション・ショーは、日本のように「ショーほど素敵なものはない」とデザイナーの総合芸術を披露するためのものではなく、あくまで販売を目的とした商業的なものであった。ショーについて、中村は興味深いエッセイを残している。ショーの際、彼が父から譲り受けた紋付を着ていたことが評判となり、次のように記している。

あの紋付の評判はたいへんなものだった。ショーの最後に、僕が紋付姿で舞台に立ったときの観衆の興奮は、今でもはっきりと僕の目に焼きついている。人気の的となった僕の紋付に、僕自身がいささか嫉妬を感じたほどである。（中村 1983a：99）

この紋付は舞台用に特別デザインされたもので、観客からの距離を計算して紋を一回り大きくした仕様が特に注目を集めた。フランスの女性誌『ＥＬＬＥ』の編集長にその話をしたところ、彼女はその視点に驚きと興味を示したという。こうした日本の伝統衣装デザインに込められた緻密な計算は、「見る人の目の位置を考慮した良いデザイン」であることを再認識し、日本の伝統的な衣装デザインが持つ普遍的価値を再発見したと記している（同前）。

また、田中千代もこのショーを観覧しており、彼女の旧蔵資料には招待状やリーフレットが残されている。このときの千代とのやりとりについて、中村は次のように記している。

ショーが終わり、いろんな人のお祝いの言葉や報道陣のカメラの渦の中で、興奮の極にあった僕の前に現れた田中さんだ。「おめでとう、おめでとう」と繰り返しながら、僕の手を握ってくれた。日本では特に親しく交際していたわけでもなかっただけに、この異郷での田中さんの友情は身に沁みてうれしかった。

それから二十年、何のかのとお世話になっている。(同前：190–191)

このショーは、日本人デザイナーがパリで活動するための道を切り拓く第一歩となった。中村のショーは成功を収め、商談や、パリのクチュール界から活動の誘いも受けた。しかし、パリと日本のファッション環境の違いを痛感した中村と、同行していたファッション評論家のうらべまことは、「日本の服のレベルを向上させるには、いい服を作って、たくさんの人に着せるしかない。一人ひとりのために服を作っていては間に合わない」という結論に達した。帰国後、中村は今井田にこの考えを伝えると、一九六二年七月に、早稲田大学の名誉教授だった今和次郎を会長に日本ユニフォームセンターが設立されるという新しい動きへとつながっていった。(大内・田島 1996：305–308)。

・森英恵と海外進出

森英恵は、ドレスメーカー女学院を卒業後、一九五一年に新宿で「ひよしや」を立ち上げ、一九五〇年代から六〇年代前半にかけて日本映画の衣装を多数手がけるなどし、多忙な生活を送っていた。デザイナーを辞めたいとさえ考えていた森英恵が、初めて海外旅行へ出るきっかけを作ったのも、今井田勲の言葉であった。一九六一年、森は、ピエール・カルダンのモデルとして活躍していた松本弘子（1935–2003）とともにパリを訪れた。五週間にわたるパリ滞在中に、西洋と日本のファッション文化の違いを肌で感じるとともに、森のなかでは、パリのデザイナーたちと同じ舞台で勝負したいという新たな気持ちが芽生える機会となった。このときの心境について、森は次のように語っている。

日本人は西洋コンプレックスが強いため、日本人が日本人のためにいくら頑張ったって認めてもらえない。それより、西洋から入ってきたものの方がいいという価値観なんです。それなら、日本人だけをターゲットに洋服作りをするのは、私の一生をかけてする仕事ではないと思い始めました。（大内・田島 1996：331）

森は、同年の夏には二週間ほどニューヨークを訪れた。パリでは「お金を持っていれば、お客様だけど、そうじゃなかったらデザインをコピーしにきたかと思われる」という冷淡な反応を受けた一方、ニューヨークではオープンに受け入れてもらえる自由な雰囲気があった。そこで森は、ニューヨークで勝負する決意を固めた（同前：330–333）。彼女の目には、当時アメリカはモダンなライフスタイルの先進国に映った（森 2010：108）。

森が最初の海外コレクションをニューヨークで発表したのは、一九六五年一月のことだった。外国にはない生地を使いたいと考え、滋賀県長浜市の鬼しぼ縮緬《ちりめん》や紬《つむぎ》、座布団の生地、京都西陣織の丸帯などを取り入れた約五〇点の作品を制作し、ホテル・デルモニコで発表した。

モデルには、ピエール・カルダンの専属モデルとなっていた松本弘子、イヴ・サンローラン（Yves Saint Laurent, 1936–2008）のモデルを務めていた高島三枝子（1939–）、ディオールに所属していた松田和子（1936–）が起用され、さらに東京からは立川マリも参加した。また、広報活動には日本航空が協力し、ショーの成功を支援した。

ショーの後、高級百貨店ニーマン・マーカス社長のスタンレー・マーカスと、同じく高級百貨店バーグドルフ・グッドマンのバイヤーが、舞台裏を訪れ、森にオーダーを入れた（同前 1996：392–394）。さらに、森の作品は、『ニューヨーク・ヘラルド・トリビューン』紙とアメリカの『ＶＯＧＵＥ』誌で「EAST MEETS WEST（東洋と西洋の出会い）」と評され、蝶のドレスが掲載されたことにより蝶が森英恵のトレードマークとして定着していった。

一九七〇年、森英恵は自身の店をニューヨークのウォルドルフ・アストリアホテルに出店した。この店舗の内装デザインは、グラフィック・デザイナーの田中一光（1930–2002）が手がけた。一九六〇年代末から七〇年代初頭にかけて、森の関心はニューヨークに向けられており、彼女の海外ビジネスの重要な拠点とし、世界的に活躍の場を広げていった（同前 1996：397）。

・一九六〇年代の四つのショーについて

田中千代は企業の仕事としてではなく、個人の仕事として一九六〇年代に三つのファッション・ショーを海外で行った。

最初のものは一九六三年、「日本の美」紹介のために国際文化振興会から日本文化使節としてヨーロッパに派遣され、パリのホテル・クリヨン、ボンの日本大使館、ローマの日本文化会館で開いた、日本の布地を用いた「チヨ・タナカ・コレクション」であった。疋田絞りや友禅、帯地など日本の伝統的な布地を用い、他国にはない独自の風合いや技術を生かしつつ、千代がモダンなデザインへと昇華させた。このショーには岡本太郎も訪れており、その様子を記録した写真が残されている。

二つ目は、一九六四年に薫が団長を務めた、第一回カイロ国際民俗芸術祭でニュー・キモノを披露したショー、三つ目は一九六四年、六五年に、ドイツ・デュッセルドルフにて絹業協会主催のショーに参加したものであった。そして四つ目は一九六七年に日本航空世界一周路線開設の記念事業として、ニューヨークのプラザ・ホテルで日本の布地による作品を集めた「田中千代作品ショー」であった。ニューヨークでのショーの実現には、当時、ニューヨークで国連大使を務めていた弟・松井明が尽力した。千代の資料には、ショーを関係者に観てもらおうと、招待状の送付先を検討する手紙のやり取りが残されており、画家・猪熊弦一郎からの書簡には、ファッション編集者のほか、チャールズ&レ

チヨ・タナカ・コレクション（ホテル・クリヨン、パリ、1963年）

イ・イームズ夫妻やアレクサンダー・ジラード夫妻、ジョージ・ネルソン夫妻などの名前と連絡先も招待客の候補として挙げられている。この資料から、実際に彼らにも招待状を送ったのか、また来場したのかについては不明であるが、当時、日米の文化の最前線で活動する人々の交流の様子が垣間見られて興味深い。

一九六〇年代に入ると、千代のファッション・ショーの役割は、購入することのできない作品ショーであるということもあり、文化交流の意味合いが強くなっていった。

田中千代、中村乃武夫、森英恵らがこうした国際的な舞台で得た経験は、一九七〇年代以降に日本人デザイナーが海外進出を果たす流れを築く基盤となった。特に、森英恵は、「日本人のために服を作るのではなく、世界の人たちのために服を作る」という信念を掲げ、ショーや店舗展開によって、

カイロ国際民俗芸術祭に赴く薫と千代（1964年）

田中千代作品ショー（プラザホテル、ニューヨーク、1967年）

新たな扉を開いた。森は、一九七七年にはパリ・オートクチュール組合へ加盟し、世界のオートクチュール・デザイナーの一員となった。このような先駆者たちの取り組みが、日本のファッション・デザインの地位を高め、後進のデザイナーたちの海外進出への扉を開いたのである。

・国内における「キモノ・ブーム」の発生

田中千代のニュー・キモノが海外で高く評価されたことを契機に、一九五〇年代の日本国内では「キモノ・ブーム」が広がった。一九五二年四月に帝国劇場で開催された「ニューヨーク・パワーズ・モデル招聘　田中千代グランド・ファッション・ショウ」では、女性を被写体に美しい写真を撮ることで定評のあった写真家の福田勝治（1899–1991）が、『時事新報』（一九五二年五月二日付）で、四月二九日の夜に帝国劇場での田中千代グランド・ファッション・ショウを観た感想を「自由な着もののこころ豊かな試み」と題して次のように伝えている。

今度のショウにしても、モデルが外人なだけに、伝統的なよさとか、いわゆる芸者の着こなしが持っているあの味わいはなかったが、それらとはまた違った、スクスクとした美しさがあふれていた。（……）「きもの」の出発点が、きものにも洋服にもとらわれないフリーなところにあるのが一番の強みだと思う。（……）すくなくとも今までのような胸高帯の不健康さや、髪や顔、体つき全体を無視した多彩な「きもの」よりはずっとスッキリして好もしい。

福田は、田中千代のニュー・キモノを着物でも洋服でもない、体型の線も出ない、自由で活動的な装いであると評価している。さらに、着物の新たなあり方を示す記事や評論がこの時期数多く発表され、着物の再評価が進んだ。

一九五一年五月三〇日付の『朝日新聞』では、画家・猪熊弦一郎が「キモノと洋装」を寄稿し、外国人から見た日本女性の着物の優美さと、日本文化を象徴する力について言及している。

日本に来ている外人に、日本女性の服装に対して質問すると、ひとしく洋服はつまらないが、日本の着物は優美で女らしく、そして国民性を表現している点を激賞する。いつか田中千代さんからの米国通信の中に、日本婦人がアメリカのオフィスを訪ねるとき、洋服姿で出かけるよりも、日本着物で行った方が応対もちがうし、用談も好意的に進むということを報じていたが、私はいつもこの民族性と国際性の問題に対して考えさせられるのである。

一九五〇年代は、猪熊弦一郎をはじめ、多くの人々が着物をどのように近代化するのかについて関心を寄せた時代であった。田中千代のニュー・キモノは、新しい着物を創出する動きを生み出しただけでなく、戦後に洋服を受容しつつも着物へのノスタルジーを感じる社会的な機運と重なってもいた。

田中千代が残したスクラップブックには、一九五二年一月四日付『朝日新聞』に掲載された「『きもの』を見直す」という世論調査の記事が含まれている。この調査は、朝日新聞が京阪神の三都市で実施した、着物と洋服に関する世論調査の結果をまとめたものである。その結果、洋服の活動性が評価される一方で、自分の体型には洋服が似合わないと感じる人が多く、和服への回帰を望む声も少なくなかった。しかし、和服は活動性に欠けるため、人々は選択に迷い、板挟みの状況にあったことがわかる。こうした状況を背景に、国内でも「ニュー・キモノ」を求める声や議論が活発化していった。

さらに、一九五三年一二月二八日付け『神港新聞』掲載された「著しいキモノ復活　だが—和洋装二元性—の道は遠い」という服飾界座談会[*10]ではニュー・キモノについて「袖を詰め、丈を詰めた洋服趣味の長着、羽織なども横行しており、これは洋服と和服の歩み寄りから生まれた中間物ではなく、和服の美しさに能率美と機能美を取り入れたものであるが、これだけで日本人の私服生活の和洋装二元性は解決されたとは思えない」という意見や、「最近のファッション・ショーなどできもの風デザインが目立ってきており、異国情緒の逆輸入だとけなす意見もあるがこれは創意の貧困さから来たものではなく、伝統の再発見であり、懐古とモダニズムの握手である」といった意見も見られる。これらの意見からも、戦後の日本の女性たちの洋装化が一気に進んだ一方で、戦前同様、和服をどのように近代社会に適応させるかという、洋装と和装の複雑な関係が浮き彫りとなっている。

・主要デザイナーの貢献とニュー・キモノの拡大

田中千代が先鞭をつけたニュー・キモノは、一九五〇年代の日本のファッション文化に大きな刺激を与えたが、その影響を受け、和服の側からニュー・キモノに取り組むデザイナーたちも現れた。一九五三年一一月には、婦人画報社から雑誌『美しいキモノ』が刊行された。従来の着物に加え、ニュー・キモノも取り上げられ、千代に加えて大塚末子、小沢喜美子（1914–1983）らが紹介され、一九六六年ごろまで続く新しいキモノ創造の一大ムーブメントを形成した（神山、岡本 2009：116）。

ニュー・キモノの発展を支えた代表的なデザイナーの一人が、先述した大塚末子[*11]である。一九五四年に大塚きもの学院を設立した大塚は、一九五六年には第一回日本ファッション・エディターズ・クラブ賞を受賞。一九五八年には新宿に校舎を建設し、和装の機能性を革新するリーダー的存在となった。その背景には、化学繊維や毛織物といった新素材を取り入れる彼女の姿勢を支持する繊維業界の後押しがあった。従来、和服用としては考えられなかった化繊や毛織物を大胆に取り入れた大塚を、繊維業者がサポートしたのである。大塚のキモノは、洗濯機で洗える実用的なキモノとして評判を集め、ミシン縫製による家庭用キモノの可能性を示した。「安い布地で自由にデザインして、ミシンで縫って、よごれたらそのまま洗たく機につっこみ、アイロンをかける。化繊でもウールでも、いくらでも面白いふだん着のきものが作」れた（『週刊女性』一九五八年一月一二日号）。大塚自身は、洋装をせず、生まれてからずっと和装でとおしてきた人物であった。

もう一人の重要なデザイナーが宇野千代（1897–1996）である。一九三六年に『スタイル』を創刊した宇野は、一九五三年五月に銀座松屋のショーで「新しいキモノ」を披露。銀座松屋の接収解除を記念するアトラクション・ショーでの依頼がきっかけであった。このショーで宇野が披露した着物は、伝統的な絹素材に斬新なデザインを融合させ、高く評価された。

さらに、京都・西陣出身の高林三郎は、新装帯や茶羽織、改良帯、和服コートなど機能性を重視した新デザインを次々と発案し、一九五一年一〇月には京都の南座で開催された第一回現代服飾祭で披露している。彼が創設した高林三郎和服研究所では、茶羽織や和服コート、ワンピース式キモノ、改良帯（新装帯）、コーリンマント、洋装ネンネコ、コーリン紐、ベルトで着るキモノなど、和装に新たな機能性とデザインを追求したアイテムが次々と生み出された。そのなかでも、新装帯は年間一〇〇万本以上の販売実績を記録するなど大きな成功を収めた。

しかし、一九六〇年代に入ると既製品の洋服が日常着として広く普及し、着物の機能性の向上を目指したニュー・キモノよりも、むしろ伝統美を重視する方向へと移行し、ニュー・キモノの役割は次第に縮小していった。田中千代もこのころからニュー・キモノの活動から距離を置くようになった。

デザイナーによって形や目標は異なっていたが、ニュー・キモノは単なるデザインの革新にとどまらず、日本の伝統と西洋文化が交差するトランスカルチュラルな場として機能し、戦後日本のファッション文化における転換点となった。田中千代や彼女に続くデザイナーたちが和服と洋装の融合を通じて切り拓いた可能性は、のちの日本ファッションの国際化に重要な礎を築いた。ニュー・キモノは、異文化の衝突、越境、融合の象徴として、今後も語り継がれるべきものである。

Ⅳ　パリ・オートクチュールとニューヨークのファッションの伝道者として

田中千代は、戦後の日本ファッション界において、パリ・オートクチュールとニューヨークのファッションの動向を国内に伝える重要な架け橋としての役割を果たした。大宅壮一は、洋裁界の人々は、「洋行帰り」を売り物にしている人が多いが、基本的教養の点で田中千代とは比べ物にならず、千代が外国語を駆使して一流デザイナーと対等に交流できる唯一の存在であるとし、その国際性が彼女の活動の核となっていると評価していた（大宅 1958：68）。
本節では、田中千代がパリのオートクチュール・デザイナーやニューヨークのファッション関係者と交流を深めるなかで、何を学び、その経験をどのように還元しようとしたのかを考察する。

戦後、田中千代はパリのオートクチュールの動向を取材し、現地のファッション関係者と交流するとともに、詳細なレポートや、作品批評を精力的に行った。紹介されたデザイナーには、今日ではファッション史から忘れ去られた人物も含まれており、現在では貴重な資料として価値を持っている。また、ニューヨークのファッション動向についても、戦前のトラペーゲン時代や一九五〇—一九五一年のニューヨーク大学時代に知り合った多くの関係者との交流を生かし、最新の情報を入手して新聞や雑誌に寄稿した。

たとえば、フランスの染織デザイナー、レイモンド・バルタニアン夫人が芦屋の田中千代服装学園を訪れた際、『朝日新聞』（一九五二年四月五日付）に掲載された「エトランゼのみた日本の生活」という記事で、日本の流行の未熟さについて次のように指摘している。彼女の「パリには流行をつくる権威のある衣装店が十軒余りあるが、日本には洋服地はたくさんあっても、流行を創造する人や店がないため、メーカーが勝手に『これが流行だ』と売り出す。これが日本の流行にまとまりがない理由だ」というコメントは、日本のファッション業界に対する鋭い洞察を示している。

一九五六年、エルザ・スキャパレリが来日し、千代と面会した際、スキャパレリの鋭い感性、とりわけ色彩に対する独創的な視点が千代に大きな影響を与えた。スキャパレリが金襴の紗の生地を透かして見て提案した「笹の緑と金襴を組み合わせた衣装」についての発想は、京都の庭園にインスピレーションを得たもので、千代はスキャパレリのトランスカルチュラルな視点がもたらす創造性の力を再確認したことも書いている（田中千代 1960：33–34）。

一九五八年四月、フランスからピエール・カルダンが来日し、約二五点の作品を携えてファッション・ショーや講習会を開催した。カルダンは、ディオールの右腕として立体裁断技術を磨き上げた経歴を持ち、日本のデザイナーにその技術を伝える貴重な機会を提供した。カルダンはジャンヌ・パキャンやスキャパレリの店で研鑽を積み、千代も学んだニューヨークのエセル・トラペーゲンでも学んでおり（西村勝 1994：97）、デザイナーとパタンナーとしての両方に優れた才能を持っていた。一九五四年に渡仏し、パリから文化出版局の『装苑』へファッション記事や写真を送っていた写真家・高田美（1916–2022）がきっかけを作り（大内・田島 1996：262–263）、日本デザイン文化協会（ＮＤＫ）の主催によるカルダンの技術講習会には、多くの日本人デザイナーが参加し、二日間・講習料一万円で最新のパリのオートクチュール技術を学び、カルダンのサイン入り免状を受け取った。東京・四谷の主婦会館で開催された講習会の様子は、林邦雄によって興奮冷めやらぬ調子で記録されている。

机上にトワールが用意され、人台がおかれていた。（……）モデルの松本弘子に、カルダンはトワールをあてて裁断を始めた。ハサミのもち方が違う。目つきが違う。大きな手が魔術師のように動いた。彼はすべての目の感覚で、とりつかれたような速さだった。彼は簡単に『布目は一本でも曲げれば、できた服はゆがむのだ』と説明した。この技術講習会は日本のデザイナー達に強

い衝撃を与え、戦後デザイナーの文化革命といってもいい画期的な一ページになった。（林［1987］1992：74）

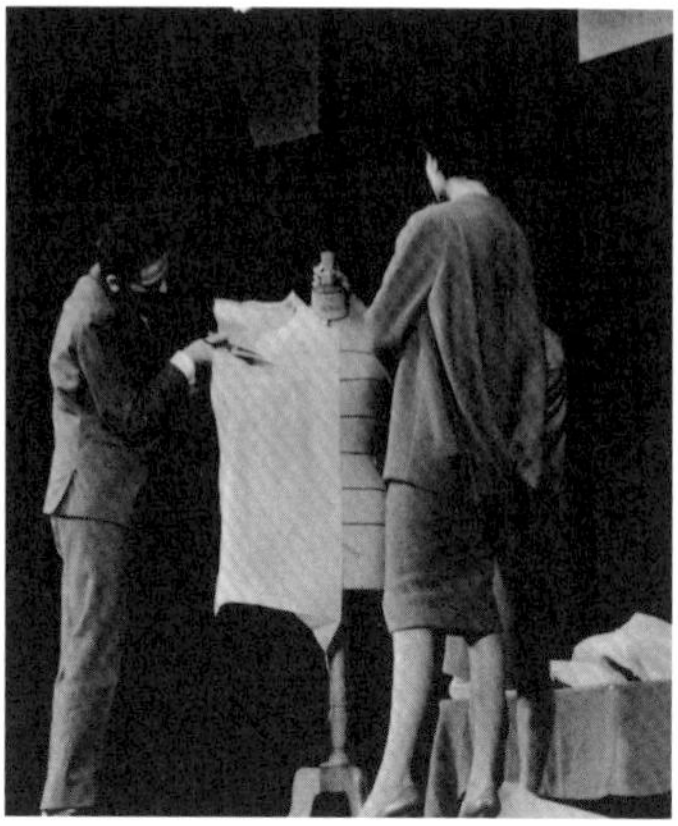
立体裁断を実演するピエール・カルダン（芦屋学園、1958年5月）

東京の講習会後、田中千代は五月にカルダンを芦屋学園に招聘し、再び講習会を開催した。千代はカルダンの寸法感覚に深い感銘を受け、その感覚が単なる技術ではなく、デザインの核心をなす要素であると考えた。彼女はのちに次のようにカルダンの視点を紹介している。

カルダン氏の寸法に対する感覚は芸術的、技術的と思いました。デザインが巧みなばかりではなく、それを作り上げる技術の素晴らしさと、天才的技術をみてすっかり驚きました。（……）全然物指や、メジャーを使わないで全部自分の目で観察し、その感覚を信頼して寸法を決めてゆくのです。（……）あらゆる造形美術に大切な感覚は寸法的感覚だと思います。数字には表現できない、自分の目だけで見る、心で感じる感覚（……）（田中千代 1960：94）

カルダンはまた、日本の庭園や着物に見られる自然美にも感銘を受け、その季節感や文化的意義を賞賛した。このような異文化間の対話は、千代のデザイン活動に新たな視点をもたらした。

日本のお座敷に座って庭をながめていますと、その庭にはアヤメやショウブが大変美しく咲き乱れていました。日本の庭が自然でとてもきれいで、パリなどにない落ち着いた色がある、といってほめてくれました。（……）そこへアヤメの模様の着物を着た美しいお嬢さんが入って来られました。それをすぐカルダン氏が見つけて、庭に咲いているアヤメと同じ模様であることに気がつかれたようです。（同前：95）

千代が、日本の見立て文化について説明すると、カルダンは「それは本当に美しいことです。庭の感じがすっと中まで続いて開け放した障子から庭の花がいかにもこの部屋の中まで咲き乱れているような気がしました」（同前）と返している。

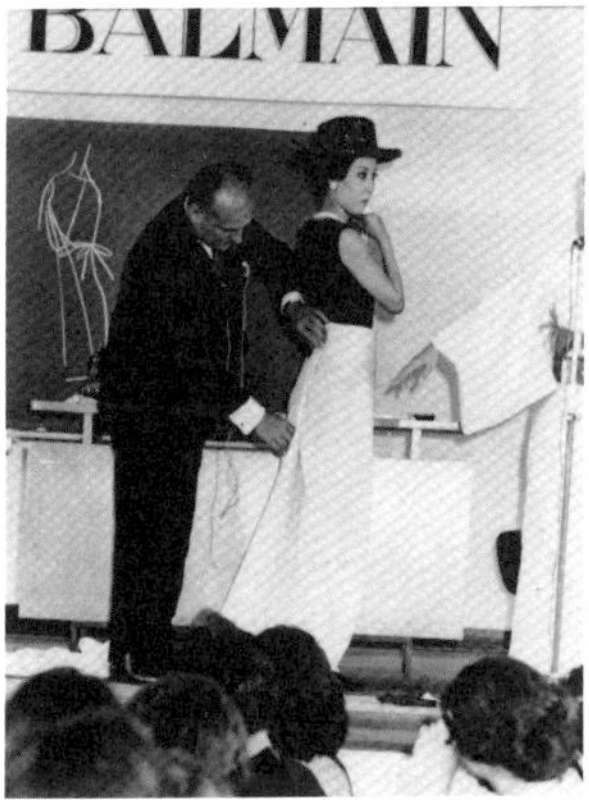

一九五三年のディオール旋風は、モード作品の造形的美しさと芸術性をファッションに興味のない一般の人々にも伝えたが、一九五八年の「裁断の魔術師」と呼ばれたピエール・カルダンの来日は、立体裁断の美や最高峰のモードの技術を日本に伝え、ファッション界のレベルを向上させる重要な機会となった。

カルダンの後も、多くの国際的なファッション関係者が来日した際には、千代のもとを訪れている。『マドモアゼル』のファッション・エディター、K・シルヴァー夫人が一九五八年に千代とその作品を雑誌に掲載するため来日したほか、一九六四年には芦屋の田中千代学園にピエール・バルマンを招き、バルマンのファッション・ショーを開催した。一九七〇年にもバルマンを今度は東京田中千代学園に招き、講演会を実施した。

一九六六年にはハリウッド映画衣装デザイナーのエディス・ヘッドを東京学園に招き、講習会を開催。一九六七年には、田中千代の洋裁学校の創立三五周年を記念してフランスのデザイナー、ジャン＝ルイ・シェレルを芦屋と東京の学園に招いて講習会を行った。一九七五年にはハワイのデザイナー、アレン・アキナを招き、「ムームー特別講習会」を芦屋、東京、名古屋の各学園で開催。一九八〇年にはフランス人デザイナー、ジャン＝シャルル・ド・カステルバジャック、一九八二年にはエスモードの理事長と学長夫妻、『デペッシュ・モード』の記者など、多くの国際的なファッション関係者たちが千代やその学校を訪問したのに対し、羽仁もと子から学んだ自由学園のスタイルで、訪問者には講演を依頼するなど積極的に交流した。

こうした交流は、文化服装学院や杉野学園でも行われていた。これらの交流は、単に技術を学ぶ機会にとどまらず、異なる文化の視点を取り入れ、日本のファッション界が世界に接続していくためのトランスカルチュラルな場を形成した。一九五〇年代から八〇年代にかけて、千代や他の洋裁学校が行った国際的な交流は、日本ファッション界の進化を促進した。

田中千代の活動は、国際的な技術や視点を日本に持ち込むだけでなく、日本の文化的価値を世界に伝える役割も果たした。彼女が形作った異文化交流の場は、デザインの進化を支えるだけでなく、文化的な相互理解を深化させる場として機能した。千代の存在は、日本のファッション界に独自性と国際性を融合させる新たな可能性を切り拓き、その意義は現在でも色あせることがない。

＊1　たとえば、ファッション評論家の林邦雄は、戦後の和服から洋装への転換を一つの「服飾革命」と表現し（林［1987］1992：21）、生活史研究者の小泉和子は、敗戦後に人々の装いが洋装へ変化したことを「衣服革命」と表現している（小泉編 2004：5, 8, 14, 23）。

＊2　このショー開催は、文化服装学院創立三〇周年記念行事、高松宮妃（1911-2004）の社会事業「なでしこ会」、エールフランス航空が主として招聘したものであった。主催者は文化服装学院、高松宮妃、エールフランスであり、田中千代は招聘委員の一人であった。一九五四年には、ディオールが京都の龍村織物美術研究所の絹織物を用いた作品を発表した。

＊3　大阪大丸が二六種類のパタンを一八〇万円で購入して上田安子が制作したディオールのファッション・ショーは、鐘紡「ディオール・サロン」大阪公演直後の一〇月の四日間、新大阪ホテルで開催された。

＊4　審査の方法は次のように決められた。第一次審査はデザイン画で、デイタイムドレスかイヴニングドレスのいずれかを提出し、一次審査の合格者は実物のドレスを制作して提出することとされた。評価の基準は、(a)デザインの美しさ、(b)独自性、(c)日本の生地や日本人の体型に似合うもの、(d)素描の優劣ではなくデザイン力で判断、(e)劇的なものよりも実用的なものであること、と定められた。

＊5　日本側の審査員は田中千代の他に、伊東茂平、杉野芳子、中原淳一、伊藤道郎、猪熊弦一郎、中林洋子、桑沢洋子らで、作品はまず日本で審査され、合格したデザイン画をアメリカのティナ・リーサのもとに送り、アメリカ側が最終審査を行うという仕組みであった。アメリカ側の審査員には、『ニューヨーク・タイムズ』紙のヴァージニア・ポープや『ＶＯＧＵＥ』誌のファッション・エディター、ベティ・バラードなど。ティナ・リーサ賞受賞者（一名）は、四〇〇ドルの賞金（ただし最終年のみフロリダで一年間学ぶ奨学金と生活費）。その他、毎日賞は一等が五万円（一名）、二等が三万円（二名）、三等が一万円（三名）および二〇名に賞状が付与された。鐘

＊6　紡賞は、ティナ・リーサ賞授賞式に参加のためのアメリカへの旅費を付与し、他にパン・アメリカン賞、エドウィン・ホーマン賞などがあった（*English Mainichi*, February 4, 1953）。

＊7　ウェザリル家は芸術のパトロンとしての活動も行っていた。叔母のクリスティンは一九一五年にフィラデルフィア・アート・アライアンスを創設。養母ジョージーンは、慈善活動としてフロリダにベルエアー・アートセンターを設立した（後にフロリダ・ガルフ・コースト・アートセンターと改名、二〇〇九年に閉校）。この学校がティナ・リーサ賞の受賞者を奨学生として迎え入れた（Calahan 2009 : 11–12）。

＊8　翌一九五〇年のナショナル・ファッション・デザイン・コンテストには、田中千代服装学園からは、毎日賞一等に小西美知子、三等に佐久間美代子、佳作に熊谷培子（いずれも芦屋校）が入選し、ティナ・リーサ賞は、杉野芳子のドレスメーカー女学院で学んでいた山本幽美子らが受賞した。一九五一年には田中千代服装学園からは毎日賞一等に佐久間美代子、佳作に芦屋校職員の船橋和子が入選した。一九五三年には、ティナ・リーサ賞に改めて小西美知子が輝き、アメリカ留学を果たした。

＊9　一九四八年一〇月に「日本の流行を創ること」を標榜して作られたプロのデザイナー団体。木村四郎によって銀座で旗揚げされた。

＊10　このイサム・ノグチ、猪熊弦一郎夫妻との座談会（一九五〇年七月六日、於東中野・モナミ）が『装苑』に掲載されている（一九五〇年九月号）。

＊11　高橋雅子、戸塚徹、則内妻子、福冨芳美の四人のデザイナーによる座談会。四人とも神戸のデザイナーであるが、福冨芳美（1914–1992）以外は経歴不明。福冨は杉野芳子のドレスメーカー女学院で学び、一九三七年に神戸ドレスメーカー女学院（現神戸ファッション専門学校）を開校。一九六七年には明石女子短期大学を創設したデザイナー兼教育者。

＊12　戦時中のモンペを美しく着る方法として「茶羽織」「細帯」「二部式和服」の構想を練り、実物を作って花森安治を訪ねた。最初のきものは一九四八年の『暮しの手帖』秋冬号に掲載され、初めてメディアに登場した。『装苑』の編集部に勤務するが、洋裁が肌に合わず、その後髙島屋の嘱託デザイナーとなり、ここで単独のきものショーを成功させ「新しいきもの」のデザイナーとして世間に広まった（『週刊女性』一九五八年一月一二日号）。

第4章　さらなる越境へ——「皇后さまのデザイナー」

Ⅰ　香淳皇后の着物のデザイン

田中千代が戦後に担ったもう一つの重要な役割は、「皇室デザイナー」としての活動である。一九五二年から一九五九年にかけて、香淳皇后（当時）の衣装相談役兼デザイナーを務めた千代は、一般市民の服装革命を牽引すると同時に、皇室の服装改革にも深く関与した。「人間皇后」の誕生（河原 2000：151）に決定的な役割を果たしたのである。千代は最初の「皇后さまのデザイナー」となったが、そのきっかけは、一九五二年四月に千代がパワーズ・モデルとのショーを開催した後、秩父宮妃から皇后や宮中の服装改善について相談を受けたことだった。そして何度かのやりとりを経て、千代はこの役割を引き受けた。

それまでも宮中には衣装担当者が存在していたが、「皇室デザイナー」という役割を公式に担ったのは、田中千代が初めてであった。外部のデザイナーが、皇后の装いにどのようにかかわるべきかという前例もなく、千代がその責任を果たすうえで多くの緊張や試行錯誤がともなったことは想像に難くない。千代はこの経験について著書『皇后さまのデザイナー——モード随筆』（文藝春秋新社、一九五五年）に記している。

一番最初に私がお目にかかった時の皇后様は紺の地に白のスポットのツーピースを召していらした。それは一九五二年の夏、那須の御用邸においでの時であった。私が想像していたよりずっとくつろいだご様子なので、まず私はホッとした。そして忙しいのにご苦労様という意味のお言葉に、私は、お手伝いさせて頂きますのは大変光栄に存じますと申し上げた。これが、私が皇后様に申し上げた最初の言葉であった。（田中千代 1955e：7）

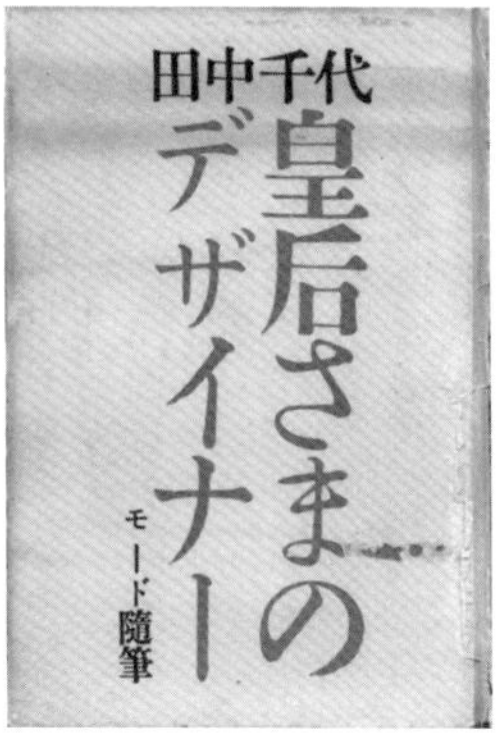

『皇后さまのデザイナー』書影

晩年、田中千代学園が企画し、毎日映画社が制作した映像『田中千代 半世紀の歩み』（制作年不明）のなかでも、千代は香淳皇后との那須での最初の面会について振り返っている。その際、千代が那須にうかがいやすいように、外交官で当時、昭和天皇の通訳を務めていた弟・松井明が、昭和天皇を訪問するアポイントを設定し、同じ汽車で移動できるよう細やかな配慮がなされていた。その温かな心遣いに、千代は深く感激し、感謝の思いを述べている。

この初対面以降、千代は皇后の装いを手がける際に、それまでとは異なる特別な美意識を持ってデザインに臨んだ。その姿勢について、彼女は次のように述べている。

皇后様のデザインをする時には自分のデザインの腕をみせようなどと思ったり、複雑な切替線を作ったりするような事は絶対にいけない。デザインをするのではなくむしろ、デザインを溶け込ませるような、強いていえば、デザインを捧げるというようないい方が最も適切かも知れない。というのは、皇后様ご自身ではなく、そのお召物のデザインだけが、国民の印象に残るようならば、それはデザインとしては大失敗である。むしろ、どんなデザインのお洋服を召していらしたかが頭に残らず、ただ皇后様が美しくその場の雰囲気を創り出していらしたという事を人々に印象づけたのだったら、それは成功といって良いのではないだろうか。（同前：22‒23）

どのようなデザインだったのかが印象に残らないよう配慮しながら、皇后個人の美しさに加え、日本の皇后としての崇高な品格、国母としての優しさ、妻としての温かさ、さらには日本女性の代表としての理知的で明るいイメージを表現するという難題に直面した千代は、この挑戦によって、自身のデザインを新たな方向へと発展させ、この経験は大きな転換点となった。千代は皇后の装いを通じて、日本の伝統と新しい価値観を調和させ、装いを越境させることで、皇后を国民、さらには世界とつなぐ重要な役割を担った。この責務を果たすにあたり、グローバルで柔軟な視野と豊かな教養を持つ千代の資質が遺憾なく発揮された。

「皇后さまのデザイナー」としてこの責務を全うすることは、すでにファッション業界で名声を得ていた千代の存在を一層際立たせるとともに、彼女の地位を決定的なものとするきっかけとなった。

千代は当時、皇后の装いが一般の日本の女性たちの服装からかけ離れていると感じていた。また、香淳皇后との最初の面会で、千代は皇后が一般市民のようにお洒落する喜びや洋服をあつらえる楽しみを知る機会が少なかったのではないかと考えた。『週刊朝日』（一九五二年一一月一六日号）が「皇后さまのデザイナー　田中千代」と題した巻頭特集で、順宮《よりのみや》厚子内親王（現池田厚子 1931–）の婚儀における新しい皇后服が「人間皇后」の誕生と結びつけられる象徴的な出来事であると報じるなかで、千代は皇后と次のようなやりとりがあったと週刊誌の記者に語っている。

「皇后様は、私どもにとって、もっと身近に親しみを感ずるお姿であっていただきたい、という気持がございます。洋服でも和服でも、どちらでも、新し味のある親しい感じ、そういったものがみんなの希望でございます。外国人の多いパーティなどではとかく日本人の洋装は見劣りがしますし、「日本の皇后様」として、和服を召していただいた方がよいのではないでしょうか。日本の織物がこれほど素晴らしいということを示す意味でも、日本のキモノの最上のものを召していただきたい」

千代にとって、皇室の装いを手がけることは、特別な意味を持つ挑戦であった。千代が皇后のデザイナーとして注目を集めたのは、香淳皇后が順宮内親王の婚儀（一九五二年一〇月一〇日）で、洋装や「宮中服」ではなく、着物を着たことであった。記事によると千代は、皇室ではそれまで、着物（小袖）は、町人の装いが発展したものであるため、着用されてこなかったとの説明を受けたという。彬子女王の論考によれば、昭憲皇太后および貞明皇后は、袴をともなわない小袖型の着物を、「上衣だけあって下衣のない不備のある服装」と考え、和装の際には小袿か袿袴のみを着用していた。しかし、貞明皇后が崩御された後、一番重要な新年祝賀の行事で、香淳皇后は「お掛け」と呼ばれる花嫁衣装の打ち掛けのようなものをまとうようになった。着物（小袖）は、宮中では影の品で、たとえ紋付であったとしても内輪のお祝いの場でしか着用できなかった（彬子女王 2019：11、25、28–30）。

また、皇后の着物をデザインすることは、千代にとっては初めての試みであり、皇后が立ち姿であることが多い状況を考慮し、肩に模様を施すなどの工夫を凝らした。一般市民にも親しみを持たれるよう配慮する一方、威厳を持たせることにも心を砕いた。この装いにより、皇后の「人間的」な一面が国民に親しまれ、深い共感を呼んだ。この新しいデザインを提案したのが千代であり、その名声をさらに高める契機となった。また、この出来事は、皇室の服装改革において象徴的な意味を持つものとなった。

皇室の装いは、一八八七年一月一七日の昭憲皇太后による洋装奨励の思召書が出されて以降、洋装が中心となっていた。昭憲皇太后の時代には、最初のうちは洋服のデザインや縫製は外国に依頼するか、日本にいる外国人が行っていたが、のちにはヨーロッパから取り寄せたパターンブックを用いて、日本で縫製されていた。宮中にお裁縫所があり、専任の職人が仕立てをしていた。この昭憲皇太后が

宮中服で第38回日赤本社総会に臨まれる（右から）香淳皇后、高松宮喜久子妃殿下、三笠宮百合子妃殿下（1950年6月、彬子女王 2018：17）

構築した制度を貞明皇后も頑なまでに守った。しかし、戦況が厳しくなると、皇室でも国民生活に配慮し（彬子女王 2018：13、18）、一九四四年には、和装風の「宮中服」が導入され、香淳皇后もそれを着用していた。同年九月三〇日、皇室令第八号により宮中の女子通常服に追加された戦時服は、広袖の筒袖型上衣と襞付きスカート型の下衣で、儀礼用には短衣型装衣が採用された。これらのデザインは、空襲が激化する都市部の状況を反映し、皇室においても実用性が求められた結果であった（中山［1987］2010：453）。上半身は細い和服のような襟合わせ、下半身は袴のような二部式の衣装「宮中服」を着用して儀式に臨む香淳皇后の写真が残されている。しかし、戦後の社会状況の変化にともない、この形式が不自然に映るようになった。そこで千代がデザインした三点の着物が一九五二年に採用され、皇室の装いに新たな象徴性をもたらしたのである。

順宮内親王婚儀の際、香淳皇后が着用したのは、金茶色の綸子に肩と裾に平和の象徴である鳩をあしらった着物であった。それは、一九五一年に調印され、一九五二年四月二八日に発行されたサンフランシスコ平和条約によって独立を回復した日本を象徴しているかのような柄でもあった。千代のデザインを絵におこし染繍を施したのは、文化財審議会専門委員、大彦染繍美術研究所所長で着物・染色作家の野口眞造（1892–1975）であった。さらに、その一か月後の一一月一〇日には皇太子明仁親

金茶色の綸子に鳩模様の着物(『婦人朝日』1953年3月1日号)

藍ねずみ色の綸子に雅楽の模様(同左)

藍色の綸子に富士山が描かれた着物(同左)

王の立太子礼があり、その後の宴の席で着用された藍色の綸子の着物は、皇后の希望で肩に富士山が描かれており、帯は白と金、銀の織物で川島織物製であった。また、この儀式のために藍ねずみ色を地色とする綸子縮緬に雅楽の模様が入れられた着物もあつらえられた(『週刊読売』一九五三年四月二六日号)。

「皇后様もキモノ」という記事(『家庭朝日』一九五二年一〇月一二日号)には、「儀式の時は別として、公式な会見や国際的なパーティーには〝日本人は和服を着るのが当然〟というのが陛下のご意見で、これからはいつもすそ模様のお召し物でご出席になる」と書かれている。

千代は皇后のお召し物のデザインを「モダン」にしたかったと繰り返し述べている。千代のこのデザイン哲学は、皇后の着物を親しみやすくするだけでなく、庶民に「人間皇后」としての親近感を与える結果をもたらした。「人間皇后さまの解放　各界の意見」という記事(『週刊朝日』一九五二年一一月一六日号)で、『赤毛のアン』の翻訳で広く知られる村岡花子は、「英国の女王が洋服の流行を創られるように、皇后様には日本服をリードしていただきたい」と述べ、皇后が「日本女性全部の一番先を行」き、日本女性の間でファッションの指針となることへの期待を示した。また、「宮中服は私たちにとって何か居心地の悪いものであった」と指摘し、皇后の和服がもたらす親近感を強調した。

さらに同記事内で、白洲正子（1910–1998）は皇后の着物姿が美しいと述べ、洋服をむしろ略式のときだけにしてはと提案している。また、小説家の平林たい子（1905–1972）は次のように述べている。

『昭憲皇太后』を書くので宮中の服装を調べて驚いたことがある。一年が二期に分けられ、（……）まったく形式的なことお話にならない。暑いも寒いもないのだ。人間宣言をなされた天皇も、新聞雑誌の上だけ人間で、宮廷生活では今でも依然「神」になって形式のなかで暮らしている。（……）皇后が、私たちから見たら奇妙この上ない宮中服で平気なのも、それが通用する社会があったからに他ならない。（……）あの宮中服姿の写真を見せられるのはやりきれなかった。

これらの記述から、戦後、天皇が人間宣言をしたものの、人々の実感がさほど変化していなかったところ、香淳皇后の和服姿は人々に親近感を覚えさせ、皇室の民主化を象徴するイメージの定着促進の一助となったことがうかがえる。

宇野千代が刊行していた雑誌『スタイル』（一九五三年一月号）でも、香淳皇后の和服姿を大きく取り上げ、次のように田中千代のデザインを、「親近感」と「誇り」を与えるものとして評価している。

日本女性にとって、太陽の如き存在であられる皇后様のお召物が今までは長い間の慣例に従った如く穏やかな目立たぬものであったのが、この度の立太子式饗宴の御席には、誰もが眼を瞠るような美しい和服姿で御臨席になり、外国使臣を始め、居並ぶ人々は「日本の皇后様」のお美しさを今更の如く再認識したものであった、との御話を伺いました。

これらの記事から、多くの人々が皇后の和服姿を望ましいと捉えていたことがわかる。田中千代は、皇后の衣装として洋服二着、オーバーコート一着、和服三枚を手がけていたが、最も苦心したのは、皇后としての威厳と、円《まど》か《や》な母性の柔らかさを同時に表現することであった。

田中千代はまた、前述の順宮内親王の婚儀の際に香淳皇后が着用した金茶地の綸子の和服についても同誌で詳細に言及し、平和の象徴である鳩の模様をあしらったこのデザインは、昭和天皇が鳥や動物に詳しいため、足の向きや羽根の形などまで気を使ったと語っている。そして、次のように結んでいる。

デザイナーを御呼び寄せになって、色々と御相談をいただくなどということは、（……）大変に思い切った試みかと思われますが、こうしたことをきっかけとして、日本の皇后様も、世界の流行などにも御興味を持たれ、適当にその流行を取り入れたお洋服をお召しになる愉しさを、お持ちになって頂きたいものと希望いたしております。（……）皇后様や姫宮様の服装が、日本女性の強い関心事になるような時代が遠からず来ることを期待しております。

一九五三年一月三日の『毎日新聞』では、「皇后さまは和服で」と題し、元日の新年祝賀の儀における天皇皇后の写真を掲載している。香淳皇后の装いはその後も注目を集め続け、翌一九五四年一月六日の『週刊サンケイ』新年特大号では、「天皇家を動かす人々」が巻頭特集として取り上げられた。同記事では、皇后が最も信頼する相談相手が秩父宮勢津子妃殿下とその母・松平信子であり、松平が千代を皇后のデザイナーに推薦した人物であったとされている。同誌の記者は以下のようにまとめている。

皇后さまは、戦時中からつい最近まで、公式の席へお出ましになる際、そのお召物は、宮中服というどう見ても立派さとか美しさとは程遠い、おかしなものであった。（……）皇后さまも、この着物が、ことのほかお気に入りのようだし、また、一般市民の間でも、和服姿の皇后さまは、宮中服というえたいの知れない服装よりも〝うんと親しみを感じる〟と、きわめて評判がよい。この〝皇后さまのキモノ〟のデザイナーは、田中千代女史であることは、あまりにも有名である。

週刊誌に掲載されたこの文章が示すように、千代は香淳皇后の装いを着物のデザインを通じて近代化・民主化したデザイナーとして、新たな役割を担い、誰もが知る存在となった。

また、千代は一九五三年、エリザベス女王の戴冠式を取材するためロンドンを訪れ、イギリス王室デザイナーのノーマン・ハートネル（Norman Hartnell, 1901–1979）から衣装デザインの形式について助言を得た。ハートネルが巨額の予算をかけて女王の衣装を手がけたように、千代も日本において「宮中服を廃した功績は絶大であり、田中千代も叙勲に値する」と服飾評論家のうらべまことはユーモアを交えて評している（うらべ 1982：143）。

香淳皇后が和服をまとう姿は、戦後の日本において皇室の近代化と国民との新たな共感を象徴する出来事であった。天皇の「人間宣言」に続き、和服姿の皇后は親しみやすいイメージを国民に与え、皇室と国民との間に新たな共感の場を生み出した。

この装いは、戦後の民主化を象徴する皇后像の形成において重要な役割を果たしたといえる。そうした視点で、戦後日本の皇室の近代化や民主化を考えるとき、田中千代の皇室デザイナーとしての役割は看過されてはならないのである。この装いは、単なる衣装の選択にとどまらず、皇室の近代化と国民との相互理解を象徴するものとなった。

また、戦後の装いの近代化は一般市民では洋服の普及によって進められたのに対し、皇室における装いの近代化は「宮中服」を廃し、和服を採用することから始まった点が特筆される。

このように、田中千代のデザインによる「日本的でありながら近代的な装い」は、国民と皇室の間を越境し、戦後日本における皇室の近代化・民主化を象徴する役割を果たした。

ここで改めて疑問が湧く。なぜ、洋服のデザイナーであった田中千代に香淳皇后のデザイナーとして白羽の矢が立ったのか。あくまで推測に過ぎないが、これまで見てきたことを総括すると、それは千代が「モダン・ファッション」のデザイナーとして認知されていたからではないだろうか。さらに、海外経験が豊富で、教養豊かな華族の出身であったということもあり、宮中から対外的に見てもおかしくないデザインができるという信頼を得ていたということもあるだろう。

そのうえでさらに、もう一つの疑問が浮かぶ。なぜ千代は洋服のデザインだけでなく、着物もデザインしたのだろうか。

若桑みどりの昭憲皇太后に関する研究には、大変興味深い指摘がなされている。思召書の発布以降、公の場の装いは洋装へと統一されていたはずだが、明治から大正初期にかけて描かれた昭憲皇太后の肖像画には、洋装と和装の両方が存在するというのだ。明治の終焉後、皇后を歴史的に顕彰する際、皇后は洋装姿ではなく和装と洋装の二重の服制によって表象された。

若桑は、皇后の和装を日本の伝統文化と儒教的婦徳の象徴とし、一方で皇后の洋装は、日本国家の近代化、西欧化をとおして先進国家との互換性を獲得した勝利の証であり、公的役割の象徴であったと指摘する。そして、昭憲皇太后の服装は、和装から洋装へと単線的に移行したのではなく、両者は常に併存し、明治国家形成にあたって皇后が果たした新旧相反する二重の機能を象徴していたことを明らかにした（若桑 2001：290）。

さらに若桑は、「和装と洋装のあいだにアンビヴァレンスをつくり出した日本は、そのことのなかに、表において西欧を装い、内において「日本＝アジア」を維持する構造をそこに表象させた」と指摘する。そして、この二重性は現在においても見られ、欧米人の前では和装することによりアジア性を示し、アジア・アフリカ諸国の人の前では、先進性を示すために洋装とする。こうした二重性こそが日本の本質なのだと論じている（若桑 2001：292）。

となると、千代が香淳皇后を和装させたことは、どのような意味をもたらしたのだろうか――しかも、なぜ、それまで皇室では着用されてこなかった町人の装いである着物（小袖）をデザインしたのだろうか。

これはあくまで推測にすぎないが、当時、すでに町人文化としての着物という認識は人々の間では薄れつつあり、皇室の服装が持つ象徴的な意味の再構築や、国民との距離の縮小、近代化との調和、日本文化の再評価といった多面的な要素が関与していたのではないだろうか。

そして何より、田中千代が香淳皇后の儀式用の装いに着物をデザインしたことは、日本の服飾文化における二重性の表象をより強調し、宮中における服装のあり方を再定義する契機となったといえよう。そしてその二重性こそが、日本社会の本質を体現するものとして、一般市民からも共感を得たのではないだろうか。千代のデザインによる和装が、こうした日本社会の特質をより明確に可視化し、人々の意識に深く刻まれることになった。

また、この着物が一つの契機となり、その後、国賓が来日の際の宮中晩餐では洋装のローブ・デコルテ、答礼晩餐（リターンバンケット）では和服を着用するという習慣が確立された。それにとどまらず、園遊会やさまざまな各種式典や行事においても着物が着用されるようになった（彬子女王 2018：20）。

このあと論じるそれぞれの皇太子の婚儀においても、パレードなどでは洋装のウェディングドレスを着ているが、宮中婚儀では十二単を着用していたことはわれわれの記憶にも新しく、その二重性はまだ継続しているといえよう。

II 皇太子と美智子妃のご成婚

田中千代が手がけた香淳皇后の装いの近代化は、着物だけでなく洋服やドレスにもおよんでいた。千代が「皇后さまのデザイナー」となったのは、先述のように秩父宮妃とその母・松平信子からの働きかけによるものであった。秩父宮妃の父・松平恒雄は外交官として活躍し、千代の父と親交が深かった。このような背景から、秩父宮妃は皇后や宮中の服装を国際的に通用する装いへと改善するため、千代に衣装の相談役を依頼したのである。このことからも、皇室はモダン・ファッション化を望んでいたことがうかがえる。また、一九五一年に貞明皇太后が崩御し、このころ、香淳皇后が自ら装いについて考えることができるようになったというのも理由の一つであろう（河原［1993］2000：155–162；原 2015：623）、千代は香淳皇后のためのボディを作製し、七年間で数十着の洋服を制作した。香淳皇后は明るいブルー系統の色を好んでいたという。しかし、千代は皇后には黒も似合うと考え、強く薦めた。当時宮中では、皇后は黒、紫、グレーは着用してはならないことになっていたが、イギリス王室は普段着に黒を使用しているということを理由に、お許しが出た（西村勝 1994：204–206）。さらに、千代は香淳皇后だけでなく、皇后が美智子妃（現上皇后 1934–）や清宮貴子内親王（現島津貴子 1939–）に贈るために依頼したご成婚時の衣装も手がけた。

これには、ローブ・デコルテ、ローブ・モンタント、アフタヌーンドレス、旅行用のコートやアンサンブル、さらには和服が含まれる（西村勝 1994：202）。

ここでは美智子妃のご成婚時の衣装について見ていこう。

一九五九年四月一〇日の皇太子明仁親王（現上皇）と美智子妃のご成婚は、美智子妃ブームが巻き起こるなか行われた一大イベントであった。宮中では、伝統と新たな価値観の間で葛藤が生じる一方、皇室のあり方に新たな時代をもたらす契機となった。

軽井沢のテニスコートで始まった自由恋愛を経て、初めて一般家庭から皇室へ嫁がれた「昭和のシンデレラ・ストーリー」として注目を集め、美智子妃ブームが巻き起こるなかで行われた歴史的な式典となった。当時、皇室に限らず、一般社会でもお見合い結婚が主流であり、自由恋愛は先進的なものとみなされていた。

東京で開催されたご成婚パレードには約五三万人の観衆が詰めかけ、テレビ中継では約一五〇〇万人の視聴者がこれを見守った（辻田 2022：30）。「ミッチー・ブーム」と呼ばれる現象を引き起こし、Vネックのドレスやセーター、ヘアバンド、白の長手袋、カメオのブローチなど、美智子妃の装いは当時の女性たちの憧れのファッションとなり、美智子妃はファッション・アイコンとなった。

なお日本のモダン・ファッション史においても、このご成婚時の美しい美智子妃のウェディングドレスがテレビや雑誌に大々的に取り上げられたことによって、これ以降の婚礼衣装が和装から洋装へと変わっていく、一つのターニングポイントとなり、エポック・メーキング的な出来事となった。

皇太子明仁親王と美智子妃のご成婚写真（1959年４月10日、宮内庁提供）
千代が手がけたと考えられるドレスを着用した香淳皇后（右端）

同ご成婚の別写真（同上）千代が手がけたと考えられるドレスを着用した貴子内親王（右端）

・ローブ・モンタント

田中千代の服飾事典を見てみよう。ローブ・モンタント（仏：robe montante）は以下のように説明されている。

衿あきの大きい、ロブ・デコルテに対し、立衿で胸元がきっちりとつまり、長い袖のついた婦人服のことで、婦人の昼間の正装とされるが、宮中などで用いられるもので、一般にはほとんど着られない。（田中千代 1991：1155）

「モンタント」はフランス語で「上がる」状態を示すもので、胸元が露出されていない装いである。ローブ・モンタントは、昼の正装であり、長袖のドレスに、帽子をかぶり、手袋と扇を持つというスタイルである。

美智子妃のウェディングドレスはディオール社がデザインしたことは有名だが、ここまでお読みいただいた読者のなかにはピンときた方もいらっしゃるかもしれないが、残念ながらそのディオールのドレスは大丸が制作したもので、千代が制作したものではない。

しかしながら千代は、少なくともローブ・モンタント等数点の制作を依頼されており、それを裏付ける貴重な制作過程の写真とメモが多数残されている。ここではその貴重な資料を掲載し、検討していきたい。

ローブ・モンタントの柄合わせをしている制作風景

美智子妃のローブ・モンタント（1959年3月、撮影：田中薫。この節内以下同）

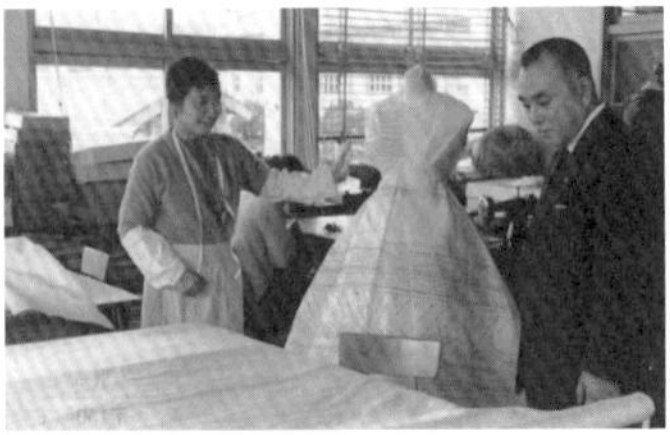
アトリエを訪ねる髙島屋社長・飯田新一

アトリエを訪ねる龍村平蔵と千代

こちらをご覧いただきたいが、千代のとなりにいるのは髙島屋社長・飯田新一（1913–1987）である。この写真にあるローブ・モンタントと髙島屋の関係を詳しく示す資料は残念ながら見つけられていないが、もしかしたら、ローブ・モンタントが髙島屋で、ローブ・デコルテが大丸と、制作を分担していたのかもしれない。

このローブ・モンタントは、香淳皇后が美智子妃のために千代に依頼したもので、朝日が出て夕陽が沈むまでを表す柄であった。京都の龍村美術織物で制作された名物裂のなかから選び、洋服用に柔らかく織り直された生地で作られていた。制作途中の写真には、柄合わせをする様子が写し出されている。一九五九年三月に夫・薫が千代たちの制作風景を撮影した写真は多数見つけ出すことができたが、美智子妃が実際に着用している写真は探し出すことができなかった。また宮内庁へ問い合わせたが、残念ながらそうした写真は現存していないとの回答であった。

さらに、この婚礼時に千代は、香淳皇后と清宮貴子内親王のドレスも制作している。婚礼の主役が美智子妃であったため、香淳皇后の衣装は控えめなデザインを選んだ。生地は、美智子妃のローブ・モンタントと同じく京都の龍村美術織物で制作されたもので、名物裂のなかから、菊が重なった柄を選び、それを織り出した布地が使用された。こちらは冒頭の写真に写る香淳皇后が着用し、千代が制作したローブ・デコルテだと見受けられる。制作中の写真を見ても、同じ柄のように推察される。

香淳皇后のドレスを制作する千代

また貴子内親王のドレスについても制作時の写真が出てきたのでここに掲載したい。こちらもローブ・モンタントである。薫の写真は白黒だが、冒頭に掲載した宮内庁の写真はカラー写真であり、それを見るとこのドレスが可愛らしい淡いブルーのドレスであることがわかる。まだ年若い内親王らしいデザインのドレスとなっている。こうした制作過程の写真は今まであまり公開されることがなかったため、非常に貴重な資料であることがうかがえる。

田中千代と清宮貴子内親王のドレス（同前）

・ローブ・デコルテ――ディオール・ドレス

ローブ・デコルテ（仏：robe décolletée）についても見てみよう。田中千代の服飾事典では、以下のように説明されている。

デコルテは、「衿を取り去った」の意味で、衿あきを大きくくり、首筋や胸、背をあらわしたドレスの総称。婦人の夜の正装とされる。また、夜会服のこともいう。（田中千代 1991：1154）

美智子妃が着用し写真に残されたローブ・デコルテは、クリスチャン・ディオール社が、ウェディング・ドレス三点のデザイン画とトワル（立体パターン）を提供し、先述のように大丸が制作を担当したものである。これらのドレスは、クリスチャン・ディオール亡き後を引き継ぎ同社のデザイナーとなっていたイヴ・サンローランがデザインしたもので、一着は昼のオープン馬車でのパレードで、残りの二着は夜のパーティーで披露された（辻田 2022：30）。

田中千代は、皇太子（当時）・美智子妃のご成婚のために、香淳皇后が美智子妃や清宮内親王に贈るためのローブ・デコルテ五点やローブ・モンタント、旅行用のコートやアンサンブルを合わせた、合計一七点ほどの婚礼衣装を納めた（小川［1984］1992：224–225）。

実際に薫が撮影した写真には、一九五九年三月三一日、皇室への衣装最終納品日の様子が記録されている。そこからは、どの衣装が誰のためのものかを特定することは難しいが、千代が多くの関係者たちと協力して制作に携わっていたことがうかがえる。

また、薫が撮影した写真の横には、「ローブ・デコルテの表地に使われた白とピンクのフランス製のレースにビーズを一万個以上取り付けている様子」などのメモが残されている。当時、これらを仕上げるのがどれほど大変なことであったかは想像に難くない。一万個のビーズが施されたドレスも着用写真が残されていないため、その最終的な形や誰のドレスあったのかは定かではない。

ただし、自身の装いを華美にすることを香淳皇后があまり望まなかった様子がうかがえることから、美智子妃のドレスであった可能性も考えられる。果たして真相はどうであっただろうか。いまも美智子妃のワードローブにこの千代の作品が眠っているのだろうか。いつかこのドレスが日の目を見る機会が訪れるならば、その価値を改めて考察することができるだろう。現存するのはモノクロ写真のみであり、当時どれほど鮮やかな色彩を放っていたのかを知る術はない。それだけに、実物をこの目で見てみたいという思いは尽きない。

先述した映像『田中千代　半世紀の歩み』のなかでも、千代は納品の際には、芦屋のアトリエから駅に出て、特別に寝台車を借りて列車で輸送し、東京駅に到着してからは、紋付に着替えてから皇居に納めに行ったと語っている。輸送の大変さとともに、その責務の重さがひしひしと伝わってくる。

これまで見てきたように、皇室に納めた衣装の詳細はそのほとんどが公開されておらず、不明な点が多い。それでも、このような大事な儀式において田中千代のデザインが採用されていることから見ても、皇室デザイナーとして千代が確固たる地位を築いていたことがわかる。

Ⅲ　千代の後に続いた皇室デザイナーたち

田中千代が香淳皇后のデザイナーとして活動したことは、その後の皇室デザイナーの誕生につながる重要なきっかけとなった。

しかし、敗戦直後、皇室の存在意義が国内外から問われるなかで、宮中出身の最後の皇太子妃であった香淳皇后のデザイナーを務めることと、一般市民の家庭に生まれ、時代の変化とともに皇室に新たな役割をもたらした次世代の皇太子妃である美智子妃のデザイナーを務めることでは、その役割や求められる意義には異なる側面があったのではないだろうか。

皇太子明仁親王と美智子妃のご成婚時に納めた衣装（同前）

それぞれの時代背景や、そのときどきにおける皇室のあり方の変化にともない、その役割もまた、異なる意味を持ち続けていると考えられる。その後、現在に至るまで「皇室デザイナー」として活躍している人々について見ていこう。ただし、誰が皇室デザイナーであるかは具体的に公表されているわけではなく、自らその立場を自認している人もいれば、公に語らない人もいる。そのため、網羅的に取り上げるのではなく、特に知られている数名のデザイナーに焦点を当てることとする。

・芦田淳

一九六六年から一九七六年まで、美智子妃の専任デザイナーを務めたのは、芦田淳（1930–2018）であった。高校を卒業後、芦田はイラストレーターの中原淳一に師事し、二年間秘書を務めた。その後、一九六〇年に高島屋の顧問デザイナーに就任し、高級既製服や子供服の制作に携わっていたところ、宮内庁から皇太子である浩宮徳仁親王（現天皇）の洋服に関するアドバイスを求める連絡が高島屋に入った。これを受け、子供服を手がけていた芦田が東宮御所に招かれ、浩宮親王の服を制作することとなった。またこれが契機となり、のちに美智子妃の衣装も担当するようになった。

当時、興奮した様子を、芦田は以下のように書き残している。

ある朝、高島屋に出社すると婦人服部長が血相を変えて駆け寄ってきた。（……）宮内庁の関係者が高島屋で販売している「少女服」を見て気に入り、推薦してくれたのだという。（……）「ともかく、東宮御所に伺って、皇太子妃の美智子さまと面会してほしい」。婦人副部長の顔も心な

しか上気していた。（芦田 2011：117）

そして、芦田は浩宮用のダブル・ボタンのスーツや礼宮の洋服を仕立てた。その後、今度は美智子妃の衣装デザインの依頼が来たときの状況について、芦田は次のように記している。

「芦田さん。今度、私が着るお洋服の仕立てをお願いしてよろしいかしら。」

やがて、美智子さまからこんなご依頼をいただいた時には、天にも舞い上がりそうなくらいの喜びを覚えた。人生で最高の瞬間だった。大学も満足に出ていないような私が、皇太子妃の衣装をつくるなんて……。父や母が生きていたらどんなに喜んだことだろう。今までの苦労すべて報われた気がした。（同前：121）

芦田淳が美智子妃の皇室デザイナーとなった背景には、田中千代が香淳皇后の専属デザイナーを務め、皇室ファッションにおける民主化の扉を開く先例が既にあったことが大きな要因であったといえるだろう。資料が乏しいため詳細は不明だが、前述した中村及武夫も一九六四年ごろから美智子妃の衣装を制作していたことが確認されている。

芦田は美智子妃の専任デザイナーであった期間中、美智子妃が公式行事や海外訪問の際に着用する衣装をデザインした。その優雅で洗練されたデザインは国内外で高く評価された。

私個人が受けた仕事であったら無理難題もあったかもしれませんが、全て髙島屋経由でしたので、例えば日本中のいい生地を集めることも可能な態勢にありました。美智子様の装いが日本中の女性の関心を集め、一つひとつが話題になるという状況下で、私はひたすら美智子様がよりエレガントに見え、魅力を引き立てる服を作るために、できる限りの力を注ぎました（大内・田島 1996：408–409）。

一九九三年六月九日の皇太子徳仁親王（浩宮）と雅子妃のご成婚に際し、芦田淳は雅子妃の衣装デザインも担当した。一方、雅子妃のローブ・デコルテのデザインは森英恵も手がけており、こちらについては後述する。

・植田いつ子

芦田淳の後、一九七六年から二〇一二年までの長期間、美智子妃の専属デザイナーを務めたのは、植田いつ子（1928–2014）であった。桑沢デザイン研究所で学び、注文服や舞台衣装を制作していた植田は、「ローブ・デコルテのできる方」という条件のもと、『装苑』編集長の今井田勲と、婚約内定後の美智子妃の衣装デザインを担当したデザイナー・越水金治の推薦を受けて、専属デザイナーに任命された。以降、三六年にわたり、植田は美智子妃の公式行事やさまざまな場面での衣装を手がけた。

植田いつ子は次の言葉を残している。

私は以前から、皇后さまには、皇后さまおひとりのスタイルを持っていただきたく思っておりました。形のうえの服のスタイルではなく、わたくしたちとは、全くお立場の違う皇后さまならではの、装いのこころのにじみ出るスタイルです。

なにげなくお召しになりながらも、独自な雰囲気を持つお服と申しましょうか（……）。（植田 2015：36–37）

植田は格式を重んじつつも、美智子妃の気品や優雅さを引き立てるデザインを追求し、そのスタイルは多くの国民に親しまれた。

・森英恵

皇室の専任デザイナーというわけではなかったが、芦田淳とともに、森英恵も雅子妃のウェディングドレスを手がけていた。特に、婚礼パレードで馬車に乗った雅子妃が着用したのは森がデザインしたローブ・デコルテと、それに合わせて作られたジャケットであり、私たちが多くの雑誌やテレビなどで目にしたドレスは森の作品であった。

一般の結納にあたる「納采の儀」で、天皇家から雅子妃のご実家に贈られたシルクジャカードの生地を前に、森は何枚かのデザイン画を用意した。そのなかで、森がデザインしたローブ・デコルテと、パレードの際に着用されたジャケットは、雅子妃の華やかな姿が人々の関心を集め、皇室の新たな時代の象徴ともなった。雅子妃の明るく華やかなイメージに合わせて、ジャケットの襟部分には、大きな白い薔薇の花びらから着想を得た装飾が施されていた。この繊細かつ大胆な装飾のドレスは、森英恵のオートクチュールの技術を駆使したもので、ローブ・デコルテ全体に、気品と華やかさをもたらした。

このパレードの様子はテレビで中継され、美智子妃の時代に続き、再び皇室のファッションに注目が集まる契機となった。雅子妃の装いは、国民のみならず海外からも注目され、そのデザインやスタイルが広く話題となった。

のちに、森英恵は当時の様子について次のように語っている。

当時の皇太子殿下のご婚儀に際し、雅子さまのローブデコルテをおつくりしたのは光栄なことでした。いずれは皇后陛下になられるお立場の方、私の仕事人生のなかでも大きな思い出です。デザイン画を何枚か用意して仮縫いをさせていただきました。出来上がりを気に入って下さり心に残っています。（森英恵「ご婚儀のローブデコルテ」『文藝春秋』二〇一九年一一月号）

皇太子徳仁親王と雅子妃のご成婚（1993年6月9日、宮内庁提供）

またそのジャケットについても以下のように話している。

現役の外交官として活躍されていた方が皇室に入られるという話題で、皇室がにわかに身近に感じられたあの頃。ご成婚パレードの日、上衣のえり元にあしらった花びらが風にふわりと揺れて、雅子さまの笑顔が美しく輝きました。皇太子殿下と爽やかなカップルで、明るい希望を感じました。(同前)

二〇一九年、ファッション・デザイナーの大御所となっていた森英恵は、雅子妃の婚礼衣装としてローブ・デコルテの制作を依頼されたことを、「光栄なこと」と表現している。

それを踏まえると、それより約七〇年前の一九五二年に、田中千代が香淳皇后の装いのデザインを

ジャケット着用した雅子妃(1993年6月9日、『毎日グラフ』1993年6月26日臨時増刊号)

手がけるようになった際に、彼女が感じたプレッシャーの大きさは想像に難くない。

それは単なる名誉ではなく、果たすべき重大な責務でもあった。一九四五年まで、天皇は「神」とされ、国母とされた皇后の存在も同じように神聖視されてきた。田中千代がそうした皇后の装いを近代化し、民主主義国家の「象徴」として、一般社会に開かれた存在として親しみやすい衣装をデザインしていった功績ははかりしれない。

また、田中千代は、「皇室デザイナー」という役割自体を確立し、皇室と一般社会を、ファッションをとおしてつないでいく橋渡しの役割を果たした。その後、この役割は、芦田淳や植田いつ子といった後進のデザイナーたちへと引き継がれ、「開かれた皇室」を体現する装いを提供する「皇室デザイナー」として発展していった。その影響は現在にも息づき、皇室ファッションのあり方に大きな足跡を残している。


皇室の装いは、単なる趣味や好みの問題ではなく、その時々の政治状況や外交、文化政策とも密接にかかわるものであり、皇后や皇族の服装は、日本社会における価値観の変化や国家としての方向性を反映する重要な役割を担ってきた。

若桑みどりが指摘するように、昭憲皇太后の装いに見られる和装と洋装の二重性は、皇室が伝統と近代化の狭間でどのように自己を位置付けてきたのか、あるいは位置付けられてきたのかを示す象徴的な事例である。香淳皇后に着物を提案し、それを定着させた田中千代のデザインもまた、そうした二重性のなかで、皇室の装いに新たな方向性を示したものといえる。

戦後、皇室の存在意義が改めて問われるなかで、美智子妃の装いが注目されたのは、もちろんその美しさも大きな理由の一つであるが、それは単なる個人の選択にとどまらず、皇室と社会との関係を再構築する過程の一環であったからだろう。

田中千代のように、皇室と一般社会の中間に立ち、双方にかかわりを持つデザイナーが、皇室ファッションの変革において果たした役割は大きい。その存在は、単なる服飾のデザイナーにとどまらず、皇室の装いを通じて日本社会の変化を反映し、皇室と国民の関係を再構築する媒介者として機能していたといえる。この流れは、中村乃武夫や芦田淳、植田いつ子といった後のデザイナーへと受け継がれ、皇室ファッションの在り方をさらに発展させる要因となった。

皇室の装いは、単なる個人の選択ではなく、時代ごとの社会的・政治的文脈のなかで新たな意味を帯びながら変化を遂げてきた。その変遷のなかには、伝統と近代、西洋と日本、格式と親しみやすさといった対立する要素が共存しており、まさに日本社会の二重性を体現するものとなっている。そして現在に至るまで、皇室の装いは単なる服飾の領域を超え、日本の文化的アイデンティティを象徴する重要な要素であり続けている。

第5章　田中千代のデザイン観

第1章から第4章では、田中千代の活動を「越境性」と「グローバルな視点」に焦点を当てて考察した。本章では視点を変え、田中千代のデザインの具体的な特徴とその背景にあるデザイン観に焦点を当てる。千代自身は「私のデザイン感覚の大部分はここで養われた」（田中千代 1948a：117）と述べているように、オットー・ハース＝ハイエやヨハネス・イッテンのデザイン理論から多くを学んだ。しかし、千代がそれらの理論を体系的に語ることはなく、断片的な回想にとどまっている。そもそも、ハース＝ハイエからは感覚を重視するためにノートは取るなといわれていた。そこで、千代が受けたと考えられる影響をバウハウスの造形教育理論、特にハース＝ハイエが取り入れていたヨハネス・イッテンのデザイン論や、同じくバウハウスで教鞭を執ったワシリー・カンディンスキー（Wassily Kandinsky, 1866–1944）の抽象絵画の構成理論から田中千代が受けたと考えられる影響について考えてみたい。彼女の言論や教育活動で示されたデザイン観を分析し、彼女のデザインの基盤にあったと推測される造形理論を明らかにしてみたい。

さらに、戦後の彼女のデザインの変化と当時のモダン・アートとの関連性、さらには同時代の他のファッション・デザイナーとの比較を通じて、田中千代の位置づけを探っていきたい。

I　田中千代作品の特徴――バウハウスの造形理論との関連について

田中千代の作品には、ハース＝ハイエから学んだバウハウスの造形原理がその根底にある。したがって、ここでは、田中千代のデザインの特徴をバウハウスの造形原理「点・線・面」の観点から考察する。この分析には、デザイン史家・常見美紀子の研究で論じられている「点・線・面」の議論[*1]を手がかりにした。

1　点――視覚表現の最小単位としての役割

田中千代のデザインにおける「点」の活用は、視覚的なインパクトと緊張感を生む要素として機能している。「点」は、幾何学上は単なる位置を示すものであり面積を持たないが、視覚的には最小の形態の要素である。「点」は内側から外側へ広がる性質を持ち、点が大きくなると求心的緊張が弱まる一方、小さな点は求心性が強くなる。また、面積に対して点が小さすぎると、点として知覚されにくくなることもある。本質的に「静止」を表すものであり、「点」が一つの場合、視線はその一点に集中し強い視覚的インパクトを生む。「点」が二つであれば視線は動きを生み出し、三つであればそれらの間に面を感じるようになる。

・点の活用――集積・配置・テキスタイル・デザインとしての役割

田中千代のデザインには、「点」が重要な視覚要素として頻繁に用いられる。「集積する点」「平面上の点」「テキスタイル・デザインとしての点」の三つの視点から（文部科学省編 2013：41-54）、千代の作品における点の役割を見てみよう。たとえば、装飾要素として配置されたボタンや刺繍は「集積する点」として、デザイン全体のバランスや視線誘導に寄与している。また、プリント模様としての「平面上の点」は、テキスタイルデザインの一部として、千代が提唱した機能的かつ美的なデザインの一端を示している。

(a)集積する点

「集積する点」は、複数の点を「重ねる」「接合する」「通す」ことで「面」を構成する造形行為を指す。たとえば、最もわかりやすい例として《Hラインのスーツ》（一九五四年）が挙げられる。このスーツは、黒地の生地を使用したジャケットに、首元から裾まで狭い間隔で配置された小ぶりの金色のボタンが特徴的である。ボタンの厚みと集積した点の存在感によって、視線が自然と点の生み出す縦のラインに誘導され、身体の中心線が女性らしく優美に見える構造になっている。これは、点の配置が生み出す視覚的効果を巧みに活用したデザインの好例である。

《H ラインのスーツ》1954年
撮影：加藤成文

また、日本の甲冑が小さな「こざね」を紐

でつなぎ合わせて構築されるように、《ラップ式パンタロンのイヴニングドレス》（一九七三年、口絵）では、素材の形状や接合によって面が形成されている。ここでは、一九六〇年代に流行したフランスのデザイナー、パコ・ラバンヌ（Paco Rabanne, 1934–2023）の未来的なメタル服の影響が見られるが、千代はこれを民俗衣装から着想を得てアレンジしており、オリジナルな表現となっている。

(b)平面上の点

ボタンや刺繡などの「点」を衣服上に配置する手法は、ファッション・デザインにおいて広く用いられている。田中千代の作品《いかり肩スーツ》（一九四五年、口絵）では、襟元や胸部に沿った三つの大きなボタンが縦長の印象を強調し、シャープで力強い女性像を表現している。一方、《チューリップラインのスーツ》（一九五三年）は、六つの小さなボタンと柔らかい曲線の襟を用いることで優美さを引き出している。また、晩年の作品《銀メタリックのワンピース》および《金メタリックのブラウスとビニールのスカート》（ともに一九六七年）では、前面中央に配された金属突起の点のかたまりが視線を惹きつけ、モダンな鋭さを演出している。

また、「点」によって動きを表現した例としては、《スーツ　森の精》（一九五一年、口絵）がある。ボタンを「V」字型に配置することにより、観る人の視線を動かす仕掛けとなっている。《オレンジ白縞ジャージのワンピース》（一九六七年）などのデザインも、ボタンを機能的な要素としてではなく、視線を誘導するためのデザイン要素として活用している。

《チューリップラインのスーツ》1953年

左《銀メタリックのワンピース》右《金メタリックのブラウスとビニールのスカート》1967年

左《オレンジ白縞ジャージのワンピース》右《ブルー白縞ジャージのワンピース》1967年

《オプ・アート柄のワンピース》1972年

この頁内すべて、撮影：加藤成文

(c)テキスタイルデザインとしての点

テキスタイル上にプリントや織柄で表現される水玉模様は、「点」の表現として多様な可能性を秘めている。水玉の大きさや配置、地の面積との比率、配色、構成方法を変えることで、さまざまな表現が生み出される。千代の作品には水玉柄の布地は少ないものの、《オプ・アート柄のワンピース》(一九七二年)は、モダン・アートへの関心と一九五〇年代後半から六〇年代のオプ・アートや一九七〇年代のサイケデリックな雰囲気を反映しており、点の配列が視覚のダイナミックな動きを生み出している。

2 線の活用——直線と曲線の多様な表現

田中千代のデザインにおいて、「線」は形状を構成し、動きや印象を生む基本要素として活用される。ここでは、「集積する線」と「テキスタイルデザインとしての線」に焦点を当てて見てみよう。

「点」が連続すると「線」となり、田中千代は線が形を構成する基本であると考えていた。服の形状はさまざまなシルエットを生み、動きや印象が表現される。スピード感を示すために、二本の線の先端を合わせた角を用いるのは、その二本の線が動きや速さを感じさせるからであり、単に置いてある一枚の服に動きを感じる場合は、服を構成している線の力のなすものである。

「線」には「直線」と「曲線」の二種類があり、「点」が一方向からの力によって押されたときにできる「線」で、静的で安定感を、曲線は複数の方向からの力で「点」が動かされてきたときにできる軌跡が作る「線」であるため、動的で躍動感を表現する。

《こぎんのワンピース》《こぎんのセパレーツ》1967年（撮影：加藤成文）

田中千代、《グランド・ワルツ》1951年

(a)集積する線

「線」は、「つなぐ」「垂らす」「組む」「織る」「編む」などの行為を通じて、「面」を構成する。田中千代の作品には、「線」の要素が多用されているが、たとえば欧米留学から帰国直後に手がけた初期の代表作品《パジャマ・ドレス》（一九三二年、口絵）では、短冊状の紺と白の布を縫い合わせることでストライプ模様を作り、立体的な面を形成している。また、《チュールとサテンのイヴニングドレス》（一九三四年、口絵）や《グランド・ワルツ》（一九五一年、口絵とカバー）では、細長い線状の布を縫い合わせることでスカート部分の面を作り出しており、動きと奥行きを表現している。

(b)テキスタイルデザインとしての線

田中千代は、プリントや織柄を用いて「線」の多様な表現を追求した。たとえば、《手染めのス

《竹柄帯のトレーン付イヴニングドレス》1962年

《博多帯のミニスカートとウール・マントー》1967年

《リゾートウエア　アクアゴッド》1974年

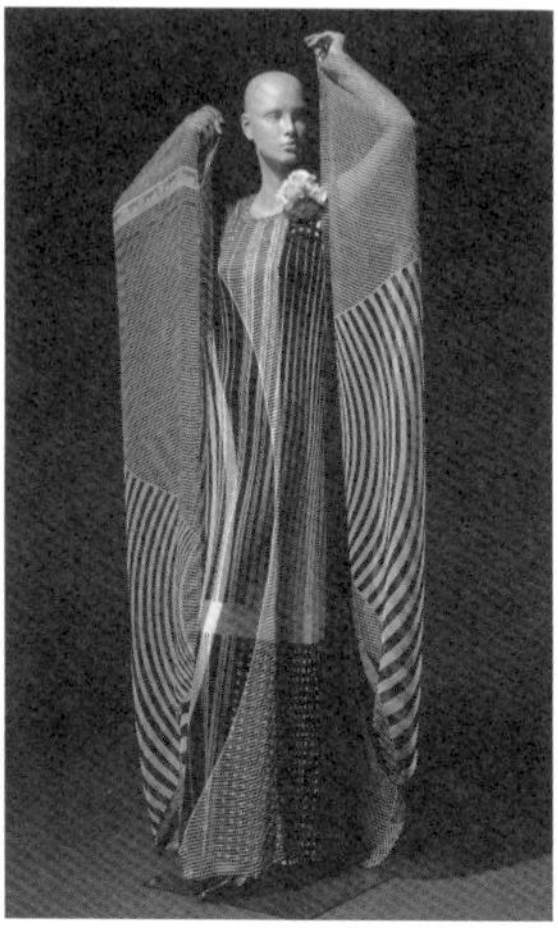

《オプ・アート調のイヴニングドレス》1975年

この頁内すべて、撮影：加藤成文

トラップ・ドレス》(一九四九年、口絵)では、まるで生きているかのような、力強いフリーハンドの線が特徴であり、アメリカの抽象表現主義やフランスのアンフォルメルに通じるようなデザインとなっている。《こぎんのワンピース》(一九六七年)や《博多帯のミニスカートとウール・マントー》(一九六七年)では、日本の伝統的な布地のリジッドな直線が服のデザインに取り入れられ、《パンタロン・ドレス》(一九六七年、口絵)では手拭いの線が見事にデザインとして融和している。《竹柄帯のトレーン付イヴニングドレス》(一九六二年)は竹の絵が見事に服のデザインへと昇華され、日本らしさを感じさせながらも洗練されたモダン・デザインのドレスとなっている。また、オプ・アートの錯覚効果を取り入れた《リゾートウェア　アクアゴッド》(一九七四年)や《オプ・アート調のイヴニングドレス》(一九七五年)など、田中千代の作品には多彩な表情を持つ線の表現が見出される。

3　面の加工——立体的表現への展開

「面」は、「線」に動きを加えることで形成される。田中千代のデザインでは、布の表面に工夫を施し、二次元の素材である布地を三次元の立体として表現する技術が多用されている。①ドレープの活用、②巻く、③折りたたむ(プリーツを入れる)、④ダーツを入れる、⑤シワを寄せてギャザーを入れる、⑥フレアをつける、⑦切り込みを入れる、⑧切り抜く、といった技法が用いられている。

なかでも、ドレープの活用と巻く技法は、民俗衣装を研究した千代だからこその表現となっている。ここではその二つの要素を見てみよう。

《黒サテンのサッシュ付ドレス》
1948年

《ふくれ織のワンピース》1948年

左《白地に黒縞シャフト・ヘムのイヴニングドレス》右《黒地に白縞シャフト・ヘムのイヴニングドレス》1991年

《黒とブルー・ジャージーのイヴニングドレス》1985年

この頁内すべて、撮影：加藤成文

(a)ドレープの活用

田中千代の作品において特に多く見られるのは、①ドレープである。たとえば、《黒サテンのサッシュ付ドレス》（一九四八年）では、腰やスカートに施されたドレープが、サテン生地の特性を生かし、身体に沿って滑らかな質感を演出しつつ、立体的な奥行きと豊かさを生み出している。同年にデザインされた《ふくれ織のワンピース》は、布地自体に細かな凹凸感のあるふくれ織を採用し、さらにスカートやベルト部分にドレープを施すことで立体感を強調している。

(b)巻く技法

また、②巻く技法も多く取り入れられている。《黒地に金ブロケードのイヴニングドレス》（一九五六年、口絵）や《疋田絞りのイヴニングドレス》（一九六二年、口絵）では、ドレープとともに「巻く」手法を取り入れたことで、民俗衣装に見られる左右非対称のリズム感を生み出している。また、《黒とブルー・ジャージーのイヴニングドレス》（一九八五年）は、インドのサリーのような構造を参考に、布を身体に「巻く」行為そのものをデザインに取り入れた作品である。最晩年の作品《白地に黒縞シャフト・ヘムのイヴニングドレス》や《黒地に白縞シャフト・ヘムのイヴニングドレス》（ともに一九九一年）などは、「一枚の布」を巻いたもので、民俗衣装的要素がモダン・デザインに昇華しているわかりやすい例である。

このように、田中千代の作品には、初期から晩年に至るまで、バウハウスの造形理論「点」「線」「面」

が根底に存在している。千代の作品は、過剰な装飾を排し、シンプルで実用性を重視したデザインが一貫してその基盤となっている。バウハウスの造形理論は国際的なデザインの共通言語として機能し、「点」「線」「面」「立体」といった純粋形態の概念を軸に、民俗衣装から現代のモードまでを共通の基盤上で捉えることを可能にした。千代は、このモダン・デザイン理論を基盤に、民俗衣装の要素を取り入れながら、日本のモダン・ファッションとして独自の作品に昇華させたのである。

田中千代の作品は、単にアーティストとしての自己表現を目的としたものではなく、日本の女性が日常生活のさまざまな場面で快適に過ごせるよう配慮されたマスに対してのデザインであることが特徴である。そのため、千代のデザインは、ひと目で「田中千代」とわかるような強い個性を押し出すものではなく、むしろ着用者の日常に寄り添い、生活を豊かにすることを重視した着心地の良さが際立っている。その場にふさわしく調和しながらも、装うことでその空間や場面を引き立てる、実用性と創造性を兼ね備えたデザインである。

II　活動初期のバウハウスの影響について

1　ヨハネス・イッテンのデザイン論とワシリー・カンディンスキーの「点・線・面」

田中千代のデザイン教育の基礎は、彼女が師と仰いだオットー・ハース＝ハイエおよびヨハネス・イッテンにあるといえる。ハース＝ハイエは、バウハウスの基礎教育を築いたヨハネス・イッテンと親交があり、そのデザイン論はイッテンの教育理念に影響を受けたものであった。また、ハース＝ハイエはチューリヒを離れる千代に対し、イッテンが教鞭を執っていたイッテン・シューレでの学びを勧め、千代は短期間ながらもイッテン・シューレに通うこととなった。

一九一九年に建築家ヴァルター・グロピウスによって創設された革新的な造形学校バウハウスは、「芸術と技術の融合」を目指し、ロシア構成主義の抽象的形態と造形手法を造形理論の文法として体系化した。バウハウスの基礎造形の予備課程では、形態、色彩、素材、テクスチャーといった要素を基礎に、触覚的な訓練と実習をとおしてその特性と可能性を学ばせる教育を行った（常見 2003：53）。特にイッテンが重視した触覚を発達させる教育は、ファッション・デザインに新しい視点を提供するものでもあった。千代もハース＝ハイエおよびイッテンからこの教育を受けたと推測される。

イッテンはバウハウス基礎課程の教育指針として、以下のような方針を掲げている。

・学生たちの創造力を自由に解放し、彼らの芸術的天賦の才能を伸ばすこと。学生たちの経験と認識から、学生たちを真正な制作に向かわせるようにすること。学生たちを次第にすべての因習から離脱させ、自由創造的制作意欲を振起するよう勇気づけること。

・将来芸術家としての天職を全うさせるために、学生たちに造形美術家に必要な物をつくる技術と、その根本原理を伝達すること。形態と色彩に関する諸法則の研究を通して、学生たちの眼を客観的世界に向かって開かせること。（イッテン［1963］1970：12）

これらの教育理念は、ハース＝ハイエがチューリヒの服飾デザイン学校で伝えようとした内容と極めて近いものであると考えられる。千代が創作の喜びを知り、それを日本で展開しようと考えたことは自然な流れであった。

また、イッテンの著書『造形芸術の基礎』では、彼が基礎課程で行った授業の一例として、レモンの描写を用いたエピソードが紹介されている。学生たちが幾何学的な形態を学ぶための練習と早合点したので、イッテンはレモンの皮を学生たちに一片ずつ渡し、レモンの持つ本質的で内在的なものを捉えるよう指導した（同前：56）。この指導方法は、ハース＝ハイエが千代に課した葉のスケッチ試験のエピソードにも通じるものである。

さらに、イッテンは教育の本質について次のように述べている。

それぞれの学生自身の固有の才能こそ、自由に伸展されなければならない。形態や色彩に関する客観的法則とか、それらのものの取り扱い方に関する造形的原理というものは、その学生自身の個性的な造形能力を無限に増大させることを助けるだけのものであり、その学生の創造的才能をのばすための補助的役割を演ずるものに過ぎない。（同前：202）

究極的には造形原理は各自の個性的な造形能力を伸ばす手助けにしかならない、というイッテンのこの考えは、規則を重視する傾向にある日本の教育方法とは異なり、千代に自身の感覚や表現力の重要性を教える機会となったと考えられる。

また、田中千代が直接指導を受けたわけではなかったが、彼女の蔵書にもあったロシア人抽象画家カンディンスキーの著書『点と線から面へ』（［1926］2020）は、千代のデザイン観に影響を与えた。バウハウスで「抽象的形態の要素」と「分析的デッサン」を教えたカンディンスキーは、同書において絵画を「点・線・面」と色彩の対比、さらに「シュパンヌンク（緊張）」の要素から構成されるものとした。

2　戦前の日本におけるバウハウスの構成教育

日本のモダン・デザイン史は一九三〇年代に始まり、五〇年代の戦後復興期に飛躍的に発展を遂げた。その基盤を築いたのがバウハウスの教育である。日本におけるバウハウスの教育導入は、建築家・川喜田煉七郎（1902–1975）が一九三〇年ごろに自宅に「新建築工芸研究所」を設置し、翌三一年には「生活構成研究所」を創設したことから始まる（常見 2001：43；常見 2002：9）。さらに同年六月、一九二七年から二九年にかけて文部省留学生としてバウハウスに学んだ水谷武彦（1898–1969）とともに、文化学院で「生活構成展覧会」を開催したことで、バウハウス教育が広く知られるようになった。「構成」という言葉はドイツ語のゲシュタルト（Gestaltung）を翻訳したもので、水谷が翻訳者としてこの用語を導入した。川喜田は構成教育について、「日常生活の身近なものを新しい視点で見直し、制作におけるコツを摑む教育」と説明している（川喜田、武井 1934：1）。また、伊東茂平との共著では、構成教育を『婦人画報』（一九三四年八月号）にて「総ての材料、色彩、構図等を人間の感覚を通して、綜合したり、分解したりする新しい学問」と表現している。

「生活構成展覧会」では、水谷の指導のもと、構成教育に基づく作品が展示され、バウハウス教育の内容が日本で具体的に示された。この成果はのちに川喜田と武井勝雄の共著『構成教育大系』（川喜田、武井：1934）としてまとめられ、それは、構成教育の初の研究書兼指導書となった。

川喜田は「生活構成」を「科学」と「経験」の重視により生活全体を再構成することと定義し、研究方法については「科学的考察」と「実践」の一体化を提唱している（常見 2001：43）。一九三三年五月には、この活動が銀座の「新建築工芸学院」へと発展した。同学院には女子美術専門学校出身の桑沢洋子も入学し、彼女はのちに日本のモダン・ファッション振興に寄与するデザイナーとなった。

ファッションにかかわる点でいえば、一九三四年一月から七月までという短い期間であったが、新建築工芸学院には洋裁科と織物科が開設された。織物科では実際にバウハウスで学んだ山脇道子が、洋裁科ではアメリカで裁縫手芸を学んだ景山静子が指導にあたった。

洋裁科の特徴は、スタイルブックの模倣を廃止し、自身の創作物としての服を作るために、マネキンに直接ハトロン紙や布地をかけて立体裁断を行い、日本人の体型に合わせて服をデザインすることにあった。また、書籍『構成教育大系』には「洋装の話」というトピックを設け、外国のスタイルブックと日本人の体型が異なる点を踏まえ、自らの体型をもとにどのようなデザインが似合うのか、その構図を分析しつつ、不具合や改善点について具体的に図示しながらプロポーション指導がなされていた（川喜田、武井 1934：507–509）。これが実際の授業として展開されていたのである。常見美紀子が指摘するように、新建築工芸学院の洋裁科が、当時の洋裁技術中心の洋裁学校の教育とは異なり、モダン・デザインを重視した教育を行っていたことは特筆すべきことである（常見 2003：55）。

一九三五年にはのちにグラフィック・デザイナーとして活躍する亀倉雄策（1915–1997）が入学し、また草月流いけばなの創始者・勅使河原蒼風（1900–1979）も戦前、同校に在籍していた。バウハウスの教育方法を実践した構成教育の理念は、新建築工芸学院外にも広がっていった。たとえば、伊東茂平は一九三四年に川喜田の構成教育に興味を持ち、虎ノ門のイトウ洋裁研究所に講師として招いた。このとき、川喜田の生徒として同行して来たのが桑沢洋子であった。伊東は、川喜田の構成教育をイトウ洋裁研究所の教育に取り入れ、また伊東に勧められて桑沢は伊藤のもとで洋裁を学び始めたのであった。

また、先述の『婦人画報』（一九三四年八月号）では、伊東と川喜田は洋装の構図に焦点を当てた記事を執筆し、雑誌メディアを通じて中上流階級の女性にも構成教育の理念が広がっていったのである。当時のファッション教育における構成教育の影響は幅広くおよんでいった。こうした教育と情報発信は、戦前の日本におけるモダン・デザイン教育の多様性を広げ新しい視点を提供する基盤となった。

田中千代は一九三二年に神戸に洋裁教室を設立しており、新建築工芸学院と同時代にハース＝ハイエから学んだイッテンの造形教育のエッセンスを独自に取り入れてファッション・デザイン教育を行った。一方、新建築工芸学院では実際にバウハウスで学んだ山脇道子が直接指導していた点が大きな違いであったが、理想としていたものは同じであったと推察される。

3　同時代にイッテン・シューレやバウハウスで学んだ日本人たち

オットー・ハース＝ハイエがノートを取らないよう指示していたこともあり、田中千代がハース＝ハイエやヨハネス・イッテンから学んだ内容は、断片的な走り書きのメモとして残っているに過ぎない。そのため、千代が学んだデザイン教育の詳細は不明である。したがって、彼女と同時代にバウハウスや類似のヨーロッパの教育機関でモダン・デザインを学んだ日本人たちの留学経験に注目し、千代が受けたであろう教育の手がかりを探ってみたい。

最初にバウハウスで学んだ水谷武彦に続き、バウハウスで学んだ日本人が三人いた。その一人が大野玉枝（1903–1987）である。彼女は、ドイツ文学者である夫・大野俊一（1903–1980）の渡欧に同行し、パリやベルリンに滞在した。一九三三年四月四日にバウハウスに入学したが、同年夏にはナチスによって学校が閉鎖され、実際に学んだ期間はわずか四か月余りであった（常見 2008：64）。

山脇巌（1898–1987）・道子（1910–2000）夫妻は一九三〇年一〇月にデッサウのバウハウスに入学し、基礎教育を受けたのち、道子はテキスタイルを学び、一九三二年一一月まで滞在した。山脇道子は帰国後、一九三三年五月一日から東京・銀座の資生堂ギャラリーで「山脇道子バウハウス手織物個展」を開催し、これがバウハウスのテキスタイルに関する作品や展示をした日本で初めての機会となった（山脇 1995：127）。また、道子は新建築工芸学院の織物科で一九三四年七月まで講師を務め、さらに同年、自由学園工芸研究所でもテキスタイル指導に従事した。[*2] 彼女は後年、自伝『バウハウスと茶の湯』で、バウハウスで学んだことを「ものを見る眼」という言葉で表現している（同前：146）。田中千代もハース＝ハイエやイッテンから学んだことは「ものを見る眼」だというエピソードを書き残しており、両者が挙げたこの「ものを見る眼」は、バウハウスのデザイン教育において個々の視覚や感覚が重視されていたことを示している。

バウハウスの他に、チェコの国立工芸学校やイッテン・シューレに留学した人物もいた。自由学園の山室光子と今井和子である。自由学園は、子どもたちの生活のなかに学びの場を設け、より良い社会を創り上げるために思考し、行動できるための人材教育を行っていた。『婦人之友』誌では家庭生活の合理化を追求し、実践的な解決策の数々を提案していた。田中薫・千代夫妻が渡欧する前から、洋装化に向けて洋裁教育や簡単な洋服作り、型紙の販売に熱心に取り組んでいた。一九三一年七月から一年半にわたり、山室と今井は自由学園の支援を受け、工芸研究所設立に向けてヨーロッパの美術工芸を学ぶために派遣され、一九三二年一一月に帰国した。帰国後、留学報告会が開催され、その様子が一九三三年一月号の『婦人之友』に「最近のヨーロッパ諸国の工芸を語る」[*3]として掲載されている。イッテン・シューレは、バウハウスがデッサウに移転したころに設立されたもので、まず明暗の研究をはじめとする基礎から教えられていた。山室と今井は、当初どのような課題にも曖昧さを感じ、雲を摑むような心境にあったが、次第にイッテンの学習方法やアプローチが自由学園の工芸教育にも大きな貢献をもたらすものと確信するに至っている。

こうした記述からも、田中千代がオットー・ハース＝ハイエやヨハネス・イッテンの指導のもとで、イッテンやカンディンスキーによる造形理論と、イッテンが重視する個人の感覚に基づく教育を学び取ったことが推測できる。

Ⅲ　田中千代のデザイン観の変遷

田中千代は「デザイン」をどのように捉えていたのか。戦前と戦後の千代の主な著作を通じて、千代のデザイン観の変遷をたどってみよう。

千代は四年間にわたりラジオで朝の三分間番組を担当したが、一九五六年の初回放送では「デザインと哲学」について話をしている。そのなかで千代は「二五年間、布と対話をしてきた」と述べ、長年ものを観察し続けるうちに、単に目で見ているだけでなく、心にも通じていることに気づいたと語っている。「はじめは見ることは目で見ることだけである、というように考えていましたが、近ごろでは決してそうではなくて、目で見るという官能から入って来ても、最後には必ず、人間の感情と結びついているということです。そこにデザインの面白さがあるとつくづく思」ったとし、「どの仕事もある一部分の官能でみているけれども、それが最後には人間追求のところまで到達する」（田中千代 1960：8–9）と語っている。また、ハース＝ハイエの授業の様子についても次のエピソードを残している。

> ハスハイエ〔ママ〕先生はまるで生物学者であるかのように根ができ双葉が土の上にあらわれ、そこから伸びていく様子まで詳しく説明し、そこには命の尊さや太陽や雨の恵み、風の方向などがあり草

や木が育っていくのだと教えてくれた。そして一つの草をきめ常にそれを観察し寸法を計りその時間的経過と空間的結びつきを調べさせられ、スケッチさせられた。自然の中に美しいプロポーションやハーモニー、リズミカルな動きがあることを教えられたわけである。(田中千代 1982b：282)

千代は当時、ハース＝ハイエの意図を深いところまで理解しきれていなかったと謙遜しつつ、こうした訓練のなかに「教える」ということより、教育の重要な要素である「引き出す」ということが潜んでいたのではないかと晩年に考察している。こうした発言からも、千代のデザイン論の根幹には、ハース＝ハイエによる「感覚を総動員して観察する」という創造的なデザイン教育があることがわかる。

1　『新女性の洋装』(一九三三年)

千代はヨーロッパ留学中から現地でのモダン・ファッションのあり方や日本での取り入れ方について、雑誌『婦人之友』と『婦人画報』に寄稿しており、帰国後も婦人雑誌を中心に、洋裁の技術に加え、服飾の考え方やヨーロッパでの流行、着こなしに関する記事を執筆した。当時、洋装についての知識がそれほど普及していなかったため、欧米での体験や知見を生かして書かれた千代の寄稿は、洋装の啓蒙者として広く求められていた。一九三一年の帰国後、一九三二年に書いた原稿をまとめた『新女性の洋装』は、日本で洋装をベースにしたファッション論を扱った、千代の初めての著書である。

戦後一九四九年には『新服装読本』が『新女性の洋装』とほぼ同じ内容で出版され、洋装に関する千代の思想が広く知られることとなった。まずは、千代の所信表明ともいえる『新女性の洋装』から内容を見ていこう。

序章では千代の「服飾」と「デザイン」の定義を確認してきた。また、すでに『新女性の洋装』に表明された千代の言葉の定義や改良服の行き詰まりについても確認してきた。したがってここでは、前述していない千代のデザイン観について要点を確認してみよう。

『新女性の洋装』箱書影

自序で千代は、「働き、強く生き、清く憩ひ、明く思索」する時代の服飾には洋装がふさわしいとして「日本には日本の洋装を」と掲げ、「世界的アラ、モードの中に毅然たる自己を見出す」という自身の標語や決意を表明している。また、服飾研究には学問的研究と実践的研究があるとし、同書では実践的研究を中心に展開する意図を示しつつ、日本服が「用の美」に適さず、また服飾美の中心である「動の美」が欠けているため、推奨できないと述べている。そして、服飾における「動の美」の重要性を訴えている。

千代は服飾を「総合の美」と捉え、絶対的な美はなく、自由でありながらも、慎ましく自己を主張することが求められると述べている。服飾のデザインには、衣服としての構成的な要素と美の表現として文化的欲求を満たすような装飾的要素が必要だと主張する。何より、デザインは抽象的で精神的なものを具体化する創作であり、創作者の個性が重要であると強調した。そのうえで洋装普及の意義は、デザインの尊さや面白さを伝えたことにあると述べている。さらに、色や線など実践的なデザイン方法を紹介し、読者が洋装について理解し、洋服を作る際や選ぶ際の基準を明確にしている。そのため、当時の女性たちにとっては教科書的な存在であったと推測される。戦後再版された背景には、こうした事情があったと考えられる。

2 『私の衣服研究』(一九四八年)

戦後の田中千代のデザイン観を表す代表的な書籍が『私の衣服研究』である。本書は敗戦後すぐの洋裁ブーム初期に執筆され、『新女性の洋装』が主に洋服中心のファッション論であったのに対し、幅広い衣服研究を取り上げている点が特徴的である。田中千代は人類と装いについて、時間軸(服飾史)と空間軸(地理的分布、民俗衣装を含む)から語る包括的な書物のなかで千代は出版の目的を、次のように述べている。

これからの日本人は国際的な立場に立って行こうとしている時であるから、衣服の面においても国際的でなければいけない。そこに大きな改良問題がある。その時に当たって、衣服の持つ目的、性能、構造を根本的に知ることにつとめなければ、ほんとの改良はできないと思う。

そして、洋裁の技術やスタイルだけでなく、根源的なところから装いについて知っておくべきだと力説する。

今、私たちが着ている着物というものが、果してどんな理由をもって存在するかどうしてこんな形や色をしているのか、そうしたことを理解した時に、はじめて合理的な衣服生活も生れるし、進歩的な改良もできるとおもう。外国からだんだんとファッションブックも入って来る時であるが、ただそういうものにまどわされることなく、衣服の真髄をつかんで正しい進歩をしていただきたい。（田中千代 1948a：はしがき）

『私の衣服研究』書影

この書では、衣服の歴史、構造と発展、衣服と身体、衣生活、民俗衣服収集の旅についてなど、千代の体験を踏まえた多角的な視点から検討されており、時間と空間を超えた衣服の普遍性と、その一方で地域に根ざした衣服の特性について論じている。当時の洋裁教育者やデザイナーが西洋の衣服をそのまま取り入れて日本の服装にすることに主眼を置いていた時代に、千代は日本人の装いを大きな多角的な視点で捉えようとしていた。

3 「私のデザイン・ノート」(『婦人画報』一九五二年一一月号)

田中千代は戦前から数多くの雑誌にデザイン論を寄稿してきたが、ニューヨーク大学からの帰国後、一九五二年の『婦人画報』(一一月号)に「私のデザイン・ノート」を掲載した。ここでは、戦前・戦後の欧米留学を経た後の千代のデザイン観が簡潔に示されているので少し長いが紹介しておきたい。千代はデザインについて「受胎」のようなもので、実際に形にして創り上げるまで、自分の力で育てなければならないとしたうえで、(1)美しさを見つけること、(2)点から形を作ること、の二つの側面を具体的に紹介している。

「美しさを見つける」については、千代はイッテンやハース゠ハイエからの影響を強調している。「なぜ美しいか」理論的に見る訓練を続ければ、批判力と秩序立った構築力が養われると考えていた。また「美しい」という感覚的な見方は、理論化することができなかったとしても、経験を積み重ねることで、いつか納得に至るものとしている。

「点からかたちをつくる」方法は、イッテンやハース゠ハイエ、カンディンスキーを含むデザイン理論の影響を受けたものである。千代は、あらゆるものの形のもとは点だと教え、点は位置を示しているに過ぎず、何の目的も性格もない純粋なものであり、次の段階でどんな形へも発展し得る可能性を持った明るい、希望のある存在だとしている。白紙の上に点を描き、紙を見ながらだと知っている形を描いてしまうので、天井を見ながら点を配置して、次に点から点へと自分の意志を加え、点の誘うままに線を引く。この一つひとつの形は、どこにもない未知の形である。さらに無駄な線を消したり、曲線で結んだりしてプリント模様を作ってみる。点から形へと発展していく、独創的な一つの過程として図を配しながら示している。ここで千代が重視しているのは「偶然性」と「オリジナリティ」である。

千代は、デザインされた形の要素は「曲線」と「直線」に大別されると述べている。木の葉、蔓、水の流れ、山、石ころ、花、動物など、自然の形は曲線の無限の変化で構成される一方で、建物など人工物には直線が多い。デザインする人には、身近なものの形や動き、表情に親しみ、自分のなかに受け入れていく訓練が大切だと指導している。

また、千代は平面を立体化する、一番初歩的な勉強法としてペーパー・スカルプチャー（紙彫刻）による立体化の練習を紹介している。紙を折ったり曲げたりすることで立体が生まれる仕組みを通じ、形が光と影によって立体感を持つことを理解させている。布に立体感を与える「プリーツ」「ドレープ」「ポケット」「切替線」についても具体的に説明し、「シルエット 立体と量感」というテーマでニューヨーク大学での学びを伝えている。立体を知るためには実際に彫刻を作ってみることが重要であるとし、初めて面と面をつなげることの難しさを学んだ経験を語っている。

「コラージュ」という異素材を調和を考えながら構成する方法や、「曲線から立体化へ」というテーマでどこまでも螺旋状の形態を保ちながら発展していく蔓の形について紹介し、点に比べると自由度は低いがリズムを持った新しい感覚として、レビューの衣装や新しい建物、家具などに用いられていることが多いと紹介している。

最後に、「デザイナーは何を学べばよいか」という問いに対し、他人の模倣ではなく、発見と創造を積み重ねる重要性を説き、豊かな感性を育むことが肝要であると述べている。

こんな方法や考え方もあるという例にしてあなたのデザイン・ノートをつくっていただきたい。それには、どんな小さな思いつきや、発見でもよい、決して、モード雑誌の写しや、人真似でないものを、コツコツとつくってゆくことである。そして、うんと欲張りになって、いろんなものを出来るだけたくさん見ることが大切である。理論的に納得してゆくと同時に、あなただけの美しい感覚を大事に育ててゆかなければならない。

田中千代は生涯にわたり、自己の感性と経験を通じてオリジナリティを追求することの重要性を説き続けた。彼女のデザイン観は、戦前の留学でオットー・ハース＝ハイエから学んだ美的教育を基礎としつつ、異文化との出会いを経て独自の感覚を発展させたものであった。

4　教育内容に見る田中千代のデザイン観

田中千代がどのような教育を実際に行っていたかについて、詳細な記録は残っていない。彼女は多くの雑誌に寄稿していたが、田中千代服装学園での授業内容に関する直接の資料は乏しい。晩年の教育内容については証言やインタビュー記事から推察され、千代が教えていたのは意匠学、すなわちデザイン論が中心であったとされる（小川 1984：29）。デザインの講義では、音楽を聴きながらリズムに注目し、耳から入る音を頭のなかで視覚的に変換し、リズムを図案化するという課題が出されていたことが記録されている（田中千代学園編 1982：173–174）。

また、学園教職員のための参考資料、田中千代学園『合併授業文化講座―講義・ノート―一九五二年一月二七日〜一九五五年一二月一四日』（一九五五年）には、千代が行った一一の授業の要点がまとめられている。テーマは「デザインについて」という概念的なものから、スーツや下着など具体的な内容にまでおよんでいるが、千代が特に重視していたのは、単なる技術の習得ではなく、「装いをどう捉えるか」という大きな概念的なテーマであったことがわかる。ここで千代は、美には、真実なるもの、善なるもの、雄大なるものなどがあり、「美を造り出すにはそこに特別に刺激《シュパンヌンク》を受ける感受性を養うことが大切である。ここにディザインをする人の感覚が生れる。この感覚をもってディザインするので、そこに個性がうまれるのである」と述べ、デザインは実用性と美の表現を合わせたものと説いている。

以上のように、田中千代は戦前に得たバウハウス系の造形理論を基盤とした。また、教師として、そしてメディアを通じて自らのデザイン論を発信していった。その発信方法については第6章で改めて考察する。

Ⅳ　ファッションとモダン・アートの接点――創造性の共鳴

戦後も引き続き、田中千代は創造性を重視した。ここでは、彼女がモダン・アートやそうしたアーティストたちとどのような交流を持ち、その影響がどのように現れたかを検証する。

一九五四年、千代はファッション・デザインについて作家の中野好夫との対談で次のように述べている。

この仕事ほどタイム（時間）ととっくんでいるものはないと思います。モードの本質はフレッシュ（新鮮）なんです。一つのイデー（理念）をみつけて、長くかかえこんでいてはだめなんです。イデーが一つ出る。それをつかい果さないうちに、もう次のイデーをさがす。世の中の心理と自分のイデーが結びついた瞬間にもうそれは新鮮ではなくなるんです。イデーを十分に研究、検討してこれで大丈夫だと製作してお目にかけるひまがございません。いつでもタイムに追われて、完成しないうちにお目にかけることになるんです。（『サンデー毎日』一九五四年一月一七日号）

千代はファッション・デザインに求められる「新鮮さ」が、絵画や音楽と異なる点であるとしつつも、創造性を追求するアートの領域と共鳴する部分があると述べている。実際に、バウハウスのモダン・デザイン理論や方法に立脚し、時代を捉えたデザインを模索し試行錯誤し続けた千代は、戦後、さらに時代の感受性を重視するようになった。彼女は表層的な流行にとどまらず、音楽や絵画などアートに匹敵する創造性をファッションにおいて求めたのである。なかでも千代は純白の空間に数本線を入れるだけで構成するモンドリアンを好んでいた。

田中千代にとって、アーティストとの交流は自然に行っていたものであった。最初の留学では、パリで藤田嗣治や木下孝則・了子夫妻と交流し、神戸に居を構えてからも阪神間に暮らすアーティストたちと、活発な交流があった。田中千代が一九五二年六月に芦屋学園にアトリエを新設したときにも、アトリエ開きの際には、普段から交流のあった美術家の小磯良平、吉原治良（1905–1972）、須田剋太（1906–1990）、十河巌（1904–1982）、鴨居玲（1928–1985）や詩人の竹中郁（1904–1982）らアーティストたちや関係者六〇名が集まり、交流の場が形成された。このアトリエは洋裁ではなく絵画など創造性を育む空間として設けられ、詩人や画家たちからも高く評価され、学園誌『緑紅』（一九五二年第四号）では、次の言葉が掲載された。

十河巌は「学園の生徒さん達は、自分達の画室が出来た」と喜び、また吉原治良は「今度出来た田中千代さんの学園のアトリエは広々として明るく、あのなかで美しいお嬢さん方が絵の勉強をしている室内風景は想像するだけでも楽しくなる」と祝辞を贈っている。須田剋太は「阪神間のどの画家のアトリエより、一番いゝアトリエである」と述べている。こうしたコメントから、千代がアート教育を重視し、単なる洋裁技術教育ではなく、創造力を引き出し育てる豊かな芸術教育も併せて行うことを理想としていたことがわかる。アトリエ開きの際に、小磯良平、十河巌、須田剋太、竹中郁、吉原治良、鴨居玲らが行った寄せ書きは、先述の『緑紅』や『五十周年・田中千代学園』（田中千代学園編1982）にも大きく掲載されており、千代にとって心の支えとなる存在であったことがうかがえる。

このように、千代は「服飾」を単なる技術ではなく、創造的なアートと重ね、戦後の活動においてこれを具現化していった。ここからは、同時代の前衛アーティストたち、特に岡本太郎（1911–1996）、勅使河原蒼風、イサム・ノグチ、吉原治良らの言説と千代の思想を比較し、彼女のデザインが当時の芸術潮流と共鳴していた点を見ていきたい。彼らは皆、時代を切り拓いたパイオニアであり、トランス・カルチュラルに活躍したグローバルなアーティストたちであった。

岡本太郎は、戦後の日本を「重い過去のカラから脱皮して、生まれかわったように、若々しく、新しい文化をうちたて、世界にのり出していくように見えました。すべてのものが動揺し、混乱し、模索し、しかしそこからなにか新しいヴァイタリティーがのびていくような希望が燃えていた。激動する時代の生気です」（岡本［1954］1999：51）と描写し、次の言葉を残している。

芦屋校アトリエの新増設（1952年）

アトリエ開きの様子（上）寄せ書きをする吉原治良（下）左は小磯良平（1952年7月6日）

今日の新しいものは、西洋とか東洋とかいう特定の区域のものではなくなって、世界的になっています。だから、それらはおたがいに共通のもの、そしてわれわれ自身のものなのです。世界は近代にいたって、初めて真に世界的になりました。そして近代芸術は、この歴史的な運命を、かがやかしく担っているのです。（同前：72）

田中千代は、岡本のように戦前と戦後での劇的な社会の変化を語る言葉を残してはいない。しかし、岡本の指摘する、西洋や東洋という区別が失われて「世界的」になっているという視点は、千代が洋服か和服かという枠を超えてグローバルな視野でデザインに取り組んでいたことと共通点がある。

また、戦前から「いけばな」の伝統を超え、芸術としての前衛的な表現を追求した華道家・勅使河原蒼風の活動も、国際的な日本のモダン・ファッションを目指した千代と重なり合う部分がある。「いけばなを他の芸術と並び称される表現にまで高めていきたいと願」い、「床の間から離脱していくその将来を展望し、自由で広大な夢を託しながら、この伝統表現を広い視野のもとに置いて追究していた」（勅使河原 1998：8）勅使河原は、花や植物に限らず、金属、岩石、羽、貝などを取り入れて、花の線、面、塊と組み合わせた造形表現を行った。勅使河原は一九五二年の千代のファッション・ショーで吉原治良とともに舞台美術を担当しており、抽象的な金属のオブジェとともに花をいけた。一九五〇年代から一九六〇年代にかけて、勅使河原は活躍の場を海外に広げ、「いけばな」を欧米へ紹介・展示し、世界的なアーティストとして高い評価を受けていった。

さらに、大宅壮一はイサム・ノグチと田中千代の共通点を次のように指摘している。大宅によると、イサム・ノグチは日本人の父を持ち、アメリカに育ち、東洋趣味を加味したモダン・アートで売り出したが、千代は日本にいて花壇の西洋草花のように育てられ、日本的なものと交配して新種を作り、切り花としてアメリカへ持ち込んで成功し、さらにアメリカで成功したことで日本国内で人気を博したと評している（大宅 1958：67）。両者はともに「越境」を繰り返すことで、新しいものを創造していった。

ノグチ自身も、日本を他者として見る視点から、戦後の日本とアメリカの関係や創造性について一九五〇年に以下のように語っており、千代が彼のように東西を超越した視点でデザインに臨んでいたことが見て取れる。

> たとえばぼくらアメリカ人の活力と想像力、ぼくらの効率性とやる気に対する羨望。このすべてを日本人は身につけたがっていた。（……）ぼくはそれとなく言ってみた。モダンであるとはぼくらをコピーすることではなく、強さと発想とを自分自身のルーツに求め、自分自身であることを意味するのだと。（……）完全に自分自身であるためには、創造は完全に内側から出てこなければならない。（ノグチ［1994］2018：110–114）

イサム・ノグチのこの発言は、彼がアメリカ人であるというアイデンティティを持っていたことを示すものであり、また、戦後のアメリカと日本の力関係が明確に不均衡であり、日本人はアメリカのモダンな生活《ライフスタイル》やアートを模倣しようと考えていたことがわかる。そして、ノグチは、新しい創造は自らのルーツを深く掘り下げ、そのなかからしか生まれてこないことを強調した。

ノグチが述べた「日本人はそのルーツを探るべき」という言葉には、田中千代が自身の創作を通じて模索した、日本の文化とモダンな生活の融合、と共通点が見られる。またイサム・ノグチが語る、芸術家は世界共通の言語を持ち、国家を超えて人々の暮らしを見つめ直し、モダンな生活にふさわしいものを創ろうという考え方も、千代の活動と共振していた。

田中千代と同じく阪神間を拠点に活動し、千代の総合芸術としての試みでもあったファッション・ショーで舞台美術を担当した吉原治良についても見ておきたい。千代は、吉原が具体美術協会を創設する前から親交を結び、ファッション・ショーの舞台美術や学園での文化講座の講師を吉原に依頼していた。吉原は、生徒たちに対して「人間が自由にものを考え、絵を描くことにより、人間の根本の姿や内面にあるものと周辺にあるものの結びつきを表現する」ことの重要性を伝えた。これは千代がハース＝ハイエから受けた教育のエッセンスとも重なり合うものである。

吉原治良は一九五二年、『朝日新聞』で「『前衛芸術』を語る」という題で華道家の小原豊雲（1908–1995）と対談している。「いけばな」における新しい表現を評価しつつ、吉原は「現在モダン・アートは外界を吸収しつくして内に発生するもの、内的なものに回っている、事物の内部を見すかして本質をハアクする、つまり物を非常に物質的に扱いながら、しかも人間が手を加えることによって精神的なものを表そうとしている」という見解を示し、次のように続けている。

これは世界的だと思う、美術の流れが現在東洋的になってきているが、これは他の世界で「世界の眼が東洋に向かっている」というのとは多少意味が違う。(……)絵というものは対象を写すものだという概念が一般の人にはまだまだ根強く残っている、しかしその人には人物、風景、静物などの写真的な真実さが判ったのみで、芸術にはそれ以上に大切なものがある、要するに精神の問題だが、それが判ってもらえればいい(『朝日新聞』一九五二年一月四日付)

吉原はアートとは単なる写実表現にとどまらず、深層にある大切なものを探り当て、色や線、形の組み合わせによって、何かを訴え人に感動を与えるものであると説明した。自らの内面を探るべきという考えは、前述したイサム・ノグチの「日本人はそのルーツを探るべき」という言葉とも重なり合う。一九五四年八月ごろ、兵庫県芦屋市在住の吉原は阪神地域在住の若い作家たちと具体美術協会を結成し、一九七二年三月に急逝するまで日本の前衛美術の旗手として活動した。彼は「人のまねをするな」「これまでになかったものを創れ」という課題を出し、既成概念の打破、未知の美の創造への取り組みを行い、既成の絵画や彫刻の形式を超えた、素材の物質性、物体と空間の関係性、行為や身体性、時間性をテーマとした作品を創出した。一九五七年には、フランス人美術評論家ミシェル・タピエとの交流を通じ、国際的な美術グループへと飛躍を遂げた(平井 2012:10)。

吉原の「人のまねをするな」「これまでになかったものを創れ」というモットーは、千代が繰り返し強調していたデザインにおける独創性の重要性と共鳴する。吉原は、具体美術協会が雑誌『具体』

を一九五五年に発刊するにあたり、次の言葉を残している。

われわれはわれわれの精神が自由であるという証を具体的に提示したいと念願しています。新鮮な感動をあらゆる造形の中に求めて止まないものです。（……）視覚芸術の全般にわたって例えば書、生花、工芸、建築等の分野にも友人を発見したいと思います。（『具体』創刊号巻頭言）

美術史家で具体美術協会を専門的に研究する平井章一は、吉原が求めたのは自己表現による感動が色や形、物質により具体的に提示されたものであり、それは精神のありようを直接的に表現するものであったと述べている。さらに平井は、吉原の幼少期にあたる大正時代が、個人の内的な世界の近代化が進んだ時代であったことから、美術界にあっても個性や精神性、生命観を重視していたことを指摘し、吉原の二つのモットーは、じつは一九二〇年代に萌芽し、戦争によって封印された近代精神の復興を意味するものであったと論じている。また、平井は、「具体」は抽象という純粋な視覚性だけではなく、精神性という普遍的なモティーフを併せ持つことによって国際性を獲得したことを指摘した。吉原を突き動かし、「具体」の原動力となった近代精神の復興への思いは、吉原と同世代の社会を牽引する立場や年齢層にあった人たちが、おそらく共通して持っていた戦後の日本の再建に向けたある種の使命感ではなかったか、とも指摘している（平井 2012：12–13）。吉原は裕福な家庭に育ち、戦前に渡仏経験もあり、また、実業家でもあった。同世代である田中千代と同様に、日本の近代化に自分の専門分野をとおして役立ちたいと願い、個性や生命観を重視した自由な創造を追求していた。

大丸女流総合美術展出品作品「象を着せる」

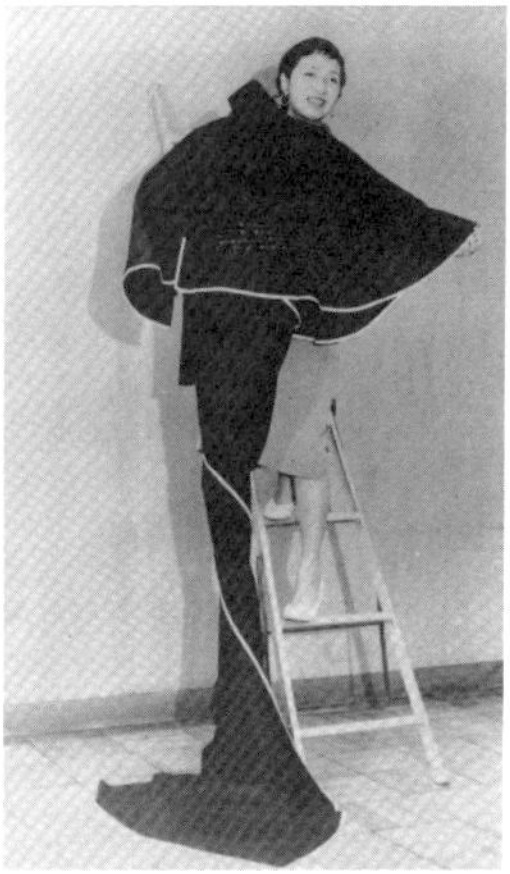
モダンアートフェア出品作品（1954年）

帰国ファッションショーのための衣装、モデル：田中千代（1951年）

左作品の千代によるコラージュ

戦後には文化面からの日本再建と発展に尽力した点も含めて、両者には共通する部分が多い。

田中千代は戦後に次のような言葉を残している。

今迄の自分の仕事の境を何時の間にか越して、隣の世界に入っている事に気の付かない事が度々ある。隣との境に立って別の世界を眺める事は確かに楽しい事に違いない。見ている人に新鮮さを与えてくれるに違いない。こうして線の境はぼかされつつある。あらゆる仕事の社会性、国際性を示すもののようである。（田中千代 1982b：55）

この言葉は千代の活動が持つ社会性や国際性を示すとともに、千代がファッション・デザイナーでありアーティスト、教育者、評論家、研究者としての境界を超えて活躍していたことを表現しているともいえる。本業ではなかったが、事実千代は、ファッションではないアート作品も手がけ発表していた。すなわち、田中千代は人々の生活に根づいた装いを創り出すファッション・デザイナーであると同時に、新しい表現を模索する前衛のモダン・アーティストとしての意識も持ち、同時代の他ジャンルのアーティストと思想をともにし、日本から国際的で普遍的な創作活動を展開しようとしたのである。

V　民俗衣装を取り入れたデザイン

田中千代は、服飾文化における活動の一環として、世界中の民俗衣装を収集し、その文化的価値や、それが創造のリソースになることを伝えることに尽力した。

ところでここで一度、「民俗衣装」という表記について確認したい。現在の辞書では「民族衣装」という表記が一般的であるが、千代はずっと「民俗衣装」という表記を使っている。それについては、先述した、千代が晩年に出した『世界の民俗衣装』（平凡社　一九八五年）に詳しく書かれているので引用したい。

> 一民族の服としてでなく、社会に広まり、風俗化したものを民俗衣装と呼ぶ方が、現在の地球上での姿を自然に捉えられるので妥当と考えられる。
>
> 民族が政治的に他民族に征服されても、衣装は残り、民族衣装の存在を保っていることも多い。
>
> 民族衣裳と民俗衣装については、柳田国男氏も論及さ

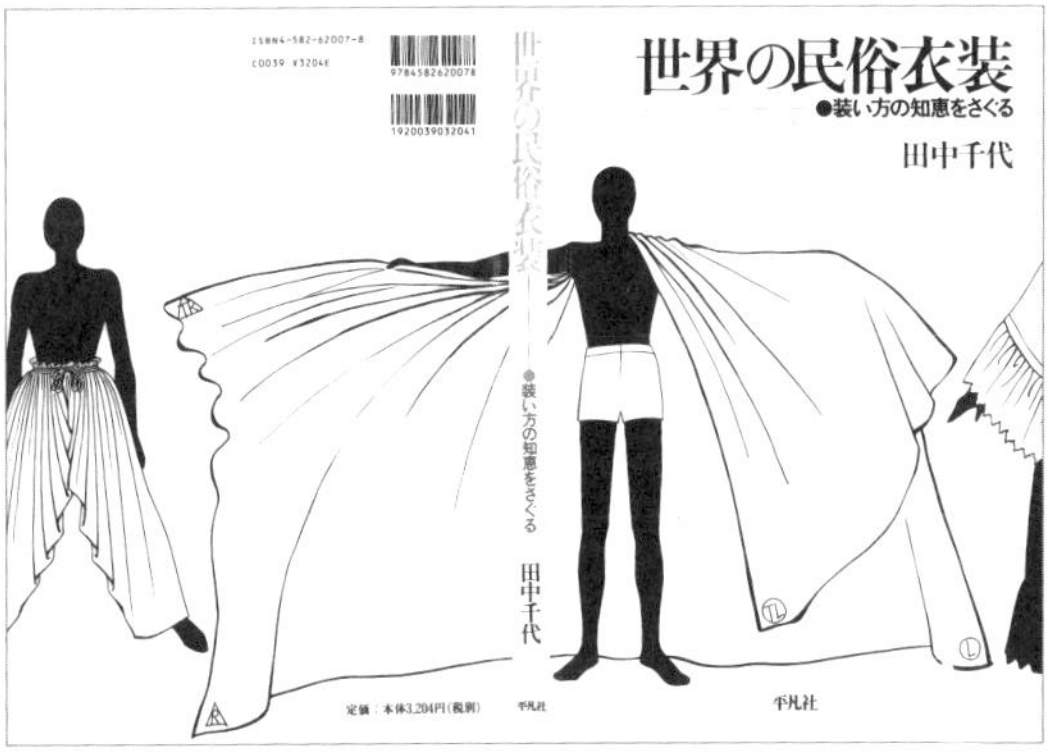

『世界の民俗衣装』書影

れて、民俗と記すのが最も適当であろうと述べておられる。

また、〝衣裳〟は結婚衣裳、舞台衣裳、祭りの衣裳などと特別の時に着る衣服をさすので、それらは避けて、衣服の衣と、着方、装い方がさまざまに工夫されていることを考えに入れて、〝衣装〟と書き、〝イショウ〟と呼ぶことにした。

本書においては、前記の理由で〝民俗衣装〟と記している。（田中千代 1985：28）

このような理由により、本書においても千代の使った「民俗衣装」という表記を用いている。

戦前から夫の田中薫とともに約六〇か国から三〇〇セット以上の衣服を収集し、生涯で約三〇〇〇点におよぶ衣装やネックレス、ベルト、靴、靴下などの装飾品も含まれる膨大なコレクションを築き上げた。夫妻は合わせて四五回の民俗衣装収集の旅を行い、そのうち戦前だけで一三回におよんだ。これらは、田中夫妻が経済的余裕や文化的素養を備えた上流階級出身であったことや、薫が地理学者であったことがその背景にある。しかし、理由はそれだけではない。富裕層のなかには、西洋文化に興味を持つ人は多くいたが、田中夫妻のような価値観を持った人はほぼ皆無だったといえる。

一九六四年の海外渡航自由化以前、戦時中の満州移住や兵士たちの戦地への赴任以外、海外旅行は一般市民にとっては遠い存在であり、特にアジア、アフリカ、南米への訪問は稀であり、第2章で見てきたように、鐘紡の世界戦略や日本の植民地政策が背景にあったものの、それを個人で実行する人は非常に限られていた。このような状況下で、田中夫妻が非西洋諸国も含めた民俗衣装の収集に真剣に取り組んだことは特筆に値する。一九六四年に海外渡航の自由化がされるや否や、髙田賢三や三宅一生ら若者たちはパリへ赴いたが、薫と千代はすでに三六年前の一九二八年に同様の経験をしていた。

田中千代は戦前から洋服やファッション文化に関する啓蒙的著書を発表していたが、戦前の民俗衣装研究に関する記述はそれほど多くはない。夫妻が欧州航路の寄港地で出会った民俗衣装への興味から始まったこの研究は、鐘紡の世界戦略や日本衣服研究所の学術研究、そして大東亜共栄圏構想という植民地政策に基づく調査機会によって拡大していった。これらの活動は、薫の民族学的手法からも刺激を受け、服飾文化研究に新たな視点をもたらした。戦後、千代はこれらの研究成果をまとめ、『私の衣服研究』（一九四八年）を出版した。その後、『原色世界衣服大図鑑』（一九六一年）、『世界のきもの』（一九六五年、ともに田中薫と共著）を出版し、集大成として『世界の民俗衣装』（一九八五年）を著した。この著書は、地域と服の構造の両方に目配りしたものであり、今日に至るまで色褪せることなく活用されている。

一九五四年、千代は先に引用した中野好夫との対談において、民俗衣装に対する自身の思いを次のように語っている。

> 気候とか産物などとも大いに関係するんでございますけど——民族衣服ってものを捨てて洋服一式になってしまうのはとても惜しいんですの。（……）最後に国際衣服になったとしても、民族衣服の美ってものは、保存もし、活かしても行きたいとおもいますの。あたしは、やっぱり日本の衣服の美しさというものは捨てたくございません。洋服の上に和服の美しさを加味する。和服を置いて、その上に洋服のセンスを盛り込んで改良してゆく。

田中夫妻所蔵の民俗衣装を着た女性を描く小磯良平（1949年撮影：田中薫）

一九三〇年代の活動当初、近代社会の生活にふさわしいとして、千代は洋装普及を重視していたが、新興和装や婦人標準服の時期を経て、和服の改良にも関心を持った。それでもなお彼女が重視していたのは、依然として近代生活を快適に送ることができる「国際衣服」や「世界服」と呼んでいた衣服であった。すなわちそれはモダン・ファッションである。戦後、洋装が普及した一九五〇年代には、西洋の合理主義的な要素だけではなく、各地で培われた服飾文化との共存を望む千代の思いはより一層強くなっていった。和服を民俗衣装の一つと捉え、その改良に力を注いだニュー・キモノはその代表例であるといえよう。

一九五四年一月号の雑誌『流行』では、千代が掲げた「一九五四年田中千代三つのテーマ　産経ファッション・ショー」（一九五三年一一月開催）が取り上げられた。ここで北見洋子は、千代が提唱した「マスプロダクション」「民族性の問題」「世界の主流」という三つのテーマを批評・分析し、最後には「ヨーロッパを着るむずかしさ」という小見出しを掲げて、ショーを通じて「ヨーロッパと日本との断層」を示した。「私たちは自分が着ている洋服が、ヨーロッパやアメリカのそれとは異なる中途半端なものであることを改めて知らされる」とし、「千代の狙いは、伝統を持たない日本の風土に、近代的な体質をもった日本人の着物を創造することではなかったか。これを起点に、日本の服飾界も〝ヨーロッパを着る〟ことにのみ浮き身をやつす愚かさを捨てなければならない」と指摘している。これはまさに、千代が意図したことを反映しているといえる。『芸術新潮』一九五四年一月号でも、千代は「私は何年かかっても、日本の伝統の衣裳美を世界の衣服に溶け込ませたい」とその情熱を語っている。

民俗衣装の研究は、千代にとって人類学的・被服学的視点からの学術的な探究であり、ファッション・デザイナーとしての着想の宝庫でもあった。彼女は民俗衣装をもとに独自のデザインを模索し、日本のモダン・ファッションの創造に注力した。

千代の民俗衣装研究は、阪神間のアーティストたちを刺激した。たとえば、田村孝之介や小磯良平が田中夫妻の民俗衣装をモデルに着せて描いた様子が、薫の写真からも確認できる。ファッション・ショーも田中千代の民俗衣装研究の発表の場となった。一九四九年から一九五〇年にかけては大阪、東京、高松にて「世界衣服ショー」「世界風俗ショー」を開催した。戦後のファッション・ショーブームの興隆期に、民俗衣装を紹介する大々的なショーはおそらくこれが最初のものであった。当時の代表的な婦人雑誌であった『婦女界』『ホーム』『婦人世界』『婦人生活』『婦人公論』『婦人倶楽部』『主婦之友』『婦人画報』の八誌が後援する強力な態勢で、その実現には婦人画報社の編集者・熊井戸立雄の協力があった。このショーでは、北南米、ヨーロッパ、東南アジアの衣装五五点を生徒がまとい、ランウェイを歩いた。収容人数三二〇〇人の会場は、常に満席となり、熱気に包まれた客席からステージに熱い視線が注がれた。

以降、田中千代は民俗衣装をテーマにしたファッション・ショーを繰り返し行い、一九七八年の「地球は着る」に至るまで、その特徴や魅力を伝え続けた。[*4]「地球は着る」というタイトルは、グローバルな視野を持つファッション・デザイナーかつ民俗衣装研究者である田中千代ならではのものであった。準備に莫大な労力と経費がかかるこうしたショーを数多く開催した背景には、ファッション文化を普及させるために総合芸術的な空間を創出し、観客に感動を与えながら直接メッセージを伝えることに、千代が何よりも魅力を感じていたからであろう。満席の熱気に包まれた会場で、ステージに熱い視線を向ける印象的な観客の姿が、写真に残されている。

当時、日本のファッション・デザイナーの第一人者であった杉野芳子や伊東茂平、桑沢洋子らは、民俗衣装に千代ほど関心を持っておらず、千代の創作スタイルを特徴づけるものになった。

田中千代の民俗衣装研究は雑誌でも発信された。一九五三年、『婦人画報』誌上で、千代は巻頭カラー連載「きものの歴史」（四月―一一月号）として、古代エジプト時代から近代までの西洋服飾史をテーマに記事を執筆した。このころ、日本が一九五二年に国際連合に加盟申請をしたという時代背景も影響し、民俗衣装が国際理解の象徴として注目されていた。

一九五八年の『婦人画報』（二月号）では、千代が二五ページにわたる特集「世界の民俗衣装」を執筆した。千代は民俗衣装を⑴腰衣型、巻型、筒型（サロン型）、⑵貫頭衣型（ポンチョ型）、⑶袈裟型（ショール型）、⑷きもの型（寛衣型）、⑸ズボン型、⑹クローク型（立体的な外套型）に分類し、民俗衣装から着想を得た自身デザインのモダンなドレスとともに解説した。そして、「民俗衣装は現代の常識では考えつかない刺激を内包しており、新しいデザインの無限のヒント」になることや、「服装史の材料として価値があるばかりでなく、地理、歴史、風俗などの社会科の大切な資料でもあり、また、貿易のための見本でもある」として、国際交流における効用を力説した。

田中千代は、民俗衣装から着想を得たモダン・デザインの作品を発表しつつ、民俗衣装とその現代への応用の可能性について、洋裁雑誌ではなく一般の婦人雑誌上で、写真やイラストを用いて一般読者にわかりやすく伝えたことは特筆に値する。当時、千代の活動は幅広い層の女性たちから関心が持たれていた。千代のこうした活動は、日本のファッション界に地理的・時間的な広がりをもたらし、異文化を受容する基盤の形成につながったといっても過言ではない。

ラジオも、田中千代にとって民俗衣装研究の有力な発信の場であった。千代は「リズムと共に」という題のもと、一九五六年から五九年にかけての四年間、毎朝音楽に乗せて三分間の随想を話すラジオ番組（大阪・朝日放送）に出演していた。一年目は毎日、二年目から四年目にかけては週に一度の頻度で、日記のように自然体で話す番組であった。ここでも千代は、一九五七年に民俗衣装の話をしている。「私は長いこと各国固有の民俗衣裳を集めることを楽しみにしています。長い間その国の伝統や風土、国民性が自然に生み出した衣服であるところに色々なことが物語られていて、この収集は大変面白いのです」（田中千代　1960：68）と述べ、台湾での苦労話も紹介している。ラジオはまた、千代が活字に残した原稿とは異なる味わいがある。

通行人が着ていた民俗衣服が大変美しくそれを欲しいと思いました。きれいなばかりでなく、洗濯され、その服には生活がにじみ出ていました。そんな服はなかなか手に入らないので、そばに

左：《トンガ》、右：《ハワイ》

左：《オランダ》、右：《スペイン》

デザイン画、1958年（「化繊による国際風俗ショウ」パンフレット）

行って新しいものと取換えて欲しいと聞いてみると、大分着古したものだからあなたにこれをあげる代りに新しい布を買ってくれと希望しました。（同前：69）

その後、布の長さを測る際、メートルや尺といった標準的な単位ではなく、人間の身体、具体的には両手を広げた指先から指先までを単位とすることになり、背が高く手の長い人が「物差し」としてやってきたという。千代は不規則な人間の身体を単位としている点、また測り方に損得がある点なども興味深い経験だったと語っている（同前）。

また、具体的にさまざまな体験談を紹介し、旅の楽しみは、変わった民俗衣装に触れることであり、それを日本に持ち帰ってその情緒を長く日本で味わうことであるとし、千代にとって衣装集めは、その土地の文化や習慣への理解を深め、衣服を通じてその土地の情緒や本能的な関心を追求する体験であると述べている（同前：73）。

このように、個人の体験をラジオをとおして一人ひとりに語りかける生の言葉は、活字以上に聴く人の身体に実感とともに浸透していった。

さらに注目すべきは、日本化学繊維協会が主催し、大阪国際芸術祭協会が共催した一九五八年の「化繊による国際風俗ショウ」（デザイン：田中千代、大塚末子）である。現代の産業に結びつきにくい伝統的な「民俗衣装」を、最先端の技術を用いた繊維産業の協会が取り上げたことから、田中千代の社会的な影響力と民俗衣装の普及活動が評価されていたことがうかがえる。実際、主催者の挨拶には次のような文言が見られる。

この様な化学繊維が、このショウに繰りひろげる作品から、日本古来のキモノを含めて世界の国々でどのように用いられるか、また豊かな素材、特性を生かしてどのように美しい装いができるかと、多少なりともお酌みとり下されば幸いです。（「化繊による国際風俗ショウ」パンフレット、一九五八年）

この言葉に見られるように、田中千代の伝統と最新の産業技術を融合させて新しいものを生み出す取り組みは、さらに発展していったと考えられる。実際、ショーで発表した作品のコンセプトについて、千代は次のように述べている。

民俗衣装が、洋服文化の影響をうけ、スピーディな忙しい生活に即応するように変りつつあります。此処に日本の化繊の輸出国に対して充分、民俗衣装の味をもち乍ら、洋服的な変化をも、取

『地球は着る』パンフレット（撮影：細江英公）

ブルガリアの衣装（同上）

トルコの衣装（同上）

り入れつつあるといった行き方の服をデザインしてみました。民俗衣装を、そのままの形にこだわらず、その気分を残しながら、感覚的にも、構造的にも洋服的要素を加えてみました。衣服の改良の行われつつあるそういう国々に何かの御参考になれば幸いだと思います。（同前）

民俗衣装からの着想を、化学繊維で現代風にデザインするというのは、三宅一生が一九七〇年代に発表した《ヌバ》（一九七六年秋冬）などの作品の先駆けであったともいえる。ヌバとはスーダンのヌバ族を指し、三宅はドイツの映画監督・写真家レニ・リーフェンシュタールの写真集『ヌバ（*The Nuba*）』にインスパイアされ、アクリル長繊維ピューロンを素材にデザインを行った。

田中千代は民俗衣装とモダン・ファッションに関する知識を兼ね備えていたため、《パナマ①》《パナマ②》《カンガ》《ハワイ》《オランダ》《スペイン》といった作品が発表された。また、千代が民俗衣装を洋服に取り入れたデザインを担当した一方で、もう一人のデザイナー・大塚末子は「新しいきもの」のデザインを担当した。ニュー・キモノの火付け役は千代であったが、このころから彼女は徐々にニュー・キモノから離れていく。

一九六〇年代には、東京オリンピック（一九六四年）開催を目前に控え、世界への関心が高まるなかで、千代は夫・薫との共著で『原色・世界衣服大図鑑』と『世界のきもの』を出版した。薫が中心となって著された両著は、地理学的な分類を軸としていた（田中千代 1961：92-93）。その二〇年後、薫亡き後、千代は単独で『世界の民俗衣装』を出版した。先に述べたように、これは千代の民俗衣服研究の集大成といえるものであり、ここでは地理学的なアプローチではなく、衣服の構造を「まく」「あな」「わ」「はく」という究極の四つの型に分類している（田中千代 1985）。

千代が行った最後に民俗衣装を扱ったショー「地球は着る」（一九七八年）でも、服の構造を「まく」「あな」「わ」「はく」という四つの型に分け、民俗衣装から着想を得た千代デザインの服を加えたものであった。このショーは、民俗衣装をもとにした千代晩年の総合芸術の集大成の一つともいえ、「田中千代の民族衣装とデザインの空間」というコピーが付けられて、東京の帝国劇場、大阪のフェスティバルホール、名古屋の名鉄ホールで開催された。印刷物の写真は細江英公（1933-2024）が撮影したもので、身体の連続的な動きを表現する躍動感と、シャープな表現が際立っている。晩年の千代は、細江の写真の持つ特徴を高く評価し、作品写真の撮影を常に依頼していた。このショーには秩父宮妃も来場した。新聞でも大きく取り上げられ、『読売新聞』（一九七八年六月二九日付）においては次のように評された。

民族衣装は、地球上に散らばって住む人間の服が、風土、生活環境、風俗習慣の差によって、おのずからデザインができあがり、その土地にふさわしい美しさを備えていることを示していた。（……）ここ数年のファッションは民族調が主流となっている。かわいらしいペザントルック（農民ルック）は、主に東欧の野良着がヒントだし、すっぽり全身をおおうアフリカ、中東ルックも、いまやすっかりおなじみ。現在流行しているビッグ・ルックも、これら世界各地の民族衣装がヒントといわれるだけに、その〝デザインの原点〟を総ざらいしてみせたこのショーは実にタイムリーであったといいえる。

この時期には、すでに髙田賢三や三宅一生がパリで民俗衣装をモティーフにしたコレクションを発表しており、日本のデザイナーたちの仕事が海外で高く評価される時代となっていた。千代の資料室にも三宅一生のショーのリーフレットが残されており、三宅の活動に興味を持っていたことがうかがえる。

このように、田中千代の活動は、伝統的な民俗衣装と現代のファッションが交差するトランスカルチュラルな場を形成し、文化的な相互作用を通じて新たな価値を創造した。彼女のデザインは、単に日本の文化を表現するだけでなく、世界各国のファッション文化との対話を促し、ファッションを通じてグローバルな視野を持った新たなモダン・ファッションの形成を目指したのである。

田中薫・千代夫妻が、共通の関心事として取り組んできた民俗衣装研究の集大成は、民俗衣装館の設立に結実した。夫妻が一九二八年の欧米留学時から関心を持ち続けた民俗衣装研究において、薫は戦前、日本衣服学研究所の彙報に「日本衣服学」の構想を熱心に提唱している。薫はそこで、現地調査と実物標本の収集は、「絶対に必要な事柄であって、蒐集せる標本は衣服博物館に収蔵陳列し、衣服学全体系より見たる解説と資料とを配し、衣服の科学的研究と、商品見本としての参考に供し、従来の如き美術骨董的又は単なる土俗学的蒐集に終らしめざらんことを期せねばならぬ」と述べている(田中千代編 1943a：98)。この言葉からも、夫妻が民俗衣装の研究と博物館の設立に対して、単なる収集以上の意義を見出していたことが明らかである。それは、夫妻が抱いていた長年の夢であり、一九八九年一一月にようやく実現した。しかし、その時点で薫はすでに他界し、千代も八三歳を迎えていた。民俗衣装館には、夫妻が世界六五か国で収集した民俗服や風俗人形など約四〇〇〇点が収蔵されていた。

千代の没後、田中千代学園民俗衣装館で保管・展示されてきたコレクションは、二〇〇〇年に国立民族学博物館に寄贈され、現在もパブリック・コレクションとして広く活用されている。千代は、民俗衣装研究の活動を振り返り、次の言葉を残している。

> 現代の生活は激しく変わりつつあるだけに、その原点は捨てがたい。ファッションが民俗衣装との絆を持ち続けることによって、新たなアイディアを生み出し、斬新なモードの変貌につながっていくだろう。(田中千代 1985：133)。

この言葉は、伝統と創造の関係性を考えるうえで示唆に富んでいる。新しいものを生み出すためにこの遺産をさらに活用し、新たな創造の原点として育て、未来へつないでいくことが、私たちの使命である。

VI　同時代のファッション・デザイナーとのデザイン比較

本節では、田中千代と同時代のファッション・デザイナーである伊東茂平、杉野芳子、桑沢洋子、中原淳一を取り上げ、造形的な視点から比較し、千代のデザイン観の特徴を検証する。田中千代も「田中式」として服の原型を創出していたが、日本で普及した服の原型は文化服装学院の「文化式」と杉野芳子の「ドレメ式」、そして伊東茂平の「伊東式」であった。

・伊東茂平と杉野芳子

伊東茂平は、独学でファッション・デザインを学び、特に和服と洋服の構造の違いをエンジニアの観点から分析したデザイナーである。和服と洋服の違いについて、「立体的な構造のものは、往時におけるギリシャ文化のような『科学を基礎とする合理』主義文化から生まれたもの」であり、「仏教の精神は肉体を否定するから、和服は体をすべて隠蔽するような構造を持っているし、女のきものなど、長い袂と厚い帯で体の線さえ隠している。ヘレニズムでは肉体を礼賛し、その美の極致を神だと崇めるから、洋服の線は人体の技巧的な美化だということになる」（伊東［1956］1996：10–11）と独自の解釈を述べている（伊東茂平は「洋服」を意味するときも「きもの」という言葉を用いた）。また、「日本の文化は平面文化、すなわち第二次元文化であった。外国の文化は科学文化、すなわち第三次元文化である」（同前：19）とも分析している。

伊東はデッサンを重視し、その習得こそが洋裁を技術的・感覚的に発展させると考え、デッサンを無視して先を急ぐ者は行き詰まり、それ以上の発展はないと考えていた。さらに洋服の理解には、旧式に見えるテーラードの、装飾が切り詰められた機能美を体系的に学ぶ必要があると信じていた。

また、伊東のデザインにおける重要な要素として「スポーティー」がある。当時、この言葉は運動服の意ではなく、「活動的なスタイル」を指した（同前：48）。伊東の装飾を抑えたミニマルでありながらしっかりとした骨格と、女性の洗練美が感じられるデザインは、男性用のテーラード・スーツを基礎にしており、優雅で活動的な特徴がある。

伊東は、雑誌『私のきもの』（一九五〇年秋冬号）において、「用途の最も広いスポーツ・コート」「個性的な変化のある秋から冬へのコート」など、自ら提唱するテーラードの要素が詰まったコートやツーピースを大きく取り上げている。また、袖の構造によって婦人服の性格が決まるとし、楷書体（男性服に用いる袖）、行書体（ラグラン袖）、草書体（キモノ袖）と伊東独自の分類方法で、テーラードからの崩し度合いに応じて、衿の形も含めてどのようにデザインすればよいのか体系的なデザイン方法を提案した（同前：18–22）。さらに、テーラードの原型を次第にやわらかく崩していく過程を図示し、自分のデザインへと進化していく様子を説明している（同前：37–38）。伊東は立体的構造への関心を持ち、エンジニア的な視点から、西洋的で洗練されたエレガントなデザインを得意としたデザイナーであった。彼は東洋的な平面的構造の衣服には関心を示さなかったように見受けられる。

杉野芳子、《デイドレス》1955年（杉野学園ドレスメーカー学院蔵）

息子・達也は、父について「巴里のオートクチュールに傾倒していて、特にクリスチャン・ディオールへの思いは誰よりも強く」「デザイナー＝クリエイターというよりは、洋裁の研究者、あるいは職人的な要素の方がずっと強かったのではないかと思います」（伊東衣服研究所 1996：102）と回想している。

また、伊東は日本のデザイナーが日本的な要素を服飾に取り入れる方法について、次のように批判的に述べている。

日本のデザイナーのなかには、オーソドックスなものを全然無視して日本古来の衣服の感じを、直訳的に洋服にもってこようとする人がある。私はそれを絵画調のデザインと呼んでいるが、出来上がったものは多く国際的な洋服として通用しかねるようなおかしな作品が多いようだ。主題を何からとってもそれは自由なのだが（……）ねらった主題は、完全に洋服としてうなづけるようなところまで消化されねばならないものだと思う。（伊東［1954］1996：48）

伊東はさらに、自らのデザイン哲学を次のように述べている。

きもののもつ近代性とは、基礎になる構造と、面を飾るデザインとが、何処までも生活の合理化性に基づいて、両者が溶け合って、単一化されたものでなければならない。（……）あるデザインが流行するということは、その時代の人が共通に面白味を感じるからである。共通に魅力を感じる以上は、何かそこにその時代を代表する感覚が現れているからである。（同前：176）

デザイナーは時代の感覚に対し、最も敏感な神経と、それをデザインとして表す技術を持っていなければならず、服飾デザインといえども、その社会的経験の場の広さ、深い知性なくしては生まれないと伊東は力説している。このように、洋服の近代性を生活の合理化に基づく構造と装飾の融合とする伊東の考え方には、田中千代のモダン・デザイン観と共鳴する部分が多い。千代も日本人の洋装の近代化を目指し、動きの機能美を追求し、時代の感覚を捉える感性と知性を重視していた点で、方向性を共有していた。ただし、伊東は構造美やパリのモード的な美の日本での実現に重きを置いていた点が千代との違いであった。千代と伊東は戦前から親しく交流しており、響き合うものが多かったのか、互いにかかわりを持ち続けていた。

桑沢洋子、（左）《和服の要素を取り入れたハーフコートとパンツ》1957年、（右）《桑沢オリジナルズのブラウスとスカート》1956年（桑沢デザイン研究所蔵、筆者撮影）

戦前から雑誌で田中千代や伊東茂平とともに紹介されることが多かった杉野芳子のデザインは、モダン・デザインの理念のなかにも女性らしい愛らしさが強調されている。一九五〇年代のデザインでは細いウエスト、大きく膨らんだフレアスカートなどのデザインが多く、手の込んだ装飾が特徴的であった。たとえば、《デイドレス》(一九五五年)は、紺と白のストライプのコットン地で手繰り寄せた白い縦線が模様や細かなフレアを生み出している。華やかなスタイルと手芸的な装飾が杉野の特徴であった。

・桑沢洋子

桑沢洋子[*5]は著書『桑沢洋子の服飾デザイン』(一九七七年)において、「人体の動きと着やすい原型」をテーマに、動作とドレスの関係を科学的に分析した。写真を用いて動作と衣服の関係や運動量を図示しながら「着やすさ」を追求している。こうした科学的な姿勢はバウハウスのデザイン教育および構成教育の系譜に位置し、桑沢は機能主義、合理主義、量産というモダン・デザインの思想を積極的に取り入れた。生活の合理化に資する仕事着のデザインにおいては耐久性のある素材が必要であったため、戦後には合成繊維ビニロンの開発にも関与し、倉敷レイヨンの社長・大原總一郎や染織家・柳悦孝《よしたか》との交流が生まれ、民芸運動の精神にも触れる機会を得た。

服飾史家の村上信彦は「田中千代が『皇后さまのデザイナー』で、桑沢洋子は『庶民のデザイナー』」(『東京新聞』一九五七年二月九日付)と紹介しているように、桑沢は「庶民性」と「ふだん着の美」を追求し、機能性と美しさを兼ね備えた「仕事着」という分野で他のデザイナーと一線を画し、「働きやすく美しい仕事着」として、仕事着、野良着、ユニフォーム、既製服のデザインを探究した。その背景には、常見美紀子が指摘するように、桑沢が早くからデザインを個人の問題ではなく、大衆や社会の問題として捉えていたことがある(常見 2017)。

両者ともに戦前からモダン・デザインに共通の関心を持ち、田中千代も装いを社会の問題として捉え、多岐にわたる活動を展開した。一方で、千代が取り組んだ「皇后の装いの改革」「日本のモダン・ファッションの海外展開」「ファッション・デザインの大衆化」という幅広いテーマに対し、桑沢は日常性に特化した研究を深め追求した点で異なる。

・中原淳一

中原淳一が発行した雑誌『ソレイユ』（八号から『それいゆ』）は、ファッションやインテリア、手芸を扱い、そのスタイル画が多くの少女たちを魅了した。中原は彼が一〇代のころから田中千代を敬愛していた。一九四六年に彼女が栄養失調と過労により網膜剥離で入院し、絶対安静の状況下で、千代が頭のなかで考案したデザインを中原の手に指で描き、それを中原が描き起こし、『ソレイユ』創刊号に掲載した。以来、中原の仕事には、たびたび千代が登場した。

田中千代、中原淳一《ソレイユパタン》1946年

『デザイン・ブック』（一九五三年一〇月秋冬号）に掲載された作品を例にとると、千代のデザインは「点」と「線」を用いたベーシックなモダン・デザインで、一方、伊東茂平の作品は構築的で洗練された大人の華やかさが特徴であるのに対し、中原のデザインは少女らしい若々しさと可愛らしさが強調されており、装飾的な要素も特徴であった（熊井戸編 1953：4–10）。『それいゆ』には、たとえば《フレアースカート》（一九五五年）など、手芸的な作品も発表していた。

田中千代はモダン・デザインを拠り所としていたため、中原のように「可愛さ」を前面に押し出すデザインではなかったが、彼女は『それいゆ』に頻繁に寄稿している。『それいゆ』二八号（一九五三年一一月）には、千代が鐘紡の仕事として制作したディオールのドレスに関する記事が掲載されている。ディオール一行の来日記事が多いなかで、千代の活動が多くの写真や紙幅を割いて紹介されたことからも、中原の千代の活動を高く評価していたことがうかがえる。

常見は、二一世紀に世界共通語となった「kawaii」の原点の一つに中原を位置づけ、特に彼の描く女性の大きな目がその後の少女漫画に影響を与えたと指摘している（常見 2012：20）。中原の「可愛さ」への志向は千代のデザインとは異なっていたが、二人の間には強い信頼関係があり、それは千代が『それいゆ』に幾度も寄稿していたことや、逆に中原が千代の学園誌『緑紅』（一九六三年第一四号）に寄稿していたことからもわかる。

同時代のデザイナーたちと比較すると、田中千代のデザインは、時代や着る人を問わず普遍的な特徴を備えていた。バウハウスの造形理論を基盤に、無駄な装飾を排した「モダン・デザイン」でありながら、洋装と民俗衣装の融合を実現している点が彼女の独自性であった。田中千代は流行に左右されることなく、独創性を追求し続ける姿勢を貫いたのである。

＊1　常見美紀子が筑波大学に提出した修士論文「純粋形態によるファッションデザイン教育法」（芸術研究科デザイン専攻）（常見 1991）および常見が執筆にかかわった高校生用の教科書『ファッションデザイン』（文部科学省編 2013）にわかりやすくまとめられている。常見はこの教育法を河合玲から学んだという。河合は田中千代の教え子であったため、多少なりとも千代のデザイン教育の影響を受けていたと想定される。

＊2　戦後一九六〇年からは昭和女子大学の被服美学科に出講し、バウハウス的な教育を行った。また、一九六六年からは日本大学芸術学部に新設されたテキスタイルデザイン科に迎えられ、織物の基本、素材の特性の講義、実技を指導した。一九七〇年には両校で指導するのを辞めた（山脇 1995：143）。

＊3　チェコ、ベルリン、ウィーン、ブダペストなどの街の様子、断髪率などについて紹介した後、二人が六か月間留学したチェコの国立工芸学校での教育について説明している。チェコの教育は技術本位で、幼少期から美術が一つの技術的学科となっている。国立工芸学校のレベルは専門学校程度で、建築、ガラス、陶器、布帛など七つの課目に分かれていて男女合わせて二〇名前後の学生がいた。二人は布帛科で学び、熱心な指導のもと、新しい技術を習得したが、デザインを創作する勉強がなかったため、自信を持つことができなかったという。したがって、新しい美術工芸の精神を学びたいと、ベルリンに移動し、イッテン・シューレとライマン・シューレに学んだ。ライマン・シューレは当時すでに創立二〇年を超えており、実際の商業美術の意匠を実践させるといった教育であった。

＊4　千代は一九五五年に「田中千代世界の民俗衣服ショー」（大阪・中之島中央公会堂、大阪女学院、神戸・山手学園）、一九五七年一一月に創立二五周年記念「世界の民俗衣装ショー」（芦屋学園、東京・パンテオン劇場、福岡・電気ホール、名古屋名鉄ホール）、一九六〇年にNHKテレビ「世界の民俗衣装ショー」」、一九六二年に創立三〇周年記念ショー「田中千代新作品と世界の民俗衣装」（東京・サンケイホール、大阪・フェスティバルホール、名古屋・名鉄ホテル、福岡・電気ホール）、一九六四年に「世界の人々の衣装と最近の服装の動き―東京オリンピックを終えて」（田中千代芦屋学園、東京学園）、一九六八年に「世界の衣服―民俗衣装・人間・風土・宗教・くらし・知恵」（田中千代芦屋学園、東京学園）、一九七八年「地球は着る」ファッション・ショー（東京・帝国劇場、

大阪・フェスティバルホール、名古屋・名鉄ホール）を開催した。

＊5　伊東茂平の洋裁学校で「構成教育」に触れたことをきっかけに、桑沢洋子は、東京社（現婦人画報社）を退職し、一九四〇年にイトウ洋裁研究所で数か月間学び、戦後は、バウハウスの構成教育を基盤とするデザイン教育を整えつつ、自身のデザインとしては、野良着の改良や仕事着のデザインに取り組んだ（常見 2003：56）。そして戦後、一九五四年には、桑沢は近代的なデザイン教育を目指して、桑沢デザイン研究所を創立し、一九六六年には、東京造形大学へと発展した。

第6章　モダン・ファッションの普及——各メディアでの展開

ファッションは、さまざまなメディアを通じて不特定多数に発信されることで、初めて社会的現象となる。デザイナーが服を創り出しただけでは、それはファッションとはならない。ファッション文化は、作り手、受け手、そして両者をつなぐメディアの三者が揃って初めて成立するのである。

これまで見てきたように、田中千代は装いを通じて「女性の新しい姿」を具体的に提示することで、当時の女性たちに夢と憧れを与えた存在であった。彼女のデザインや活動は、単に服飾の枠を超え、女性の社会進出や自己表現の可能性を切り拓くものとなっていった。千代は自身が有名になるためにではなく、服飾を通じて社会の役に立ちたいという信念のもとに行動し、その姿勢は多くの人々に新しい価値観を示し、社会に啓蒙的な影響を与えた。

こうした彼女の活動は、当時の新聞や雑誌、ラジオなどのメディアによって広く伝えられ、その影響力は絶大なものとなっていった。千代は、メディアを通じて社会的なフィギュアとなり、多くの人々の価値観や行動に影響を与えた。

そもそもメディアとは何か。これまで多くの学者たちが定義してきており、ここではその議論については詳述しないが、難波功士は、「メディアとは何かという問いには正解はない」としつつも、伝達や複製、保存、再生にかかわる装置・インフラやコンテンツであり、「その場に存在しない誰かと空間・時間を超えてつながるためのモノ」としている（難波 2011：6）。ここでは、広告という意味の「メディア」ではなく、マクルーハンがいう「身体を空間に拡張」し、認識という創造的なプロセスを集合的、集団的に人間社会全体に拡張するもの（マクルーハン［1964］1987：3）という意味に基づくものであり、難波が示す「媒介」を広い意味に捉えて千代の活動を見ていきたい。

田中千代が自身のファッション観を多くの人々に伝えることができたのは、彼女がさまざまな媒体を駆使し、メッセージを発信し続けたからである。その活動は、まさに千代自身の身体を空間に拡張する試みであり、それが多くの人に影響を与えた。千代のメディア露出は、すべてを網羅することが困難なほど豊富である。

井上雅人は『洋裁文化と日本のファッション』において、メディアを「言説メディア」「身体メディア」「空間メディア」の三つに分類している（井上 2017：37）。本章では井上の分類にならい、新聞・雑誌、洋裁学校、ファッション・ショーという三つのメディアに注目する。これらは特に田中千代が力を入れたメディアである。出版物を「言説メディア」、洋裁教育を「身体メディア」、ウィンドウ・ディスプレイとファッション・ショーを「空間メディア」として考察していきたい。

田中千代は、じつはデザイナーになる以前からメディアでの活動を始めていた。このことは何を意味するのだろうか。戦前、夫・田中薫の欧米留学に同行する以前から、薫が勤務していた自由学園でスピーチを行い、同校が発行していた『婦人之友』にエッセイを寄稿したことから、千代は文化的仲介者としての役割を果たしていたのである。この活動は、彼女が書くことを通じて、広範な受け手とつながる力を獲得していく第一歩となった。その背後には、進取の精神を持ち、理性的で相手を尊重する夫・薫の存在があった。薫が千代に発言や執筆の機会を与え、才能を引き出すための支援を惜しまなかったからこそ、千代は仕事をすることができ、社会的に知られる存在となった。その後、メディアによって千代のファッション論が発信されることで、戦前は新進気鋭の服飾研究家・デザイナーとして、戦後になるとファッション業界のみならず、広く知られる社会的な存在となっていった。たとえば『週刊朝日』(一九五七年一月二七日号)では、「輝かしい女性一五人」として、伊東絹子や山本富士子ら有名な女優らとともに田中千代が紹介され、洋画家・木下孝則が描いた彼女の肖像画が表紙を飾っている。

本章では、田中千代とメディアの関係を探るため、彼女がどのようなメディアを通じて何をどのように発信したのかを確認する。そのうえで、それが日本のファッション文化の形成に与えた影響を「言説メディア」「身体メディア」「空間メディア」の観点から分析する。

I　言説メディア――新聞・雑誌など

千代は数多くの原稿を新聞や雑誌に寄稿した。本節では新聞や雑誌などの「言説メディア」に着目する。

1　戦前

田中千代が雑誌で執筆活動を始めたのは一九二五年からである。第1章で述べたように、当時、若手研究者であった夫・田中薫が自由学園で教鞭を執るようになり、千代は、自由学園が刊行していた『婦人之友』（一九二五年一〇月号）に、登山についてのエッセイを寄稿した。新婚時代の千代は、夫・薫によってもたらされた新しい世界を体験し、吸収することで自分自身を形成していった。千代は「主婦」や「海外在留者」という立場から執筆を始め、次第に洋装の知識を持つ「服飾研究家」としての活動へと発展させた。その後、デザインと洋裁の教育を受けた彼女は、「服飾デザイナー」として執筆活動を行うようになった。

千代の向学心と好奇心の強さを理解していた夫・薫は、彼女の自己表現の一環として執筆を勧めていた。また、当時の読者も、千代のような上流階級で洗練された生活を送り、教養があり、海外事情にも精通した女性の視点や存在を求めていた。言い換えれば、千代は夫や世間からメディアで求められる存在であり、その期待に見事に応えたといえる。

『婦人之友』に加え、田中千代が多くの連載記事を執筆したもう一つ雑誌が『婦人画報』であった。『婦人画報』への執筆は服飾デザイナーの立場からのものであったが、ここで注目したいのは、パリのモードが好まれる『婦人画報』の読者層に対して、千代はあえてそれ以外の装い文化も含めた包括的な服飾文化を積極的に紹介し、自身の意見を伝えてきたことである。前述のとおり、戦前に『婦人画報』の編集者であった桑沢洋子は、田中千代と伊東茂平が同誌の専属執筆者のようだったと回想している（桑沢 1975：314）。田中千代がデザイン論や服飾史、民俗衣装について『婦人画報』に連載していたことは本書においても、すでに述べてきたとおりである。

一九四〇年以降は、これらの二誌以外にも、ファッション・デザイナーとしてのみならず、日本衣服研究所所長および海外の動向を知る専門家としての視点から、戦時下の装いに対する批判的な見解も述べている。「戦時下の衣服」（田中千代 1942a）では、女性がこれまで衣服や流行を趣味として捉えてきたが、事変を通じて衣服が必需品であることを学ばせられたとし、廃物利用する動きや国民服・婦人標準服の制定に対しては、結局のところ重要なのは、表面的に国策に従うのではなく「衣服をもっと研究的態度で扱う事も一つの戦時下の衣服に対する心がけと思う」と主張している（同前：2, 26）。自らの意思を持ち、それを考え抜き、発信することが困難な政治状況下で、千代は雑誌というメディアを通じて、一貫して自身の考えを臆することなく発信し続けた。その姿勢は、特筆すべきものであり、今日の私たちにも多くの示唆を与えるものである。

また、海外のデザイン動向を知る専門家としての寄稿の例として、名古屋市産業部の『貿易品と新意匠』（一九四一年）がある。ここで千代は、海外での意匠調査のエキスパートとして、輸出品の改善にあっては、現地でその用途を観察してものを見る目を養い、その国ではそれがどのように用いられているかなど、しっかりと理解することの重要性を説いている。

さらに「世界一周衣服蒐集の旅」では「服飾研究家」という肩書を用い、千代の旅の経緯や目的、現地での民俗衣装収集活動についての文章を寄稿している。この文章は、大阪商船が発行する雑誌『海』（一九四一年二月号）に掲載され、主に海外貿易に携わる富裕層の男性読者を想定して執筆された。

このように、戦前から千代のテキストは、性別やジャンル、立場といった枠組みを超えて幅広い読者層に発信され、受容されていった。

2 戦後

戦後、千代は戦前以上のペースで執筆活動に力を注いだ。そこには戦前のような初々しさはもはやなく、千代らしい語り口が確立され、それが魅力にもなっていた。

・田中千代監修 雑誌『服装』

「洋裁文化時代の到来」（第3章Ⅰ節）で述べたように、日本では戦後、出版ブームが興り、洋裁ブームと相まって洋裁雑誌が数多く創刊された。文化出版局や伊東茂平、中原淳一、花森安治、杉野芳子といった人々や出版社が相次いで洋裁雑誌を出版した。千代は戦前から数多くの記事を寄稿していたものの、自身が監修する雑誌を創刊するのは他の同業者たちに比べて圧倒的に遅かった。ようやく一九五七年、千代が監修者となる服飾雑誌『服装』（五月創刊）が同志社から創刊された。その理由として、多忙であったことに加え、すでにさまざまな雑誌に寄稿していた千代にとって、自らが出版する必要性を強く感じることはなかったからではないかと推測される。

勝田春子によると、後発の洋裁雑誌は他に『モード』（一九五一年創刊、雄鶏社）、『流行通信』（一九五二年創刊、日本織物出版社）、『若い女性』（一九五五年創刊、講談社）などがあった。『服装』は、早くから欧米の最新ファッション情報を提供し、若い女性の支持を集めた点が特徴であった（勝田 2005：

98)。『服装』のキャッチコピー「たのしいスタイル雑誌」からもわかるように、最新ファッションと生活情報を融合させ、教養を深める内容が工夫されていた。また、千代の国際的ネットワークが活用されていた点も他の雑誌にはない特徴であった。

創刊号から一九五八年一二月号まで、一七回にわたる「デザイナー・インタビュー」が連載され、クリスチャン・ディオール、ノーマン・ハートネル、ピエール・バルマン、イヴ・サンローランらのインタビューが掲載された。この連載は当時の日本においても貴重な生のファッション情報として、時代を担うデザイナーたちに影響を与えた（同前）。『服装』誌には田中千代に加え、伊東茂平、杉野芳子、桑沢洋子、原田茂、小池千枝（1916–2014）、長沢節（1917–1999）、中原淳一、さらに中林洋子（1921–2001）、中村乃武夫、水野正夫（1928–2014）、中嶋弘子（1926–2021）、森英恵、着物デザイナーの清水とき（1924–2024）、三田村環（1927–）、帽子デザイナーの平田暁夫（1925–2014）など多くのファッション・デザイナーが登場している。また、のちに服飾評論家として活躍する大内順子（1934–2014）

『服装』創刊号表紙

『服装』1968年11月号表紙

『服装』1972年３月号表紙

もモデルとして登場するなど、この時期に活躍していた幅広い世代のデザイナーが参加していたことが特徴である。

さらに画期的だったのは、フランスの雑誌『ＥＬＬＥ』との独占契約である。一九六六年一〇月号からは同誌と契約し、パリのコレクション情報を『ＥＬＬＥ』誌と同時に掲載した。『ＥＬＬＥ』との独占契約は、平凡出版（現マガジンハウス）の『ａｎ・ａｎ』からと語られることが多いが、実際には一九六六年にすでに『服装』が行っていた。

また、一九六八年一月号から七一年一二月号までの四八回にわたって「新・服飾事典」としてファッション用語を解説した他、一九七二年一月号から七四年三月号までの二七回にわたり、田中千代のライフワークであった民俗衣装が見開きで紹介された。この時代には、すでに田中千代より数世代若い人々が主な購読者となっていた。製作図付きのデザインブック、付録は家庭洋裁や洋装店で広く利用されたが、オイルショックによる紙不足の影響などで、一九七四年三月に一八巻三号をもって終刊を迎えた（同前：99）。

一九七〇年代初頭に原宿が若者ファッションの中心地として発展していくなかで、お洒落に関心を持つ若者たちの愛読誌が『服装』であったという証言もある。田中千代は他の同時代デザイナーより、雑誌の監修は遅かったが、後発であった分、『服装』はファッション界の新世代を刺激する雑誌となり、戦後生まれの若者層に人気を博したのである。

・『図解子供服全書』（一九四七年）・中等教育用教科書『洋裁』（一九五二年）

戦後の千代の膨大な量の著作のなかで、最初のベストセラーとなったのが『図解子供服全書』（婦人画報社）である。この本は驚異的な売れ行きを記録し、先述のとおり、その印税で芦屋の本校を建設した。戦争により焼け野原となった状況のなかで戦後のベビーブームが起き、母親たちは手持ちの布を使って子どもの服を作ろうとしたため、この本が飛ぶように売れたのである。千代はに出演したNHKテレビ『奥さんごいっしょに』（一九七七年八月一八日放送）で、この本と同じ服を着た子どもに街で出会えたことが嬉しかったと述懐している。また、各出版社が田中千代の洋裁独習書を次々と刊行するなか、千代は中等教育用の教科書『洋裁』（上・下巻）も執筆した。

『図解 子供服全書』書影

戦後の執筆活動を通じた功績の一つとして、フランスの一流デザイナーの動向に加え、アメリカの若手デザイナーやファッション関係者の活動を紹介した点が挙げられる。今となっては現地でも忘れられている人物も多い。これらの情報は、国際的な人脈がなければ得られないものであった。たとえば、一九五三年一月九日付『産経新聞』に掲載された「一九五三年のモードを語る」という記事では、千代は産経新聞社と大阪新聞社が主催した「田中千代グランド・ファッション・ショウ」に登場したパワーズ・モデルの一人、グレンドラ・ドナルドソンにニューヨークから電話で取材し、一九五三年のモードの流行をシルエットや色、素材に至るまで詳細に伝えている。また、『婦人画報』一九五三年五月号の「流行を創る人とその作品紹介5」では、千代が「アン・ファーガティ（Anne Forgarty, 1919–1980）」を紹介している。

このように、千代のファッションに関する情報量は、パリやアメリカのファッション関係者と肩を並べるほどとまではいかないが、かなり精通しており、その動向をいち早く捉えて、雑誌や新聞、書籍を通じて日本に広めた。

3　『図解服飾事典』（一九五五年）と『服飾事典』（一九五七年）

田中千代は多くの著作を残したが、その集大成として最も重要であるのが、一九五五年に出版した『図解服飾事典』と五七年に出版した『服飾事典』（ともに婦人画報社）である。この事典は、千代の長年にわたる研究成果と実証精神を反映するもので、世界の服飾文化や歴史、技法や素材について、詳細かつわかりやすく図解・記述されている。今日でもファッション研究者やファッションを学ぶ学生にとって欠かせない事典として、広く活用されている。

一万七〇〇〇語を収めた大作は、実例の面白さと豊富な写真から、読み物としても楽しめる構成になっている。田中千代はこの事典を作るプロジェクトを、ハース＝ハイエやトラペーゲンから学んだ最初の欧米留学中から着手しており、戦時中も常に『服飾事典』の基礎となるカードを書き溜めていた。そのきっかけは、服飾用語を最初に英語やフランス語で学んだ千代が、日本で教える際に適切な言葉を選び、自ら整理する必要性を感じたことにあった。千代は戦時中の執筆の苦労を左記のように書き残している。

片っぱしから目に耳につく服飾語をカードに書き込み、何月のヴォーグの何頁に一回目を見いだし、二回目はデパートの広告等にという工合に採集し出した。（……）戦争は激化、そして主婦の友前社長石川武美氏がそのカードの焼失を案じ、地下室に預かって下さることになった。（……）焼夷弾に爆弾が加わる様になり、主婦の友社の地下室も危険地域との助言を頂き、リュックに背負って鎌倉の卒業生の家のほら穴の奥深く埋める事にした。（田中千代 1982b：215）

田中千代の言葉が示すように、千代は戦前の海外留学時から服飾語カードを書き始め、それは戦時中も死守したほどの価値を持つものであった。千代にとって『服飾事典』は単なる西洋文化の翻訳ではなく、日本で育まれてきた洋装文化の歴史や千代自身の活動経験、さらに世界各地で得た知識をもとに編纂されたものである。そのため、この事典は日本のファッション文化の拠り所となり、時代を超えてその重要性を保ち続けている。また、知識の宝庫であり、それを広く共有するということの事典の存在は、千代が生涯をかけて目指した理念を象徴するものでもある。千代の活動とこの事典は、彼女の追求した価値を体現し、まさにパラレルな関係にあるといえる。

『図解服飾事典』箱書影

先述した映像『田中千代　半世紀の歩み』（制作年不明）のな

かで、千代はハース＝ハイエから、日本の人々のために、自分が彼に質問したことを本にまとめて伝えると良い、と勧められたことを語っている。さらに、書くのであれば自分の背の高さになるほどの冊数を書かなければ、その人の歩みは伝えられないといわれ、それを受けてムキになって書いてきた、と振り返っている。

実際、千代はその言葉通り多くの書籍を著し、言語を、ファッションを伝える重要なメディアとして用いてきた。その膨大な記録こそが、彼女の歩みの証であり、今日に至るまで私たちに多くの示唆を与え続けている。

II　身体メディア——田中千代服装学園での活動

次に「身体メディア」として、田中千代の洋裁学校での活動について、具体的に確認していくことにしたい。以下で述べるように、千代は自身の理念に基づいて田中千代服装学園を創設し、その活動を全国へと広げていった。多くの学生がこの学校で洋裁やデザインを学んだが、千代は洋裁技術の習得だけでなく、教養を深め、独創性や自由な精神を養い、それをデザインに生かすことを重視していた点に特徴があった。さらに、彼女の考え方は、文化や地域の枠組みを超えたグローバルな視点に基づいており、こうした理念は、千代が理想とする人間像を反映したものであると同時に、自身もそのようにありたいと努力を続ける原動力となっていたのではないだろうか。田中千代服装学園は、千代の経験や思想を個人の枠を超えて多くの生徒に伝える身体メディアとして機能した。本節では、田中千代服装学園の設立と発展の経緯を振り返り、その活動が日本のファッション文化において果たした意義について考えてみたい。

1　洋裁ブームのなかでの田中千代学園

戦前から田中千代は、洋裁の技術だけでなく、美を発見する感受性やそこから自分のデザインを生み出す発想力、それをデザインに結実させる実行力など、大きな視点からファッション・デザインにかかわる教育を行ってきた。この教育理念は、千代自身がハース＝ハイエの学校で経験したことを基礎にしており、自身が受けた感動や得た知識を、日本の人々にも還元したいという思いから発展したものである。この点については、第2章の「田中千代洋裁研究所の設立とその特徴」（Ⅲ節）で詳述した。ここでは、戦後の活動に焦点を当てる。

敗戦直後の一九四五年九月一八日、田中千代は大阪の朝日講堂で「これからの衣生活」という講演を行った。その講演を聴きに来ていた昔の生徒たちは、千代が学校を再開することを、強く望んだ。生徒たちのなかには、それさえあれば何とか自分で作ることができるということで、昔取ったノートをリュックに入れて戦禍のなかを逃げ回った人もいた。千代はこうした女性たちの熱意に応えようと、すぐに学園再開の告知を出したところ、約一〇〇〇人の応募があったが、一〇〇〇人を収容する場所がなく、選考試験を行い約二〇〇人に絞り込んだ。また、女性たちの多くが焼失してしまった洋裁の本を求めていたため、千代は、戦時中の栄養不足からくる網膜剝離で片目を失明するほど体調を崩していたが、洋裁の基本技術からスタイルブックに至るまで、多くの書籍を執筆した。なかでも『図解子供服全書』はベストセラーとなり、この印税で、芦屋の校舎を建設したのは前述のとおりである。

東京の大手洋裁学校の動きとしては、前述したとおり東京・新宿の文化服装学院は、一九四六年八月に再開し、午前、午後、夜間の三部制の授業に約三〇〇〇人、翌一九四七年には倍の約六〇〇〇人が入学した。また、東京・目黒のドレスメーカー女学院は、一九四六年に一〇〇〇人余りが入学した（千村［1991］2005：28–29）。

戦前に田中千代と同じくモダン・デザインに興味を持ち、和服に代わる新たな日本のモダン・ファッションの創造を編集者という立場から模索していた桑沢洋子は、戦後、一九四八年春には、多摩川洋裁学院の院長となった。その後一九五四年には、桑沢デザイン研究所を創設して「日本のバウハウス」となることを標榜し、ファッションの枠組みにとどまらないモダン・デザインの普及に尽力した。

田中千代も、戦後は洋裁ブームの波に乗り、まずは関西圏で分校を増やしていった。一九四七年には、京都市中京区三条に京都分教所を開設し、翌年四月には、「財団法人田中千代学園」として認可を受け、従来の芦屋の研究所は「田中千代服装学園」と改名した。一九四九年には大阪市北区老松町に「大阪田中千代服装学園」を開校し、さらに京都分教場も「財団法人京都田中千代服装学園」として認可を受けた。芦屋学園には、西校舎も増設された。一九五一年には財団法人から学校法人へと移行し、「学校法人田中千代学園」となる。翌年には芦屋学園に高等裁縫科、デザイン科、特別研究科が新設されるなど、急速に拡張していった。

一九五二年の学校案内には、学園の教育目的として、「衣服の裁縫よりその裁断・衣服常識・服装史・服飾美学に至るまでの基礎知識を研究し、職業的にも立ち得ると同時に婦人の家庭生活に寄与し、技術を通じて婦人情操の滋養につとめる」と記されている。授業内容や学科の構成は技術教育と教養教育を兼ね備えたものとなっているのが特徴であった。

一九五〇年代にも洋裁ブームは続き、週刊誌でも、日本全国の洋裁学校の特徴を伝える特集記事が掲載されるほどであった。『婦人朝日』(一九五三年三月一日号)では「洋裁学校案内」の記事のなかで、

田中千代服装学園(芦屋)西校舎増設(1949年)

原雅夫によるドローイングの授業(芦屋、1950年)

鴨居玲によるアトリエでの授業風景(芦屋、1954年9月)

秩父宮妃来園（芦屋）1954年11月3日撮影

田中千代服装学園については、教師は田中千代の門下生で、デザイン教育に特に力を入れており、アトリエ、図書館を附設し、千代が永年苦心して集めた世界民俗衣装のコレクションも自慢の一つであると紹介されている。生徒は約一〇〇〇名、四国、九州、北海道から入学する人もいた。基本科、速成科、研究科、師範科があり、いずれも隔日で、基本科一か年以外はすべて六か月の課程で、授業料は基本科月額六〇〇円、その他はいずれも月額七五〇円とある。

一九五三年の『主婦之友』（四月号）では田中千代学園について、当時の生徒数約一二五〇人、卒業生は約五〇〇〇〇人、そのなかには第一回ティナ・リーサ賞受賞者の小西美知子やデザイナーの森脇雅子がおり、開校数は全国で二〇〇校、課目は、基本科、速成科、特別研究科、師範科、デザイン科、高等裁縫科、日曜科、自由科があり、講師には、田中薫、田中久、二紀会会員の洋画家・鴨居玲、特別講師に風俗史研究の江馬務、洋画家の小磯良平、京都府立医大の緒方洪平らがいると紹介されている。なかでも、基本科を重視した教育で、ノートは必ず清書して、成績ノート、製図ノート、部分縫いノートの三冊が合格しなければ基本科は卒業できないが、最新型のデザインを数多く教えるのが主眼ではなく、良いデザインを見る目を養うことを理想としていた。いずれの紹介記事も、洋裁の技術的な教育のみに主眼が置かれているわけではなく、幅広く芸術や教養を身につけさせようとする千代の方針が的確に伝えられている。

一九五二年にアトリエと図書館が増設され、ファッション・ドローイングの講師は、鴨居玲が担当することになった。鴨井は、東京で画家の宮本三郎（1905–1974）に師事し、神戸では田村孝之介（1903–1986）に学んだ、独特なタッチで内面の葛藤を精緻かつ勢いのある筆づかいで描き出す画家であった。姉の羊子は、一九五六年から大阪で下着デザイナーとして活躍し、戦後の女性に大きな影響を与えた人物でもあった。それ以前から、ファッション・イラストレーターとして活躍し、のちにコシノ・ヒロコ（1937–）の師となった原雅夫が、一九五〇年に芦屋で授業している写真が残されている。この時期、千代のデザインの多くは、原にイラスト化され、ファッション誌に掲載された。

また、千代の学園には、戦前から皇室関係者が来校しており、一九五四年一一月三日には、秩父宮妃が芦屋学園を来訪し、世界の民俗衣服と生徒作品、授業を視察した。こうした環境やカリキュラムの特色として、デザインに必要な教養を高めるために、アーティストや学者が講師を務め、創造性を高める環境を整えた点が挙げられる。

2　服飾統計研究会とモデリング研究会

田中千代の学園には、授業以外の特別な取り組みがいくつかあったが、「服飾統計研究会」はそのなかでも特に独自性が際立つ活動であった。この研究会は、一九五三年ごろ、夫・薫と千代の指導の

モデリング研究会のアトリエでの練習風景（1954年11月）

もと、講師の田中春江を中心に卒業生の有志が立ち上げたものである。一九五五年には、新規募集会員を含め二〇人の会員が所属し、月に一回、京阪神地域を中心に、統計調査を行った。

田中千代は戦前から今和次郎の考現学に影響を受けており、鐘紡勤務時代には女工の服装に関する統計をとるなど、実地調査を重視していた。服飾統計研究会は、「雨の日の調査」や「夏の子供服調査」「全国二四都市の装い調査」などを行っている。たとえば、「全国二四都市の装い調査」は、夏季休暇で帰省する寄宿生の協力を得て二四都市（高松市、今治市、都城市、福岡市、尾道市、倉敷市、岡山市、洲本市、神戸市、宝塚市、大阪市、鈴鹿市、豊橋市、尾鷲市など）で一斉に装いの調査を行ったものである。

このような調査活動は、どのような服が現在、求められているのかを把握し、流行を察知する能力を身につけるためにも、生徒たちにとって、有益な教育であったと考えられる。一九五五年以降も、研究会は毎年テーマを変えて統計調査を実施しており、その成果は毎年、学園誌『緑紅』で発表された。

もう一つ、田中千代学園の特色ある学内のグループとして「モデリング研究会」が挙げられる。これも有志による活動で、一九五四年一月に発足し、同年一二月のクリスマス・ショーや一九五五年の三月卒業ショーなど学園内の催しで活躍した。単にファッション・ショーでのモデルを務めることにとどまらず、「近代女性の生活に欠くことのできないエチケットとして正しい美容やスタイルに対して、知性、美感覚を伸ばしていく」ことを目標としていた(『緑紅』一九五五年第七〇号)。一九五四年一二月には、エリザベス美容院の美容師を招き、美容や化粧についての講習会が実施され、直後のクリスマス・ショーに向けて、メイクやアクセサリーなど試行錯誤しながらスタイリングに挑戦する姿が学園誌『緑紅』に記録されている。

これらの活動から、生徒たちが自発的にプロジェクトを企画・運営する創造的な雰囲気が、田中千代の学園にはあった様子がうかがえる。教師からの技術習得という枠を超え生徒たちは自らの好奇心や探究心を原動力に、調査・研究やプロジェクトを進める自立した姿勢で学んでいたのであろう。

3 外国人クラスの創設

一九五〇年代半ば以降、外国人学生が田中千代学園に入学するようになったことは、同学園の特色ある取り組みの一つである。神戸近辺に住む西洋人が日本の洋裁学校で洋裁を学ぶという、興味深い逆転現象が見られた。一九五四年春に、エルゼ・ロバート(当時二三歳)が二年の修業課程を修了し、卒業した。エルゼ・ロバートは、神戸で生まれたドイツ人で、米軍リチャード・ロバート曹長と結婚していた。幼少期より洋裁に親しんでおり、結婚後、自ら田中千代学園を探し当てて入学した初の外国人生徒であった(田中千代 1956c : 72)。

エルゼの洋裁が形となるのを見て、米軍宿舎の夫人たちのなかから、通訳を雇ってでも学びたいと希望する人たちが現れ、一九五六年には正式に芦屋学園に外国人クラスが新設された。イギリス、アメリカ、ドイツ、インドネシア、グァテマラ、ポルトガルなど三〇人あまりの申し込みがあった。これについては、「日本洋裁を学ぶアメリカ人」というタイトルで、高林愛が『田中千代スタイルブック五』(一九五六年夏号)で詳しく紹介しているが、日本の洋裁教育とアメリカの違いについて、次のように記している。

世界中、家庭洋裁は型紙を使う以上にやっているところは殆どない。既製服が発達し、仕立代が高い米国では、デザインや流行産業を主にやる学校はあっても、洋裁の実技専門の学校は少ない。それに比べて、日本の洋裁教育の発達は、世界第一といえよう。教え方が親切で、合理的で、技術の程度が高い。それは、日本の産業革命が遅れたせいだといえない事もないが、決してそればかりではないだろう。(……)日本人社会のあるところ、必ず洋裁学校が盛んなのは、洋裁と民族性の問題として興味深い。(同前:73)

この記述は、当時の日本とアメリカにおける洋裁の状況を反映している。一九五〇年代のアメリカでは、既製服産業が発達し、洋裁実技を中心に教える教育機関が少なかった。一方、日本では既製服産業の発展がまだ限定的であったため、洋裁全盛期を迎えていた。この外国人のクラスを実際に受け持ったのは田中春江であった。田中春江については、学園誌『緑紅』(一九五六年第八号)の記事以外情報はないが、三歳のときにオランダ人経営の幼稚園に通い、六歳のときにはイギリス人の経営する学校に入り、小学校・女学校は日本の学校へ通った経歴の持ち主だった。多様で異なる文化的背景を持つ家庭婦人との具体的なやり取りが報告されており、単に一方的に教えるという関係ではなく、相手の反応からも教えられるという、双方向のコミュニケーションが活発な授業であったことがわかる。

さらに一九六四年には、タイからの留学生五人と韓国からの留学生が芦屋学園本科を卒業している。このように、田中千代学園は、千代の国際性を反映するかのように、国内外から学生を受け入れ、多様な文化交流の場を提供していた。

4　実業家との連携——まちづくりの一環としての田中千代服装学園の設立

田中千代服装学園に限らず、一般的に洋裁学校ブームを支えたのは、卒業生が全国各地に姉妹校を創設し、拡張していく「チェーン校」制度であった。「文化服装学院」や「ドレスメーカー女学院」の名称が全国各地に残るのは、この仕組みによるものである。田中千代服装学園も一部でチェーン校を展開していたが「田中千代服装学園」という名前がつけられることはなく、その数も他校に比べて圧倒的に少なかった。むしろ、全国に多くの衛生校を開設するのではなく、千代が教鞭を執ることが可能な範囲で大都市に学校を設立した点が特色であった。

田中千代服装学園が国内主要都市に展開できたのは、チェーン校の仕組みによるものではなく、各界の実業家からの依頼によるものであった。この点は他の洋裁学校と異なる点であった。一九五〇年代中ごろ、田中千代の知名度はメディアを通じて全国的に広まっていた。主要都市の新たなまちづくりの一環として、文化教育施設として田中千代服装学園の開校が求められたのである。また、著名な経営者たちが千代に直接声をかけたのも、彼女の活動や存在がメディアを通じて広く知られていたからこそといえる。

一九五六年四月には、福岡と名古屋に田中千代服装学園を開設した。九州学園の設立は、田中千代が松下電器産業・パナソニック社長（当時）の松下幸之助（1894–1989）と飛行機内で何度か一緒になり、経営や人間関係について会話を交わしたことから九州学園創設へと発展していった。同校は博多駅すぐ脇のナショナル・ビル六階に開校し、理事長には松下幸之助が就任した。

同じころ、田中千代は、名古屋鉄道副社長をしていた土川元夫（1903–1974）からも学園開校の相談を受けている。名鉄では沿線で文化開発事業の構想があり、幼稚園、体育館、百貨店に加えて、主婦や若い女性が洋裁を学ぶための教室を設置したいと千代に声をかけた。千代も地域の開発に役立てるのであればということで、これを引き受け、一九五六年九月、名鉄堀田駅近くに名古屋田中千代服装学園が開校した。名古屋校の理事長には、土川元夫が就任した。

学園の第三回理事会資料（一九五七年二月一日）によれば、敷地面積六三一坪、建物の延床面積三五七・六二坪で、六教室（三〇〇人収容）を備え、職員が一〇人（教務六人、事務二人、用務員二人）で生徒数が二一八人（一九五六年一二月現在）であったことが記載されている。千代は名古屋校では、「ブラウスとスカートについて」「ニューモードについて」「一九五六年の流行の布地について」の講義を行い、教養講座として、「エチケットについて」も講じた。他にも、勝沼精蔵が「頭脳と身体の発達と精神力」、久曾神昇（愛知大教授）が源氏物語や万葉集を、阿久津慎（名鉄病院院長）が「家族計画」と題した授業を担当した。芦屋校と同様、洋裁の技術だけでなく、広く人文科学についての授業が地域の学者たちを講師に迎えて行われたのである。

東京への進出は、当時東急の社長であった五島慶太（1882–1959）からの依頼で始まった。一九五七年四月、渋谷駅前に新設された東急文化会館の四階すべてを使う条件で、東京田中千代服装学園が開校した。五島慶太は、一九二〇年代から阪急の小林一三の開発方法を採り入れ、自ら手がける荏原《えばら》電鉄や東京横浜電鉄（東横線）など、鉄道沿線に学校や娯楽施設を誘致して沿線開発をし、成功を収めていた。

モダニズム建築で世界的に有名な建築家・坂倉準三（1901–1969）が設計した八階建ての東急文化

東京田中千代服装学園の入学式の様子（1957年4月）左から田中千代、五島慶太東急電鉄社長、綾部健太郎理事長

九州田中千代服装学園の入学式で祝辞を述べる松下幸之助社長（1956年4月9日）

会館は、四つの映画館、専門店、美容室の他、プラネタリウム、そして千代の学園など当時の文化活動の需要を反映したラインアップであった。

東京田中千代服装学園の設立者は五島慶太、理事長には綾部健太郎、学園長に千代が就任した。

また、一九五七年は、千代が洋裁を教え始めてから二五周年の節目にあたり、京都学園を閉鎖し、代わりに芦屋学園を増築し新たな講座を開設した。当時の阪神間在住のアーティストたちが集ったアトリエ開きの様子についてはすでに先述したとおりである。

しかし、その三年後の一九六〇年には、現在の渋谷ファッション&アート専門学校のある場所（東京都渋谷区渋谷一―二一―七）へ学園は移転し、それに伴い経営体制も改変された。一九六〇年代後半には戦後のベビーブーム世代が生徒となり、小規模だった田中千代服装学園も全校合わせて六〇〇〇人の生徒を抱えるまでに成長した。

5　教育の集大成として――田中千代学園短期大学の設立

田中千代の教育活動の集大成といえるのが、一九七二年四月に開学した田中千代学園短期大学である。千代が服飾生活四〇年を迎えて取り組んだ最後の大きなプロジェクトであった。開校式には秩父宮妃が来賓として参加した。日常的な感覚を追求するには、心理学や美学、哲学が必要であり、服の素材を理解するには科学の知識が求められる。また、生産や流通に関する経済、労働問題、さらにはデザインの盗用を防ぐための法律の知識も不可欠である。さらに、ファッション・デザインには、服飾史という縦軸と、世界の人々の服飾文化を視野に入れた横軸の理解が求められる。加えて、世界各国からのファッション情報を理解するには、英語をはじめとする外国語能力も必要である。このように、洋服一枚を通じて広範な教養が必要であることを見据え、千代は、東京都町田市の緑豊かな丘に田中千代学園短期大学を開設し、大学教育の場を提供した。なお田中千代服装学園は専門学校として存続した。

初年度は五〇人の学生が入学し、翌一九七三年四月には英語科が設置された。ここでは英文学ではなく、実用的な基礎英語に重点を置き、新聞が読め、手紙が書ける程度の読み書きの基礎のある国際人として生きうる人を送り出すという方針であった（田中千代 1982b：262）。開校から一〇年後の一九八二年には、服飾科、英語科合わせて各学年約四〇〇人、短期大学だったため二学年合計で約七五〇人の学生が通学するまでに成長した。

創立時の理事および教員には、田中薫・千代夫妻の理念を共有し、それを実践できる研究者が選ばれた。学生部長は東京医科歯科大学で初代精神医学教授となり、日本における精神病理学の礎を築いた島崎俊樹（1912–1975）、教務部長は東京工業大学で染織化学を教えていた安藤暹（1904–1980）、環境部長は下間實、服飾科長は繊維工学専門の白樫侃が就任した。また、俳人の楠本憲吉（1921–1988）は創立記念の詩を寄せた。短期大学設立当時、夫である田中薫は大学を定年退職しており、この短期大学プロジェクトに参加していたが、開校直前に他界していた。田中千代学園において常に一流の学者が教鞭を執る環境が整えられていたのは、薫の持つ豊かな人脈によるところが大きかったと考えられる。

田中千代学園短期大学は、単なる洋裁技術の教育ではなく、国際的な感覚や言語能力、創造力を養い「ものを見る眼」を育てるリベラルアーツ教育を実践する場であった。

ここまで見てきたように、田中千代学園は単なる教育機関としての役割を超え、田中千代の理念を具体化した「身体メディア」として機能していた。少人数制を採用することで、生徒一人ひとりに丁寧な指導を行い、技術の習得だけでなく、創造性や独立した精神を育む環境が整えられていた点は特筆に値する。また、田中千代の社会的存在感は、メディアを通じて全国的に広まり、日本を牽引する大企業の経営者たちと対等に渡り合えるほどの影響力を持つに至った。このような社会的認知度の高さが、学園の設立に際して都市計画の一環として組み込まれる形で、文化教育施設としての役割を担うことを可能にしたのである。

さらに、学園が国内外の多様な学生を受け入れたことは、文化交流の拠点としての機能を果たし、田中千代が追求したグローバルな視点を教育の場で実現したものであった。これにより、学園は服飾技術を伝える場にとどまらず、生徒たちに、「新しい女性像」を体現する方法を提供し、彼女たちが社会で主体的に活躍するための基盤を築いた。こうした学園の活動は、当時の都市計画や産業構造に組み込まれることで、社会全体の近代化と服飾文化の発展に大きく寄与したといえる。田中千代学園は、少人数制を通じた質の高い教育、田中千代の社会的影響力、都市計画との連動性を兼ね備えた、「身体メディア」としての重要な役割を果たすものであった。

千代の没後、二〇一〇年にこの短大は閉校となる。しかし専門学校は存続し、二〇〇四年に東京田中千代服飾専門学校に統合され、さらに二〇一八年には武蔵野美術学園を引き継ぎ渋谷ファッション&アート専門学校と改名された。

III　空間メディア——ウィンドウ・ディスプレイおよびファッション・ショーの活動

三つめのメディアとして、ウィンドウ・ディスプレイとファッション・ショーという「空間メディア」を取り上げ、田中千代の活動を振り返る。これらは千代の先駆的な取り組みを象徴するとともに、越境的な視点と創造性を駆使して総合芸術へと統合されたメディアであった。また、これらは千代がその芸術性を最も深く追求できた場でもあった。

1　ウィンドウ・ディスプレイ

千代のデザイナーとしてのキャリアの出発点となった大阪心斎橋の鐘紡サービスステーションは、マネキンが一つしか入らないような小さなショーウィンドウながら、田中千代が想像力を駆使してさまざまな実験のできる空間メディアであり、布地の生産者である鐘紡、着こなしを提案するデザイナーの千代、そして街を歩く消費者の三者を結びつける「窓」としての役割を果たしていた。

このショーウィンドウは、鐘紡の新製品を素材にするという制約があったものの、千代が自由に創造性を発揮できる場であった。また、実際に千代がディスプレイ用の洋服を仕上げて飾ることで、布

田中千代による銀座鐘紡サービスステーションのショーウィンドウの展示（1939年正月）

の使い心地や着心地、洗濯後の状態などを鐘紡の工場へ直接伝えることもできた。当時の日本ではショーウィンドウ自体がまだ珍しい存在で、ディスプレイの手法は模索の段階にあった。

千代はさまざまな失敗談を残している。たとえば、千代は鐘紡の当時の社長、津田信吾から忘れられないほどの叱られ方をしたエピソードをラジオで語っている。津田の「きれいな布が沢山あるのに、どうして飾らないのか」という質問に対し、千代は一生懸命工夫をしたが、面積が足りずこれ以上、飾ることができないと答えたところ、「あなたはデザイナーなのに工夫が足りない」と叱られたという。津田は、「たしかに棚の上を上手に整理しているし、テーブルの上も美しく飾っているし、ケースのなかもきれいだが、飾りたい布が置けていないというのは、そこからの工夫がないように思う」と述べたうえで、「僕だったら、この店にまだまだ空間が空いていることに気が付きます」といったという。千代ははっとして、天井はいくらでも空いているし、天井からケースの間、人の頭の上から天井までの空間が本当にたくさん空いているということに気がついた。そこで、布をこちらの端からあちらの端にとおしてみたり、縄をぶら下げてみたり、そのころには新しい飾り方を実現することができたという。千代は、「工夫をしたといっても、どこか途中までで、それから先がとぎれていることがわれわれの場合に多々あると思」うといい（田中千代 1960：24）、津田によってディスプレイの仕方についての教訓を得たと明かしている。

心斎橋の鐘紡サービスステーションから程近い道頓堀には、関西初の洋式劇場として「大阪松竹座」があり、歌舞伎や新劇などの公演を中心に多彩な演目が上演されていた。ショーウィンドウに斬新なデザインの服飾品を展示していたところ、松竹の関係者が購入することが多かった。新興和装もその一つで、柄も型も洋服の感覚で、短い羽織丈が、当時、斬新と受け止められ人気を呼んだ。戦前は、冬になってもウールがなかったので、クレープデシンをキルティングして、茶羽織と着物を同じ模様で大小をつけたり、色違いにしたり、白黒反対の組み合わせにしたりした。それにショールを加えるなど、マネキンに着せるものがなくて、無理やり作り出した作品が、モダンなニュー・キモノ・アンサンブルとなったこともあったという（小川 1984：168）。

その後、東京・銀座にも鐘紡サービスステーションが開店すると、千代はそのディスプレイも担当し、銀座の街を歩く人々にモダン・ファッションの魅力を発信し続けた。

田中千代にとってショーウィンドウは、商品の魅力を街行く人々に伝える場であると同時に、千代の想像力を駆使して新たな着こなしを提案し展示する創造的な媒体であった。画家の東郷青児が戦前に千代のディスプレイを見て妻のために新興和装を購入したエピソードや、戦後、千代が会ったとき東郷から褒められたことが、千代の戦後のニュー・キモノ制作に影響を与えたことは前述したとおりである。一九五〇年に千代がニューヨークへ留学した際にも、街のウィンドウ・ディスプレイを写した写真が数多く残されており、それは彼女が常に新しい表現や可能性を追い求めた姿勢を物語ると同時に、ウィンドウ・ディスプレイそのものに強い愛着を抱いていたことを示している。

2　総合芸術としてのファッション・ショー

ファッション・ショーはデザイナーの世界観を表現し、作品を披露するための重要なメディアである。服飾を「総合芸術」として捉えていた田中千代にとって、ファッション・ショーはその理念を具現化する重要な場であり、生涯を通じて多くのショーを開催した。ここでは、一九三〇年代から最も精力的にショーを手がけた一九五〇年代までを中心に、千代のショー構成や出品作品、表現方法を中心に、彼女がショーを通じて伝えようとしたメッセージやその影響を考察したい。

日本のファッション・ショーは、富裕層の顧客とプレスのみを対象としていたパリのオートクチュールのショーとは異なり、一般の観客にも開かれた形で洋装を普及させる場として始まった。西洋のようなファッション・システムが整備されていなかった日本では、ファッション・ショーは洋装の美しさや服飾デザインの芸術性を伝えるだけでなく、戦前には洋装の普及を目的とし、戦後には理想の女性像を表現する場として発展していった。

一九五〇年代の全国的なファッション・ショーのブームの火付け役でもあった田中千代は、ファッション・ショーに大きく二つの新しい要素を持ち込んだ。一つは、前衛美術家や音楽家とともにショーを演出し、服飾デザインを「総合芸術」として表現する試みである。ともすれば単なるパリ・モードの模倣、あるいは商業的なファッション・ショーになる可能性もあるところ、千代は「創造性」や「芸術性」を重視し、アートとしての価値を付与することにより、ショーではモダン・ファッションのアートとしての側面を引き出した。

二点めは、「民俗衣装」のショーをとおして、「洋服」という枠組みを超えたグローバルな視野からモダン・ファッションを考える視点やそのデザインを示したことである。人々が西洋文化に憧れ、洋装を取り入れようとパリやアメリカのモードを追いかけていた時代に、千代は世界各地の民俗衣装に関心を持ち、これを積極的にファッション・ショーでも紹介した。彼女は「現代の日本人は何を着るべきか」という問いをグローバルな視点から追究し、ファッション・ショーを通じてその答えを伝えようとした。当時、他の日本人デザイナーで、千代のように民俗衣装に情熱を傾ける人は少なかった。

戦前からショーを行っていた田中千代は、一九四七年に戦後いち早くファッション・ショーを開催し、千代のショーは毎回数千人の観客を集め、日本のファッション・ショー・ブームの火付け役ともなった。

筆者の調査では、何らかの資料や記述が確認できたものだけでも、田中千代は生涯で少なくとも一二〇回以上のファッション・ショーに参加し、そのうち個人ショーもかなりの数を確認した。その他、NDC（日本デザイナークラブ）など部分的にかかわったのみのグループ・ショーや地方に巡回した個人ショーなどについては資料が残されていない可能性もあるため、実際はそれ以上のショーに参加していたと推測される。

ファッション・ショーは総合芸術であり、衣装やモデルだけでなく、ヘア・メイク、音楽、舞台美術、照明など、多岐にわたる要素が組み合わさって一つの作品を創り上げる。そのため、多大な時間や資金、労力を要する。それにもかかわらず、千代がこれほど多くのファッション・ショーに参加したのは、ショーに対する強い情熱があったからだろう。また、こうした理由から、これほど多くのファッション・ショーに関与したデザイナーは他に例を見ないと考えられる。

千代のファッション・ショーを概観すると、主催者（繊維会社、アパレル企業、出版社、新聞社、学校、各自治体の教育委員会、大使館など）によって重点の置き方は異なるものの、ファッション・ショーの目的は、洋装の普及や洋服に関する知識を深めること、日本の繊維産業振興、服飾教育・研究、芸術的表現のためといった要素が絡み合っていたことがわかる。また、ショーは本拠地としていた関西圏だけでなく、大阪と東京で必ず開催し、演出には当時の前衛的で力強い表現をする著名アーティストがかかわることが多かった。

現存する服飾作品は少ないが、千代は多くの著作（書籍、ショーのプログラム、雑誌・新聞寄稿記事）や記録写真を残している。したがって、記録映像はほとんどないという限界はあるものの、上記資料に加え、当時の新聞や雑誌での報道記事も含めた資料を用いて、千代の代表的なファッション・ショーを考察してみたい。

(1) 千代の戦前のファッション・ショー

戦前に田中千代が出品したファッション・ショーとしては、四つのショーに関する記述が確認された。千代は、これらすべてに鐘紡の服飾顧問として参加している。

千代のファッション・ショーについて触れる前に、日本におけるファッション・ショーの歴史を概観しておきたい。日本のファッション・ショーはデパートに始まり、初期のものはこぢんまりとした規模で、総合芸術というよりも販売促進を目的としたものであった。「ファッション・ショー」という名称が初めて使われたのは、一九二七年九月二一日から二三日にかけて三越が開催した染織一品会である。しかし、この催しは実際には着物を中心としたもので、女優の水谷八重子らが舞踊を披露する形式であった。

生身の人間がモデル（当時は「マネキン」と呼ばれていた）となって服を着たショーとしては、同年、三越のショーより一週間前に髙島屋で開催された百選会の見世物が挙げられる。このショーでは日活の女優に衣装を着せ、ショーウィンドウに立たせるという演出が行われた。さらに、大規模なショーとしては、一九三三年にファッション・デザイナーのドロシー・エドガース（Dorothy Edgers, 1908–1957）が企画し、活動弁士の大辻司郎（1896–1952）が司会を務めたものが初めてであるとされている（遠藤、石山 1962：148）。

鐘紡「夏の洋装のレヴュー」リーフレット

こうした言説があるなかで、田中千代の旧蔵資料から見つけた一九三二年のファッション・ショーから話を始めていこう。

「夏の洋装のレヴュー」

主催：ジャパンアドヴァタイザー

開催日・場所：一九三二年六月一一日　中之島中央公会堂（大阪）

田中千代がかかわった最初のファッション・ショーとして確認されているのが、一九三二年に開催された、英字新聞『ジャパンアドヴァタイザー』主催のグループ・ショー「夏の洋装のレヴュー」である。このショーは、千代が欧米から帰国し、鐘紡の顧問に就任した年に行われたものである。ショーのリーフレットは和英文併記で、「マスター・オヴ・セレモニー」は、当時人気のあった司会者、松井翠声、伴奏は「日本コロムビヤ蓄音機株式会社提供の名曲レコード」とあり、時代の先端をゆく軽快でモダンな雰囲気がうかがえる。

一九三四年に千代自身が『La Moda』(四月号)に寄せた記事によると、このショーは『ジャパンアドヴァタイザー』紙婦人欄主任のドロシー・エドガースの立案であり、第一回目は同年の三月に東京で行われ、リーフレットは第二回目の大阪でのショーのものであったこと、会場は満員で大盛況であったこと、京阪神の洋装専門店が出品し、デパートは参加しなかったこと、そして「レヴュー」と名付けられたのは、松井翠聲が「マスター・オヴ・セレモニー」となり、漫談交じりで人を笑わせるステージで、かつ宣伝色も加えられていたことが明らかにされている。

ショーは七部構成で、一、スポーツ・コスチューム、二、アフタヌーンドレス、三、室内パジャマ、四、海浜のモード、五、イヴニングドレス、六、フィナーレ、七、映画、といった小テーマに基づく計二三スタイルが発表された。千代は鐘紡サービスステーションの顧問として、同じく同社顧問で「ヘヤードレス」担当の梅本文子とともに三点出品している。ウエストラインより高い位置に中心が置かれ、袖はパフスリーブ、スカートは斜《バイアス》の布が用いられた、自然に束ねられた形のカラーが特徴的なアフタヌーンドレス《エレガント・アフタヌーン》と、錦紗を素材とし、袖が広く、交差した縞柄が日本趣味のアフタヌーンドレス《傘さして》、そして清楚な白をベースに背の大きく開いた正式なイヴニングドレスで、派手な色のラップを巻けば略式としても用いられる、甘美な雰囲気の作品

《ローマンス》である。以後、千代は大阪でファッション・ショーを行う際、美容は梅本文子に任せることが多かった。

『ジャパンアドヴァタイザー』紙（一九三二年六月一九日付）は、このショーが関西で初めて開催された大規模なファッション・ショーであったことを報じている。数年前までは日本人女性が帽子やガウン、スポーツウェアなどを着用する習慣がなかったため、このようなショーの需要がなかったこと、しかし不景気により和服よりも洋服の方が手頃な値段となったこと、ショーの上演時間は四時間で三〇〇〇人の男女が観客であったこと、モデルは宝塚会館と花隈ダンスホールのダンサーたちで、参加したデザイナーたちのほとんどが神戸に店を持っていた外国人デザイナーであったと報じている。

翌一九三三年には同新聞主催の第七回ファッション・ショー・レヴューが開催され、田中千代は鐘紡サービスステーションの顧問として黒と白のアフタヌーンドレスを出品した。染帯の伸縮性をトップスとパフスリーブの袖先に生かしたその作品は、最もユニークなデザインであったとの評価を受けた。

「春の婦人服ファッション・ショウ」

主催：鐘紡

開催日・場所：一九三五年五月九日、一〇日、一一日　鐘紡サロン（東京）

個人のファッション・ショーの最初のものとしては、一九三五年に「田中千代デザインによる鐘淵紡績初のフロアショー」が帝国ホテルで開催されたと資料は残っていないが千代自身の回想録や年表に記載されている。同一九三五年五月には東京の鐘紡サロン三階にて「春の婦人服ファッション・シ

第１回「田中千代デザインルーム・ファッションショー」（文学座・大阪、1947年10月）

ヨウ」の展示が行われており、これについてはリーフレットが残されている。帝国ホテルよりも小さなショーであったと思われるが、それでも千代は、イヴニングドレス、アフタヌーンドレス、スポーツドレス、ジャケットドレス、レインコート、子ども服、和服、花嫁衣装と四五作品を発表した。

（２）戦後一九四七年〜一九四九年のファッション・ショー

戦前の千代のショーは、洋装の魅力を伝える内容であったが、戦後になると自身の創造性や芸術的表現を前面に押し出す総合芸術へと進化していった。一九四七年から一九四九年にかけて、彼女の名前を冠した三つ（巡回を含めると計五か所）のファッション・ショーが開催された。

「第一回田中千代デザインルーム・ファッションショー」

主催：佐々木営業部田中千代デザインルーム

開催日・場所：一九四七年一〇月四日、五日　文楽座（大阪）

戦後最初のショーは、一九四七年一〇月に大阪四ツ橋の文楽座において開催された。主催は、佐々木営業部（現レナウン）内に創設された田中千代デザインルームによるものであった。衣装デザインと講演は田中千代、司会は元宝塚歌劇団の女優・初音麗子、演出・振付は、戦前にエリアナ・パヴロヴァに師事し、一九三二年から西宮に美容と健康体操の教室を開室していたバレエ家・江川幸一、バレエは彼のダンス・スタジオ、独唱は宝塚歌劇団の星影美砂子、装置は東豊男というスタッフ構成で、宝塚歌劇団や外国人居留地があったことから優れたバレエ・ダンサーが集結していた、神戸の土地柄を生かしたものであった。ショーは四つの部分から構成され、第一部挨拶、第二部千代の講演、第三部江川スタジオのバレエ、第四部ファッション・ショーというものであった。当時日本では、専業のモデルは存在しなかったため、おそらく身近な人たちがモデルを務めている。戦後の大規模なファッション・ショーは、服を見せるだけではなく、「見世物」や舞台芸術と一緒に上演する「レヴュー」的なプログラム構成となっていた。

当時の写真には、ショー会場の前に長い列をなして女性たちが押し寄せている様子や、首元のドレープを金色のアクセサリーで留めて鎖骨の美しさを見せるベルベットの《ジゴ袖のイヴニングドレス》、大きなドレープが描く優雅なラインが上品なワンピースなど、洗練された外出着をまとった日本人女性たちが、スポットライトを浴びて輝きながらステージに立つ様子が記録されている。

戦後に手がけた最初のショーから、宝塚歌劇団の関係者やバレエ・ダンサーとともに舞台を構成しているという事実には、千代がファッション・ショーを身体芸術として捉え、舞台芸術との親近性をそこに見出していたからと考えられる。

第２回「田中千代デザインルーム・ファッションショー」（毎日会館・大阪、1948年10月）

「第二回田中千代デザインルーム・ファッションショー」

主催：佐々木営業部田中千代デザインルーム
開催日・場所：一九四八年一〇月一六日、一七日　毎日会館（大阪）、三一日　三越劇場（東京）

翌一九四八年一〇月には大阪と東京で、第二回目の田中千代デザインルームのファッション・ショーが開催された。両会場ともに、デザインは千代、衣装デザインならびに制作は田中千代デザインルームという点は共通しているが、ショーの演出や構成は大阪と東京で異なっていた。

大阪会場では、演出は宝塚歌劇団の作曲家・須藤五郎、振付は戦前からバレエ・ダンサー兼振付家として大阪と東京で活躍していた友井唯起子、舞台装置は敷実光之助、照明は小林敏樹、ピアノは倉橋好子、独唱は二條宮子と星影美砂子、プログラムのファッション画は原雅夫が担当した。ショーの構成は、前年度とは異なりバレエの上演はなく、第一部は宇野千代による挨拶、第二部は田中千代による講演「最新の流行について」、第三部は千代がデザインした二三作品のファッション・ショーという構成であった。

当時の写真には、大阪会場の大きなステージに古代ギリシャ風の円柱モティーフや階段が設置され、ステージの左脇にはピアノが置かれている様子が写っている。そして、中央には、客席の空間に入り込む形で会場を二分する「T字型」の細長いランウェイが設置されており、ランウェイを歩くモデルたちをすぐそばで見つめる女性たちの熱い視線が非常に印象的である。敗戦直後の荒廃した日常の風景と、美しい洋服を着たモデルたちは対照的な存在で、当時の女性たちの夢を具現化したファッション・ショーは、女性たちの憧憬を掻き立てるものであった。会場は熱気で包まれていたことが、写真からも伝わってくる。

一方、一五〇〇人を収容する三越劇場で行われた東京のショーでは、演出は戦前から欧米で活躍し世界的に著名な舞踊家・振付家の伊藤道郎、舞台装置はその弟で、日本における舞台美術の先駆者であった伊藤熹朔、音楽指揮もその弟、作曲家の伊藤翁介が務めた。楽団はＮＨＫアンサンブル、舞踊とモデルは伊藤道郎が芸術監督を務めていたアーニーパイル・ダンシングチームと児童部という構成で、当時考えられる限り西洋文化に精通し、最もモダンで前衛的な芸術家たちが集まったといえるだろう。大阪会場とは完全に異なる演出であった。

東京会場の舞台装置は、まさに「モダン」という言葉がふさわしい、シンプルでミニマルな空間構成となっていた。舞台中央に

第２回「田中千代デザインルーム・ファッションショー」（三越劇場・東京、1948年10月31日撮影）

は、階段のついた正方形の小さなステージが設置され、その頭上には長い布が帳《とばり》のように吊られている。その長布が織りなす抽象的で有機的な形態は、空間に奥行きと広がり、そしてリズムをもたらしている。このギリシャの神殿のようなステージ上でスポットライトによってモデルが照らし出されるというシンプルな演出は、作品の輪郭や細部がよく見えるという利点に加え、非日常的で儀式的な空間を創出している。ステージの左奥にはピアノが置かれ、生演奏が行われたことがわかる。

「世界風俗ショー」「世界の衣服ショー」

主催：田中千代服装学園他

開催日・場所：一九四九年五月一五日　朝日会館（大阪）、一九四九年一一月八日　共立講堂（東京）、一九五〇年五月七日　高松体育館（香川）

朝日新聞文化事業団の後援を得て、一九四九年五月から翌五〇年五月にかけて、「世界風俗ショー」と題する民俗衣装のファッション・ショーを行った。これまでのモダンな洋服デザインのコレクションとは異なり、民俗衣装を紹介するファッション・ショーは、以降、千代にとってライフワークとなるが、これが最初の試みであった。

この大阪・朝日会館でのショーについては、田中千代服装学園が発行していた学校誌『緑紅』に掲載されていた写真一点と千代が残した写真数点が確認されている。記録から、ステージの構造は一九四七年、一九四八年の佐々木営業部による大阪でのショーと同様、前方の舞台と客席中央に一本の細長いランウェイを設置した「T字型」のステージであったことがわかる。

「世界の衣服ショー」（共立講堂・東京、1949年11月）

一方、一九四九年一一月に開催された東京の共立講堂での「世界風俗ショー」は、比較的多くの資料が残されている。スタッフは、解説を田中千代、舞台装置・演出を舞台美術家の先駆者であり当時は権威であった吉田謙吉、音楽はＮＨＫサロンアンサンブル（六名）が担当した。結髪はマヤ・片岡、モデルは田中千代服装学園と西崎緑舞踊研究所の生徒という、大御所によるプロフェッショナルな演出とアマチュアのモデルというアンバランスな組み合わせであった。舞台後方には世界地図とともに「田中千代　世界の衣服ショウ」と書かれた大看板が掲げられ、舞台中央から客席に向かって延びたランウェイの先端には、数名のモデルたちが同時にポーズを取れるくらいの大きさの円形の踊り場が設置されていた。舞台装置には南国の木やヨーロッパの民家など、登場する民俗衣装に対応する背景画やオブジェが舞台の一部に置かれた非常にシンプルなものであったようだ。舞台装置によって圧倒するのではなく、民俗衣装の造形美・構造美や鮮やかな色彩を際立たせることに主眼を置いた意図がうかがえる。

ショーの内容は、「北米・南米・ヨーロッパ・南方の代表的民俗衣服六〇余点の発表と新しいデザイン・ヒントの紹介」と広告の告知文にあるように、千代が世界各地で収集した衣装を紹介するものであった。当時の一般的な日本人たちは、これらの民俗衣装を見る機会は非常に限られており、ショーは大変珍しいものであったと思われる。写真には、二階まで隙間なく埋め尽くされた客席の女性たちが、真剣な眼差しでステージに熱い視線を向けている様子が捉えられている。

(3) 一九五〇年代のファッション・ショー

一九五〇年代の田中千代のファッション・ショーを考察する前に、NDC（日本デザイナークラブ）のファッション・ショーがどのようなものであったかを、千代のショーと比較の視点を持つために、紹介しておく。NDCの第一回目のショーは一九四九年に小規模に開催され、翌一九五〇年三月には、日劇で「ショーとダンス音楽の夕」というレヴュー的なショーを開催した。モデルは日劇ダンシングチームで、谷さゆり（のちのフランキー堺夫人）や荒井まき子（のちの北原三枝、石原裕次郎夫人）も出演していた（林 1969 : 63）。また、一九五一年五月二五日のNDCのショーについて、ファッション・ジャーナリストの林邦雄が臨場感溢れる回想文を残している。このショーは銀座のキャバレー「美松」で開催され「日本最初のプロのショー」とうたわれた。林は、「これはサーカスじゃないか！」と思ったと書いている。

満員の会場は立錐の余地もなく、後の観客は椅子の上に立って見る始末だった。観客の大部分は男性であった。（……）職業モデルはまだ誕生せず、モデルはダンサーやキャバレーの女給だったから、大仰な手ぶり、身ぶり、腰ふり、アトラクションそこのけの迷演技であった。（……）親近性のあるデザインとは、およそほど遠い、えたいのしれないものだった。それは、戦後という時代そのものではなかったか。（同前：65–66）

上記の文章から、戦後間もない時期、ファッション・ショーが多くのデザイナーにとって手探りの状態で始められていたことがわかる。一方で、千代は一九五〇年代に最も多くのファッション・ショーを手がけた。確認できた資料だけでも巡回ショーも含めると六〇以上の個人ショーに参加しており、作品のみのグループ・ショーも含めれば、さらに多く参加している。一九五〇年代は千代にとってファッション・ショー全盛期であった。

なかでも、第3章Ⅲ節で述べたニューヨークのブルックリン美術館で開催された「十二単衣から現代まで：新しいキモノ」[*1]やアメリカのアトランティック・シティで開催された「第一回国際ファッション・レヴュー」[*2]などのアメリカでのショーは、千代の活動の国際的な広がりを示している。その後も「田中千代帰国ファッションショー」「ニューヨーク・パワーズモデル招聘　田中千代グランド・ファッション・ショウ」「紐育パワーズモデル出演国際大ファッションショウ」「ディオール・サロン」「一九五四年田中千代三つのテーマ　産経ファッション・ショー」「化繊に親しむファッションショウ」

など数多くのショーを開催し、日本のファッション界に大きな影響を与えた。以下では、代表的なものを年代順に取り上げて考察する。

「田中千代帰国ファッションショー」

主催：毎日新聞社

開催日・場所：一九五一年一〇月六日　帝国劇場（東京）、一三日　メトロ（大阪）他

田中千代がニューヨーク大学での留学を終えて帰国した際に行われたもので、フランス六大デザイナー倶楽部の作品とともに千代自身の作品六七点を発表するという内容であった。協賛には、『主婦之友』『婦人倶楽部』『婦人画報』『婦人生活』が名を連ね、演出は宝塚歌劇団の振付を手がけていた康本晋史、音楽も同じく宝塚歌劇団で作曲を担当していた中井光晴、東京公演での舞台デザインは、昭和期の日本を代表するグラフィック・デザイナー早川良雄と山城隆一が担当した。生地の提供は鐘紡をはじめとする繊維企業九社と佐々木営業部が行う大規模なショーであった。そしてここで特筆すべきは、大阪会場の舞台デザインは、田中千代自らが行っている点である。

この度のショーは（……）最新の流行ばかりをお見せするショーではない。その時丁度与へられた材料と、今の自分とがどう結びついて何が生れるかを見ていただくショーである。（……）立体的な基本デザインを勉強して来たので、そう云うものが私のドレスのデザインの上にも影響して来ていると思う。そしてその研究の延長は、舞台装置等にも興味を持つ様になり、大阪のショ

ーは自分で装置を作ってみた。(『田中千代帰国ファッションショー』プログラム)

ニューヨークで受けたデザイン教育から刺激を受けた千代は、このショーでアーティストとしての実験的な試みに挑もうとしたことがうかがえる。たとえば、一九六五年にイヴ・サンローランがモンドリアンをテーマにしたドレスは、彼の代表作の一つとなったが、千代はそれよりも一四年も前のこのファッション・ショーにおいて《モンドリアンに寄せて》という作品を発表しており、モンドリアンの抽象絵画を早くから着想源としていたことがわかる。だが、千代自身がこのとき最も気に入って

「田中千代帰国ファッションショー」
(メトロ・大阪、1951年10月)

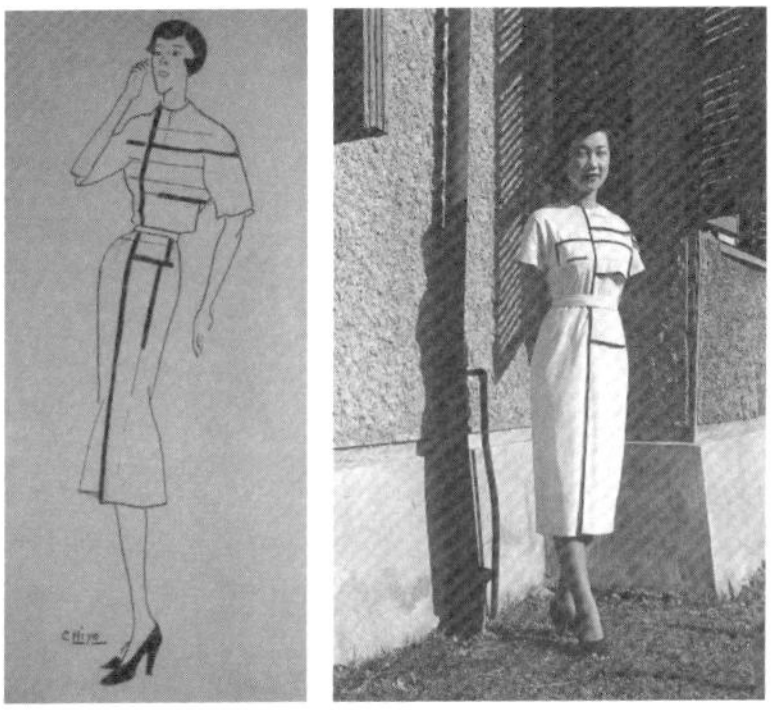

《モンドリアンに寄せて》1951年

「田中千代帰国ファッションショー」のドレス
(1951年)

いた作品は《オリエント》であった。濃緑と小豆色の渋い縞柄のフランスの生地を、鐘紡が複製したものを用いて、千代がインドのサリーから着想を得てデザインしたものであった。この作品は、帰国ファッション・ショー直前に開催された、日本被服芸術協会が主催した「第一回ファッションショー」に出品され、観客投票で最も人気が高かった（田中千代 1952d：134）。

《黒ダイヤ》1951年

一方、学園誌『緑紅』（一九五一年第二号）に掲載された観客の感想では、「田中千代帰国ファッションショー」で最も人気を集めたのは、真紅のベルベットがトルソから裾へと広がるクラシカルなデザインのイヴニングドレス《グランド・ワルツ》（カバー、口絵）であった。取材をした増井佐代子は千代のデザインの特徴について、「かつてフランスで得られた芸術的な高さに加味された、アメリカの明るさと、心の奥深くお考えになっていられるオリエンタールなうつくしさではないか」と評している。その他、《スーツ　森の精》（口絵）《二人のためのディザイン》《黒ダイヤ》など多彩な作品が発表され、ニューヨークでの経験から生まれた自由で柔軟な発想から現れていた。

このショーは大きな反響を呼び、東京と大阪での公演後、神戸、金沢、新潟、名古屋、京都、姫路、岡山、熊本、福岡、香川、高知、徳島など全国を巡回し、合計二九回の公演で約三〇万人を動員した。

「ニューヨーク・パワーズモデル招聘　田中千代グランド・ファッション・ショウ」

主催：産経新聞社　他
開催日・場所：一九五二年四月二五日、二六日　歌舞伎座（大阪）、二八日　日比谷公会堂（東京）、二九日　帝国劇場（東京）

「田中千代帰国ファッションショー」で大成功を収めたわずか半年後、田中千代はさらに規模の大きなファッション・ショーに挑んだ。それが、ニューヨークからパワーズモデルを招聘して開催した「田中千代グランド・ファッション・ショウ」である。[*3] 演出は田中千代、舞台美術を先述した前衛美術家の吉原治良が担当しており、吉原の抽象絵画を三次元化したかのような抽象的で幾何学的なオブジェを背景に、千代がデザインした衣服を身にまとったパワーズのモデルたちがランウェイを歩いた。その光景は、まさに千代がファッション・ショーを「総合芸術」と繰り返し語ってきた理念を具現化した場であったと推測される。音楽はＮＨＫアンサンブル、モデルは、ニューヨークのパワーズ・モデル・エージェンシーから七名、美容は山野愛子というスタッフ構成であった。

このショーの開催の経緯については、『大阪新聞』が次のように報じている。

ニューヨークのパワーズ・スクールのモデルは、その教養と美貌とセンスをもって知られ、アメリカの流行は殆ど彼女らによって全世界に紹介されていますが、（……）国際的なモデルとデザイナーが渾然一体となって演出する今回のショウこそ、わが国ファッション界に贈る最初の豪華版であります。（『大阪新聞』一九五二年四月三日付）

「ニューヨーク・パワーズモデル招聘　田中千代グランドファッションショウ」パンフレット表紙（デザイン：吉原治郎）1952年4月

「ニューヨーク・パワーズモデル招聘　田中千代グランドファッションショウ」舞台美術：吉原治郎（歌舞伎座・大阪、1952年4月）

また、千代自身もプログラムの挨拶文で、日本のファッション・ショーが欧米諸国との事情や目的の違いから異なるスタイルで行われていることを指摘しつつ、アメリカのプロモデルが本格的なショーを日本で見せることは、日本のファッション・ショーの発展につながるという期待を寄せている。

このショーに関して、アメリカでは『ニューヨークジャーナルアメリカン』（一九五二年八月二日付）の新聞記事が残されている。一九五〇年代初頭の新聞記事には、ラドヤード・キップリング（1865–1936）の「東は東、西は西」という言葉を引用しつつ、アメリカと日本が占領期を経て歩み寄りを見せたことが強調されている。

モデルの一人だったシャーロット・ペインは、『ヘラルド・トリビューン』紙（一九五二年四月二一日付）に寄稿し、このショーは各会場で前売り券が完売するほど盛況であったこと、また、イヴニングドレス、アフタヌーンドレス、スポーツアンサンブル、ウール、ニュー・キモノで構成された六五点を発表する内容であり、千代のインスピレーションの源は、パリやイタリアやニューヨークのコレクションではなく、千代自身が収集した二〇〇着の民俗衣装であると伝えている。そして、千代のファッション・ショーの目的は、日本人女性が洋服について学んだり、百貨店での販売につなげるためのものであり、千代がデザインした服は、現在のところ日本国内でしか販売されていないが、千代は国際市場を求めており、現在のところは、ショーで発表した作品は、千代が自分で制作し、その一点ものを百貨店で販売しているのみであると報告している。

「紐育パワーズモデル出演国際大ファッションショウ（秋）」
　主催：産経新聞社
開催日・場所：一九五二年九月二八日　日比谷公会堂（東京）、二九日、三〇日　帝国劇場（東京）、一〇月五日　弥栄会館（京都）、七日　名古屋市公会堂、一二日　電気ホール（福岡）、一四日　東洋座（広島）、一二月七日　朝日会館（大阪）

春に開催された「ニューヨーク・パワーズモデル招聘　田中千代グランド・ファッション・ショウ」が大成功を収めたことを受け、同年の秋、再びパワーズモデルを招聘したファッション・ショーが開催された。このショーにおいて舞台美術を担当した吉原治良はプログラムにこう記している。

殊に田中さんの新しいキモノを着こなした新鮮な美しさは忘れることが出来ない。単にエキゾティックな美しさとしてかたづけ切れない新しい感覚がある。古い日本の美しい遺産が今日の感覚に生かされるひとつの証をまざまざとそこに見た。

ショーの衣装を着たパワーズのモデルたち（帝国ホテル・東京、1952年4月。撮影：稲村隆正）

このショーは、「日本繊維界の一流メーカーや商社が挙《こぞ》って参加し、服飾文化の最高峰を行く新製品が田中千代女史の新構想に成るデザインと相俟って妍を競い、絢爛たる創造美を展開するもの」（『産経新聞』一九五二年九月九日付）と報じられており、日本の服飾文化の向上と繊維業の輸出振興を明確に目的としていた。千代の作品数も約一二〇点と前回よりも大幅に増加し、主催者や参加企業の熱意がさらに高まっていたことがうかがえる。

プログラムには、「私の言葉」と題して千代の次のコメントが掲載されている。

今年のスタイルは非常にシンプルなものになって来た。戦後は新しい繊維に恵まれなかった為裁断やスタイルで、デザインの世界を満足しようとして来た。化学工業の発達とともにどんどん新しい布地が製産されるようになってここにやっと布と型との綜合的なデザインが現れようとしている。

この時期、化学繊維の進化がデザインの可能性を押し広げていた。さらに、この秋のショーでは、舞台装置に新たな試みがなされた。吉原治良に加えて、いけばな草月流家元・勅使河原蒼風が参加したのだ。勅使河原は、戦後、国内外で「前衛いけばな」の大家としてその表現活動が注目されており、彼の参加によってショーの「総合芸術」としての完成度がさらに高まった。

観客には、高松宮夫妻やマーフィー駐日米国大使夫人らが含まれていた。マーフィー夫人は、「こ

勅使河原蒼風がショー用に花をいける様子、「紐育パワーズモデル出演国際大ファッションショウ（秋）」（1952年9月）

「紐育パワーズモデル出演　国際大ファッションショウ（秋）」舞台美術：吉原治郎（朝日会館・大阪、1952年9月）

れならニューヨークやパリのファッションショウを凌ぐぐらい立派だ。パワーズ・モデルもアメリカでより日本公演の方がはりきっているのではないか」という言葉を残している。また、戦後、千代の最初のショーの演出・振付を担当したバレエ家・江川幸一は、ダンサーとしての視点から以下のように評価した（前出『産経新聞』）。

前衛挿花を舞台にまで演出させた今度のショウはなかなか新鮮で美しかった。装置も気が利いていて面白い。（……）デザインの美は別として私の立場から痛感したのは着こなしの勉強になるということ、日本人のだれもかれもがあれ位きれいに着こなせてあれ位美しく歩ければ、やはり日常訓練の力強い成果ですね。

千代と親交のあった新制作派の画家・須田剋太は、「以前の時より数段の違いがあるほど素晴らしかった。しかもこんどのステージで従来いわれていた絵画や挿花が実にうまく交流されている点には画家として勉むべきところが多い」（同前）と絶賛している。

「ディオール・サロン」
　主催：鐘紡
　開催日・場所：一九五三年一〇月五日、六日　クラブ関西（大阪）、一七日、一八日　三井倶楽部（東京）

一九五三年一〇月、鐘紡主催による日本初のクリスチャン・ディオールのファッション・ショーが開催された。このショーは、ディオールが鐘紡のシルクを高く評価し、鐘紡の生地を使ってできるデザインであればディオールの作品を作ってもよいとの条件のもと、実現したものである。先述のように、鐘紡の顧問として田中千代がディオールのメゾンを訪れ、オートクチュールの型紙を購入することで、ショーの準備が進められた。日本の通商産業省から輸入許可を得て、ディオールの二〇〇点ほどの作品のなかから、次の四つの基準に基づいて一四パターンを選び、総額一〇〇万円で買い取った。千代は基準として、⑴鐘紡の布地で作れるもの、⑵日本人に着られるもの、⑶一時的流行に限らず、基本的裁断、仕立技術（特に芯地の用法はほとんど日本で初めてのもの）の研究に役立つもの、⑷ディ

「ディオール・サロン」（クラブ関西・大阪、1953年10月）

「ディオール・サロン」（三井倶楽部・東京、1953年10月）

オールの風格、特色を示すもの、を掲げていた。千代の帰国から二週間後には大阪で発表会が開催される段取りとなっていたため、千代は無謀ともいえる短時間で作品を制作しなければならなかった。神戸・住吉の自宅で必死に制作する様子が写された写真は『週刊朝日』（九月二九日号）にも掲載されている。

一〇月五日、六日の両日、大阪のクラブ関西にて鐘紡主催の「ディオール・サロン」が開催された。六回にわたるフロアーショーが行われ、千代による解説のもと作品が発表された。モデルはヘレン・ヒギンス、岩間敬子、福島よし子、岡彌栄、石井倷子らが務め、観客たちを魅了した。招待客は服飾業界の関係者に限定され、小規模に開催されたこのショーは、むしろパリで開催されていたファッション・ショーの形式に近いものであったといえる。

続いて一〇月一七日、一八日に東京の三井倶楽部でも六回のフロアーショーが行われた。大阪のモダンなクラブ関西の建物とは対照的に、明治時代の古い洋館建築と噴水のある洋風庭園が会場となり、ディオールの魅力を伝えるにふさわしい雰囲気を演出した。東京でも、招待客は毎回八〇名程度に制限され、一四作品を一時間半かけてじっくりと披露する構成となっていた。[*4]

「一九五四年田中千代三つのテーマ　産経ファッション・ショー」
主催：産経新聞社、大阪新聞社
開催日・場所：一九五三年一一月一五日　帝国ホテル（東京）、一六日、一七日　産経会館（大阪）

同一九五三年の一一月、「一九五四年田中千代三つのテーマ　産経ファッション・ショー」が開催された。一〇月に「ディオール・サロン」を大阪と東京で開催し、さらに月末には宇部市で「田中千代の服装とファッションショウ」を開催した直後という短期間で、全く趣向の異なるショーを実現したものである。

杉野芳子のドレスメーカー女学院と関連のあった雑誌『ドレスメーキング』(「田中千代女史の三つのテーマをもった産経ファッション・ショウ」一九五四年一月号)では、このショーを「従来のショウの如く漫然と何の主張も目的もなく並べて見せるのでなく、テーマをもってはっきりとした意図の下にショウが公演されたことはファッション界に刺激を与え」たと高く評価している。

東京会場は田中千代がデザインと解説を担当し、美容は山野愛子が務めるというシンプルな構成であった。一方、大阪会場は、演出・舞台を吉原治良が手がけ、助手に田中一光、音響は新宅孝(NHK)、美容は梅本文子、モデルは岩間敬子、ヘレン・ヒギンス、渥美延、山本八恵子、岡彌栄、石井徐子、ミセス・ホールらが担当し、それまでにも幾度となくファッション・ショーを一緒に創り上げてきた、第一線で活動する人たちが結集した。

プログラムと演出の台本が現存しており、学園誌『緑紅』の報告文、新聞記事も確認されている。このショーの意図は明確で、プログラムには「三つのテーマ」の詳細や、吉原治良による「ショウの演出と美術」という挨拶文、さらには生地の紹介まで詳しく解説されている。カタログの表紙デザインは吉原治良、編集デザインは田中一光が手がけており、のちに日本を代表するデザイナー、アート・ディレクターとなる田中一光の最初期の重要な仕事の一つとなった。余談になるが、田中一光はこのころ、吉原に舞台美術の助手にスカウトされたことがデザインの世界に入るきっかけとなったと回想している（田中一光 1991：29）。
千代はこのショーで、服飾に対する年来の見方、考え方、立場を三つのテーマに整理して発表した。第一テーマは「マスプロダクション」、第二テーマは「民族性の問題」、第三テーマは「世界の主流」であった。プログラムを確認してみよう。
第一の「マスプロダクション」というのは、「既製服の時代が来ました」というサブタイトルのもと、既製服の普及を提案している。千代は一九五三年にアメリカで巨大な既製服産業を目の当たりにし、日本でも普及させる必要性を感じていた。既製服の利点は、安価ですぐ着られることの他に、趣味の良いデザインが手軽に楽しめる点にある。忙しく自分で洋裁をする余裕のない日本人女性たちのために、千代は一九五二年末から「チヨ・タナカ・オリジナル」という既製服のブランド（レナウン）を立ち上げた。「オートクチュール」のようにデザイン、裁断、裁縫の枠をつくすというよりも、あまり手をかけないで良い感じのものを作ることがねらいであった。ここでは一三点の作品が発表された。大阪・難波の髙島屋に田中千代オリジナルショップが設けられ、作品の一部が商品化され販売された。[*5]
第二の「民族性の問題」は、「特にアジアの人々は自分達の衣服を改善して世界衣服へとけこもうとしています」と書かれているとおり、民俗衣装と洋服をどのように融合させるのかを探るテーマであった。これは、まさに千代がニュー・キモノで試みていることでもあるのだが、このショーではあえてニュー・キモノではなく、ハワイ、イラク、パキスタン、インド、タイの民俗衣装から着想を得た一五点を取り上げた。舞台の演出も、ハワイの場面では植物、イラクの場面ではラクダのシルエット、タイの場面では植物が用いられるなど、過剰にならない範囲で、主題を想起させるオブジェが用いられたようである。
第三の「世界の主流」では、「私達の衣服も世界の主流から離れては発展性がありません」とする主張で、日本人の「固有の服を世界の衣服へとけこませる事が、人類に共通な美の意識を高める上にも、生活感情をひとつにして、民族間の文化的理解を深めるためにも必要」だと述べている。このテーマでは、パリ、ニューヨーク、イタリア、スペイン、そして日本から着想を得た四六点が発表された。

吉原治良は挨拶文で、「衣装を引き立たせつつ、服飾に興味のない人を退屈させず、モデルが快適に歩けるように配慮し、とはいえ『レヴュー』にはならないよう、何か全体を通じて感覚的に新鮮な品のいい雰囲気を盛り上げてみたい」と述べている。また、デザイナーがテーマを持つショーは珍しく、それを浮き彫りにすることが演出の難題であったとしても、見事にそれを実現したと評価される。
東京会場には、高松宮夫妻、秩父宮妃、三笠宮妃、香淳皇后の女官長が来場し、七四点の作品と吉原の演出が織りなす「総合芸術」としてのファッション・ショーを楽しんだ。

「化学繊維に親しむファッションショウ」
主催：化学繊維振興会、日本化学繊維協会
開催日・場所：一九五四年二月二四日、二五日　朝日会館（大阪）
一九五四年二月には「化学繊維に親しむファッションショウ」が開催された。戦後、日本の化学繊維は立ち遅れていたが、このころには飛躍的な進歩を遂げ、レーヨン・スフを合わせた生産量は世界

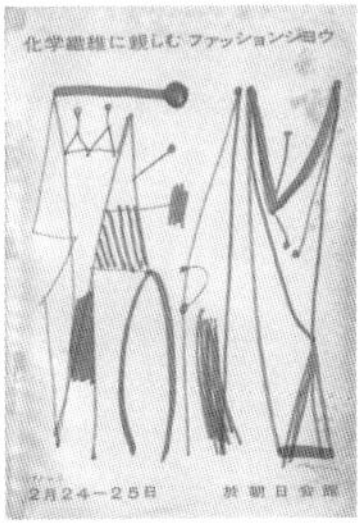

「化学繊維に親しむファッションショウ」パンフレット、デザイン：吉原治郎（1954年2月）

「化学繊維に親しむファッションショウ」（朝日会館・大阪、1954年2月）

第二位を占めるまでになっていた。また、アセテートや合成繊維の量産が可能となり、その需要は拡大しつつあった。化学繊維が日本の経済産業界において重要であったこの時代、さらなる拡大のための需要開拓と、宣伝普及のために企画されたものである。

千代は、化学繊維の性質を生かした作品をこのショーで発表し、化学繊維がファッション・デザインの可能性を拡大することを示した。このショーのスタッフは、衣装デザインが田中千代、舞台構成は吉原治良、音楽は新宅孝、美容は梅本文子。モデルは、マギー・マガイヤー、岩間敬子、渥美延、井沢有多子、森朱美、岡弥栄、石井徐子、中島寿子、加藤栄子、太田元子、菱田美恵子らと、これまで千代とともにショーを支えてきたメンバーであった。さらに、ショーの目的が化学繊維の振興であることから、参加生産会社が四〇社近くに及んだ点は、従来の千代のショーと大きく異なる特徴であった。全五景、五五作品からなる構成だった。モデルたちは、ディオール風の細いウエストラインを強調したシルエットの衣装をまとい、ランウェイを颯爽と歩いた。このショーは、千代と吉原治良が組んだ最後のファッション・ショーとなった。

晩年、一九六七年には学園設立三五周年を記念して「江戸からスペースエイジへ」という記念ショーを開催し、江戸時代の紋様を六〇年代のアトミックエイジのモダン・デザインに取り入れた作品を発表した。そして一九八二年に学園創立五〇周年を記念し、「一九三二〜一九八二 モードの歩み」というショーを開催し、これが千代にとって最後の大きなショーとなった。このショーは千代の五〇年にわたるデザインの軌跡を振り返るものであり、東京・帝国劇場、大阪・サンケイホール、名古屋・名鉄ホールで公演された。

田中千代のファッション・ショーは、単なる衣装の発表にとどまらず、「総合芸術」としての高みを目指していた。戦前のジャパンアドヴァタイザーによる「夏の洋装のレヴュー」や、戦後の「田中千代デザインルーム・ファッション・ショー」(一九四七、四八年)では、バレエやダンスを組み合わせたレヴュー的な要素が取り入れられていた。しかし千代は、エンターテインメント性だけを追求するのではなく、舞台芸術を取り入れることで、ファッション・ショーをより芸術的なものへと昇華させようとしていた。

一九五〇年以降、アメリカでの経験は千代にとって転機となった。ブルックリン美術館での「ニュー・キモノ」を中心としたショーや、アトランティック・シティでの「第一回国際ファッション・レヴュー」で得た手応えは、ファッション・ショーの可能性を拡張する契機となった。ニューヨーク滞在中には、モダン・アートや舞台芸術に触れ、それらが千代のヴィジョンを具体化する重要な要素となった。

帰国後、千代は、「田中千代帰国ファッションショー」（一九五一年）や「田中千代グランド・ファッション・ショウ」（一九五二年）で、前衛美術家の吉原治良や草月流の勅使河原蒼風と協働し、ショーを「総合芸術」として発展させた。これらのショーは、千代のファッション・ショーの到達点ともいえる。

一方で、民俗衣装のショーも継続し、千代は戦前から取り組んできたテーマ「日本人は何を着るべきか」という問いに対する解答として、民俗衣装の伝統的な美と現代性の融合を提案した。民俗衣装をテーマにしたショーでは、モデルは学生が務めることが多かったが、演出は前衛美術家とともに行い、芸術性を追求した。

千代がファッション・ショーを精力的に開催した理由には、「総合芸術」の実現だけでなく、洋服を「動の美」、和服を「静の美」と捉え、動きによって初めて洋服の美が表現されると考えた点が挙げられる。千代にとって、ファッション・ショーはファッション・デザインの本質を表現する最適なメディアであった。

彼女のショーを目撃した何百万人もの観客のなかには、未来の日本人デザイナーたちも含まれていたであろう。ショーの写真からは、ランウェイを歩くモデルに注がれる熱い視線が印象的であり、その熱気が日本のファッション界発展の大きな原動力となっていった。

＊1　主催：ブルックリン美術館、開催時・場所：一九五〇年一一月一三日　ブルックリン美術館（ニューヨーク）、一二月一四日、国連クラブ（ワシントンDC）他。

＊2　主催：フィラデルフィア美術館、フィラデルフィア・ファッショングループ、リーズ・アンド・リピンコット・カンパニー、開催時・場所：一九五一年三月一六日二一時半、一七日一五時半、二一時、シャルフォンテ・ハドン・ホール（アメリカ、ニュージャージー州アトランティック・シティ）。

＊3　当時の新聞記事によると、ショーの冒頭は次のように始まった。「定刻大丸チェンバー・アンサンブルが奏でる『クラウン・ダイヤモンド』の前奏曲で幕が明けられると本社沢村副社長、大丸長野取締役、デザイナー田中千代女史らがそれぞれ主催者側を代表して〝このショウが現代日本服飾史に一エポックをつくるよう〟と挨拶終わって吉原画伯構成にかかるモダンアートの舞台装置を背景にイースター・パレードのリズムに乗ったグレンドラ嬢が白のツーピースを着て現われると（……）」とある。ワイランド極東空軍司令官、各国大使夫人、宇野千代、森田たま、伊藤道郎、杉野芳子、山脇敏子、桑沢洋子らも観客にいたと報じられている（『産経新聞』四月二六日付）。

＊4　新聞等で大きく報道されていただけに、一般大衆に公開されなかったことに対して、当時、批判もあった。ショーの構成は、まず千代がディオールについて二五分ほど解説し、モデルが登場した後も、それぞれの作品について千代が解説を行った。来場者のなかには、李王妃に加え、洋裁界からは遠藤政次郎、伊東茂平、杉野芳子、山脇敏子、野口益栄、島村フサノ、文化界からは小説家・評論家の今日出海、女優の高峰秀子や柴田早苗、画家・猪熊弦一郎夫人の文子らがいた。

＊5　『産経新聞』一九五三年一一月一六日付に掲載された広告によると、プークルツイード（コート）一万三三〇〇円、クロスストライプ（ワンピース）一万二〇〇〇円、ファンシーピンヘッドツーピース九三〇〇円、などとある。

エピローグ

・本書のまとめ――日本のモダン・ファッションの創造

本書では、田中千代の「越境」をテーマに彼女の活動を辿ってきたが、千代は生涯を通じて現役として活躍し続けた。彼女は生涯にわたり教壇に立ち「デザイン学」を教え続け、海外のファッション・デザイナーたちとの交流も絶えなかった。そのような活動のなかで手がけた万博のユニフォーム監修の仕事について触れておきたい。

一九七〇年に大阪で開催された日本万国博覧会は、ファッションの観点からも転換点であり、大きな祝祭空間であった。若手からベテランまで多くのデザイナーたちがこぞってユニフォームのデザインに参加し、明るい未来を演出する華やかで活力に満ちたイヴェントとなった。まさに、スペース・エイジを経て、日本でもミニスカート全盛期を迎え、ファッションが若者たちの自由で革新的な自己表現の手段へと変貌していく七〇年代の幕開けを象徴する出来事だった。

万博を目前に控えた一九六七年七月、日本万国博覧会協会は、万国博覧会全体の統一的なイメージを創出するために、デザインの専門家である勝見勝（東京造形大学教授・デザイン評論家）、田中千代、真野善一（松下電気産業意匠部長）、小池岩太郎（東京藝術大学教授）、浜口隆一（日本大学教授・建築デ

千代がデザイン監修した万博ユニフォーム（大橋博之編著『万国博覧会　パビリオン制服図鑑』河出書房新社、2010年より）

ザイン評論家）の五名をデザイン顧問団として選出した。

千代のもとを協会の事務局員が訪れたのは、同年に大阪のフェスティバルホールで田中千代服装学園の三五周年の記念ショーを無事に成功させた直後のことであった。それは、万博における建築や交通機関、庭園を除くデザイン活動全般の相談に応じるものであり、色彩計画、案内表示、印刷物、制服など多岐にわたる膨大な量の重要な仕事であった。

この仕事のために、千代は一九六七年にカナダのモントリオール博を視察し、特にユニフォームの形、色、製作方法、洗濯などのアフターケアまでリサーチを行なった。そして、一三〇近い制服の種類に驚き、ユニフォームについて、改めて根本的なことから考え直した。千代はこの仕事について、万博が始まる前年の一九六九年にエッセイにまとめている。

ユニフォームとは、ユニは一つ、フォームは形で、皆同じ形で統一されるという意味があり、統一の美を表現しなければならないわけだ。一人の人が着ていかに美しくとも、百人集まったら複

雑でみられないというのでは、ユニフォームの真の立場からはずれているのだ。（田中千代 1982b：231）

千代も、多種多様な制服が無計画に会場の美観を損なわないよう配慮することが重要であることを、深く認識していた。これは、他のデザイナーたちにとっても最も重視されていた課題であった。さらに千代の思考は続く。

万博の百種類以上のコスチュームの中には見えるユニフォーム、見えないユニフォームとわける事も出来る。ホステスやガードマン、音楽隊と目立って派手に美しくあるべきものと、掃除人夫、見張の人等はむしろ見えない事が特長であり、見つかった場合には清潔感のみが残るという具合に考えられる。（同前：232）

千代は具体的に、細部にまで思考を巡らせていた。デザインだけでなく、半年にわたって着用することを考慮し、劣化や洗濯への耐久性も重視した。さらに、ショルダーバッグの掛け方、バッジをとめる位置、帽子のかぶり方など、着用方式に至るまで決められて初めて正しい制服姿が成り立つと千代は述べている（同前：233）。

こうした千代の助言のもと、デザイン、素材、色彩が慎重に定められていった。その結果、協会は四〇種類、三八五六人に対して、それぞれ冬服一着と夏服一着を支給するに至ったのである（大橋博之編著 2010：3)。

万博デザイン監修という一大プロジェクトは、千代にとってファッションを通じて世界と日本をつなぐ越境者としての役割を示す場でもあった。多様な文化と新しい技術が交錯する万博は、まさに彼女のトランスカルチュラルな活動の集大成の一つであったといえる。その後も千代は、テレビ番組に出演したりファッション文化について発信し続けるとともに、民俗衣装館の創設や回顧展を通じて、自身の活動を広く伝え続けた。こうした一連の歩みは、千代が生涯を通じて越境し続け、日本のファッション文化を国内外に発信し続けた証でもあり、その功績は時代を超えて受け継がれていく。

「徹子の部屋」に出演（テレビ朝日、1981年10月放映）

本書では、田中千代の活動を通じて、日本のファッション文化が形成される過程をたどりながら、ファッション史を再考してきた。

外交官であった父がパリやワシントンに駐在し、家族が海外で暮らすことも多い環境で育った田中千代は、幼少期から西洋文化の影響を受けていた。しかし、彼女が新たな日本のファッション文化を構想する際、日本文化と西洋文化を二項対立として捉えることはなかった。地理学者で自由な精神を持つ夫・薫からの感化に加え、持ち前の向学心と好奇心により、千代は広いグローバルな視野を培っていった。彼女の視点は欧米にとどまらず、多様な価値観や文化、歴史が交錯する非西洋地域にもおよび、それらを包括的に捉えていた。

こうしたグローバルな視野と開拓精神は、戦前の日本の主要産業として海外展開を進めた鐘紡の社長・津田信吾の構想とも響き合い、千代の精神にさらなる刺激を与えた。彼女はアジア、アフリカ、南米など世界各地を訪れ、現地の人々の服装を観察するとともに、着物と交換して衣装を入手し、その地域のテキスタイルや衣装文化を徹底的にリサーチした。このように、着物や洋服という枠組みを超えた視点から服飾を再考し、自身の創造性を加えることで、モダン・ファッションへと新たな展開を遂げたのである。

「グローバル」という言葉が頻繁に使用されるようになったのは、近年のことである。しかし、戦前から世界各地を旅し、民俗衣装の研究や現地文化との交流を続けてきた田中千代の活動のスケールを捉えるには、この言葉がふさわしいといえる。千代は、グローバルな視点を持ちながら、いくつもの境界線を類稀な好奇心と行動力で越えていった。そして、その境界線の間に立ち現れる新たな価値を、自身の感覚を総動員して見出し、自由な想像力と結びつけることで、新しいデザインを生み出していった。

千代が越境したもののなかには、「階級」も含まれていた。明治から戦前にかけて、上流階級や富裕層に限られていたモードやファッションを、一般大衆の手に届く形へと再構築し、新たなファッションの地平を切り拓いたのである。また、皇后の装いについても、国の象徴としての威厳を保ちながら、誇りを抱きつつ親しみを感じさせるようなデザインへと革新を図った。さらに、ジェンダーや地域、伝統と現代という時間軸の壁をも越境していった。千代はこれら多様な要素を統合し、普遍的な価値を創出した。それを総合芸術のような形で表現し、さまざまなメディアを通じて広く人々に発信したのである。

本書では、開拓者としての田中千代の活動を考察するために、次の三つの視点に基づいて主に一次資料や当時の言葉を再構築し、分析を行った。第一の視点は、「越境性」と「グローバルな視点」、第二の視点は、田中千代の「デザインの特徴とデザイン感」、第三の視点は、田中千代と「メディアとのかかわり」についてである。

第一の視点である「越境性」と「グローバルな視点」については、田中千代が一九三〇年代から西洋だけでなく非西洋地域を訪れ、現地の服飾文化を研究し、それを日本のモダン・ファッションに取り入れた活動を考察した。その活動には「越境性」と「トランスカルチュラルな創造性」が通底している。千代は、西洋と日本、日本と非西洋の間に身を置き、異文化間のダイナミズムを新たな創造のエネルギーに転換した。例えば、現地の服と着物を交換することで民俗衣装を収集する実践は、文化の交差点に立つ千代の活動を象徴している。

こうした活動を「越境性」の視点から再評価し、日本のモダン・ファッション形成における彼女の役割を検証した。第1章では生い立ち、第2章では戦前・戦中期、第3・4章では戦後の活動を取り上げ、「越境」の実態を考察した。

第二の視点である「デザインの特徴とデザイン観」については、第5章で田中千代の作品の特徴とその根底にある造形理論を分析した。千代は、ヨハネス・イッテンやオットー・ハース＝ハイエから影響を受け、カンディンスキーの提唱した「点」「線」「面」「シュパンヌンク」の要素を作品に一貫して取り入れていた。また民俗衣装の構造をモダン・ファッションへと転換する試みも行っていた。千代のデザインは、モダン・デザインの造形的特徴にとどまらず、文化や性別、貧富の差を超えた「ユニヴァーサリズム」や「普遍性」を追求していた。創造性を重視しつつ、誰もが日常生活に取り入れやすいデザインを実現していたのである。

第三の視点である「メディアとのかかわり」では、田中千代が多様なメディアを活用し、自身のファッション観をどのように発信し、日本のモダン・ファッションの創造に寄与したかを考察した。新聞や雑誌、教育機関、ウィンドウ・ディスプレイ、ファッション・ショーなどのメディアを「言説メディア」「身体メディア」「空間メディア」の三つに分類し、それぞれの特徴を具体的な事例とともに分析している。

なかでも、ファッション・ショーは田中千代にとって総合芸術の場であり、彼女の創作の結晶ともいえるものであった。ショーでは、服そのものだけでなく、照明や舞台装置、モデルの動きが一体となり、彼女のデザイン哲学が視覚的かつ身体的に体現された。これにより、ファッションは単なる衣服の提案を超え、文化的なメッセージを発信する場としての役割を果たした。

田中千代は、こうしたメディアを駆使して戦後の洋装化を推進し、日本のファッション文化の基盤を築いた。その活動は、商業的なファッションにとどまらず、文化的な深みと広がりを持つモダン・ファッションを形成した。また、一九五〇年代の洋裁文化の成熟期には、メディアを通じてファッション文化が社会全体に広がり、人々のファッション・リテラシーを高めた。このような環境のなかから、髙田賢三や三宅一生といった次世代のデザイナーたちが生まれてきたのである。

これら三つの視点を用いることで、田中千代の活動を多面的に捉え、日本のモダン・ファッションの創造にどのように寄与したのかを具体的に検証した。以上の分析から、田中千代は単に西洋のファッションを輸入するだけでなく、グローバルでトランスカルチュラルな独創性と文化的視座を持ち込むことで、新たな日本のモダン・ファッションを創出しようと試みたことが明確になった。

そして、この長い田中千代の軌跡を辿ってきて、私たちはある疑問を抱くのではないだろうか。田中千代は、グローバルな視点で越境を繰り返しながら、一体何を求め、何を得たのか。

彼女が、日本のモダン・ファッションを創出し、ファッションにまつわるさまざまな近代的なシステムを生み出したパイオニアであることは、これまで確認してきたとおりである。しかし、それだけではなく、彼女の越境の旅は、単なる近代ファッションのシステムの確立にとどまらず、より本質的な問いへと向かっていたのではないだろうか。

それは、ファッションの本質、ひいては真理の探究ではなかったか。彼女は実際にさまざまな場所へと身を移し、多様な文化や価値観に触れ、異なる視点からファッションの真髄を捉えようと模索し、考え続けた。越境を重ねるごとに、彼女は真理へと一歩ずつ近づきながら、同時に新たな自由を獲得し、創造を生み出していった。

だからこそ、田中千代のデザインは創意に溢れ、洗練されているにもかかわらず、人を選ばず、誰もが享受できるのではないか。彼女のデザインは、単なる装飾にとどまらず、物の本質を捉えているがゆえに、時代を超えてもなお、誰が着ても美しく見えるものとなっているのではないだろうか。

田中千代とは、まさにそうした探究と創造を繰り返しながら、自らの道を切り拓いていった人物だったのではないだろうか。

日本における洋装化の過程は、明治時代においては西洋の洋服文化の受容であり、その後は異種混淆化のプロセスであった。これまで、西洋文化の受容や文化的異種混淆化には、文化力の強いほうから弱いほうへの一方的な受容として語られてきた。しかし、文化相対としての能動的側面があったことも事実であり、日本のモダン・ファッションは、既存の価値観を覆し新しい価値観を生み出そうとする勢い、そして戦前は社会の近代化や生活改善、戦後は日本の復興などというある種の使命感があったことで初めて、一九七〇年ごろには日本のファッション文化が西洋のファッション文化に影響を及ぼすほどに成長したといえる。その礎には、西洋文化を受容、異種混淆化しつつも、その先の脱西洋的な視点から新しいファッション文化の創造を渇望し、果敢にそれに取り組んだ田中千代という一人の女性と、急速な勢いで変化していく時代の、そして社会を動かす人々のエネルギーがあったのである。

田中千代の創造と越境の自由なフロンティア精神は、時代を超えて今なお新鮮であり、私たちに新たな可能性を語りかけてくるのである。

・今後の課題

本書は、田中千代のモダン・ファッションのパイオニアとしての活動を、主として一次資料をもとに再構成し、彼女のグローバルな視点や越境性に焦点を当て、モダン・ファッションを創り上げるプロセスを紐解く試みであった。しかしながら、取り上げた一次資料の分析はその一端に過ぎず、さらなる研究、考察、検証が必要である。今回は田中千代を中心に論じたが、同時代のデザイナーや関係者との関係性についても、今後の研究課題として位置づけられる。

特に、田中千代が身を置いたさまざまな場における相互関係については、接触された側の視点からも描き出し、どのように互いが相手を見つめ、解釈し、それぞれの文化にどのように接したのかを、より多面的なアプローチで掘り下げる必要がある。例えば戦後アメリカと日本のファッションをめぐるコンタクト・ゾーンにおいて、ティナ・リーサ側の思惑や活動、アメリカ側のこのコンテストの捉え方や影響についても、詳細な調査が求められる。また、田中千代の「ニュー・キモノ」についても、アメリカやヨーロッパではどのように見られ、受け取られ、それがどのように展開していったのかについてもさらに深く検証することが今後の課題である。

また、本書では戦時中の日本政府が掲げた大東亜共栄圏という思想のもとで、日本政府がどのような身体を求め、アジア諸国の装いをどのように構想し、実際に何を行ったのかについても触れた。しかし、戦時中の資料は限られており、分析しきれなかったため、資料の紹介にとどまった。この点については、今後より広範な一次資料の収集と詳細な分析が求められる。

さらに、戦後の近代化された皇室のファッションについても十分な研究がなされていない。情報の入手が難しいことがその一因と考えられるが、田中千代の実践をさらに掘り下げるとともに、皇室側の事情や価値観、また千代以降のデザイナーたちがどのように考え、何を行い、どのような影響を及ぼしたのかについても調査する必要がある。また、李王妃が婦人標準服を考案した背景や、皇室関係者が田中千代服装学園や田中千代のファッション・ショーを訪れていた理由、その関係性についても明らかにしたい。

最後に、田中千代が日本のモダン・ファッションにもたらした「グローバルな視点」がその後、一九六〇年代の中村乃武夫や森英恵にどのような影響を与え、さらに一九七〇年代の髙田賢三や三宅一生へとどのように継承されていったのかについてもさらなる掘り下げが必要である。

以上、本書では一次資料を中心に田中千代の活動を再構成し、その重要性を示すことを試みたが、多くの未解明の課題が残されている。これらの課題について考察を深めることを今後の展望として、本書を締めくくることとする。

あとがき

昭和一〇〇年、終戦から八〇年を迎えるこの年に、本書を出版できることを心から嬉しく思います。本書は二〇二二年に提出した博士論文をより多くの読者に届けるため、骨格や主旨を少し変え、大幅に加筆修正を加えたものです。本書を通じて、田中千代のパイオニアとしての活動を振り返りながら、昭和とはどういう時代だったのか、近代化や戦後が持つ意味、そして、変化したもの、失われたもの、今も受け継がれているものについて考えるきっかけを提供できれば幸いです。

時代の熱気の影響もあったのか、一九七〇年代に生まれた私にとって、幼少期からファッションは最も身近で、夢中になれるクリエーションでした。洗練されたデザインに触れるたびに胸が高鳴り、それはまるで魔法のような感覚でした。そして、世界を舞台に新しい価値観やデザインを提示し、活躍するデザイナーたちは、私にとってスーパーヒーローであり、ヒロインでした。

大学院を卒業して、キュレーターとして働き始めたとき、日本の国立美術館にはファッションのコレクションが存在しないことを知り、衝撃を受けました。これほど才能溢れるデザイナーたちが日本にいるにもかかわらず、ファッションは「アート（美術）」ではないとされ、文化的価値が十分に評価されていないのです。その状況に疑問を抱き、せめてファッション展を企画することで、ファッション文化を記録し、人々の記憶にとどめたいと考えるようになりました。同時に、研究の重要性を実感し、美術館での仕事を続けながら再び大学院に戻りました。日本のファッション史を掘り起こし、その貴重な資料や作品が失われる前に記録し、残しておきたいという強い思いが、この研究の出発点です。

日本のファッション史を掘り起こすなかで、田中千代が残した膨大な資料にたどり着きました。ある日、古書店の方から声をかけていただいたのがきっかけで、田中千代が残した大量のスクラップブックや写真、旧蔵書と出会ったのです。その後、渋谷ファッション&アート専門学校（学校法人田中千代学園）にも多くの資料が保管されていることを知り、田中千代の知的好奇心の深さと向学心に驚かされると同時に、これだけの資料があれば研究が可能だと確信しました。それから一〇年近い月日が流れ、ようやく本書として形にすることができました。

とはいえ、田中千代が残した資料を全て読み解き、考察しきれたわけではありません。また、田中千代の研究にとどまらず、日本の近現代ファッション研究をさらに進める必要性を強く感じています。貴重な資料が失われる危機感を持ちながら、これからも研究を続けていきたいと考えています。

本書の出版および本書のもとになった博士論文を執筆するにあたり、多くの方々にご協力いただきました。ここに心より感謝申し上げます。

まず、博士論文の執筆に際し、多大なご協力を賜りました渋谷ファッション&アート専門学校の志賀健二郎校長をはじめ、矢嶋久美子さん、清水久子さん、佐々木洋子さん、山本智子さん、石森徳子さんに厚く御礼申し上げます。本書の書籍化に際しても、再び資料調査および資料提供にご協力いただきましたことを心より感謝いたします。

ご指導くださった先生方にも深く感謝申し上げます。学芸員時代の上司であった青木保先生には、再び博士論文に取り組む機会や、「MIYAKE ISSEY：三宅一生の仕事」展（二〇一六年）や「ファッション イン ジャパン一九四五―二〇二〇 流行と社会」展（二〇二一年）、イヴ・サンローラン展の準備などのファッション展をとおして、研究を深める機会をいただきました。さまざまなご助言やご指導を賜り、心より感謝申し上げます。

指導教官である一橋大学社会学研究科名誉教授の足羽與志子先生のご指導がなければ、博士論文を完成させることはできませんでした。社会人学生としての時間の制約があるなかご指導賜り、複眼的な視点を養ってくださいました。副査を務めてくださった一橋大学教授の大杉高司先生と多摩美術大学教授の中村寛先生には、研究方法と新たな視座を示していただき、心より感謝申し上げます。また、貴重な資料をお貸しくださり、ご助言くださった京都女子大学名誉教授の常見美紀子先生、国際的に研究を広げる機会を与えてくださった文化学園大学教授の高木陽子先生にも深く御礼申し上げます。

さらに、博士論文のドラフトに貴重なコメントをくださった加納遥香さんと沢辺満智子さんにも感謝申し上げます。特に加納さんには、議論の整理や表現の精査など貴重なアドバイスをいただきました。

本書の出版にあたり、公益財団法人 花王芸術・科学財団から助成をいただきましたことにも、深く感謝申し上げます。推薦状を執筆してくださった京都芸術大学学長の吉川左紀子先生にも御礼申し上げます。本書の制作にあたり、さまざまな貴重な図版の掲載をお許しいただきました写真家の加藤成文さんと、《グランド・ワルツ》を撮影していただいた写真家の佐々木智幸さんに心より感謝申し上げます。おかげさまで、田中千代の足跡をより鮮明に伝えることができました。また、画像提供にご協力いただきました芦屋市立美術博物館の大槻晃実さん、川原百合恵さんに御礼申し上げます。さらに、杉野学園ドレスメーカー学院の木村千晶さん、桑沢学園の皆さんにも、貴重な資料のご提供に感謝申し上げます。安城寿子さん、吉村紅花さん、五十棲亘さんにもご協力いただきました。

また、編集者の安井梨恵子さんには、企画から出版まで多大なご協力を賜りました。卓越した編集力とあたたかい励ましのおかげで本書を形にすることができました。ご尽力に深く感謝申し上げます。毎回大量の赤字や多くの図版を美しくまとめてくださったDTPデザイナーの矢部竜二さんにも、心より感謝申し上げます。また、格式高く美しい装幀を手掛けてくださった間村俊一さんにも深く御礼申し上げます。田中千代がもしこの装幀を目にしたなら、きっと大変喜んだことと思います。そして本書を出版してくださった平凡社の下中順平社長、本書を担当してくださった安藤優花さん、校閲を担当してくださった方々にも心から感謝を申し上げます。皆さまのご理解とお力添えがなければ本書を出すことは叶いませんでした。書籍に対する深い愛情とプロフェッショナルなご姿勢を間近で拝見できたことは、貴重な経験となりました。心より感謝申し上げます。

その他、本研究を進めるにあたり、数え切れないほど多くの方にご協力を賜りました。全員の方のお名前をここに書き記すことはできませんが、お世話になりましたすべての方に心より御礼申し上げます。

最後に、研究活動を支えてくれた家族に深く感謝します。家族の応援がなければ、これまで研究を続けてくることはできませんでした。本当にありがとう。

本書が、過去のファッション文化やその創造の歴史を未来へつなぐ一助となることを心から願っています。田中千代のように、大きな視野と行動力を持って時代を切り拓いてきた人の生き方は、簡単に真似できるものではありません。しかし、その存在が私たちに勇気や活力を与え、前に進む力となっています。このような足跡に触れることで、好奇心を持ち続け、グローバルな視野と創造性を生かして活躍する人々がこれからも増えていくことを願ってやみません。そして、これからもファッション文化の研究を通じて、新たな可能性を探り続けていきたいと考えています。

二〇二五年二月

本橋弥生

文献一覧

・田中千代著書一覧

(1933)『新女性の洋装』南光社
(1936)『新洋装読本』南光社
(1940a)『婦人服基礎裁断及びその応用』南光社
(——b)『創作 スタイルブック(1~3)』実業之日本社
(1943)『創意と衣服』船場書店
(1947a)『洋裁教室(1)』日本服飾文化協会
(——b)『私のデザイン(1)』ハンドブック社
(——c)『夏の子供服』ハンドブック社
(——d)『図解 子供服全書』婦人画報社
(——e)『秋の子供服スタイルブック』ハンドブック社
(——f)『冬の子供服スタイルブック』ハンドブック社
(——g)『婦人服講座(1)』ハンドブック社
(1948a)『私の衣服研究』婦人画報社
(——b)『春の子供服と毛糸編物』ハンドブック社
(——c)『夏の子供服スタイルブック』ハンドブック社
(——d)『子供服と編み物のスタイルブック』ハンドブック社

(——e)『婦人服講座（2）』ハンドブック社
(1949a)『私のデザイン（2）』ハンドブック社
(——b)『高校家庭科 洋裁（上・下）』学習図書（以下数年ごとに改訂版出版）
(——c)『新服装読本』婦人書房
(——d)『夏の婦人子供服型紙集』ホームライフ社
(——e)『増補改訂版 図解子供服全書』婦人画報社
(1950a)『春夏子供服百種——田中千代デザインと作り方集』主婦の友社
(——b)『中学校家庭科 私の洋裁（上・下）』学習図書（以下数年ごとに改訂版出版）
(——c)『秋冬子供服百種』主婦之友社
(1951a)『ニューヨークから直送された田中千代のアメリカンスタイルブック』主婦の友社
(——b)『家庭で縫う服』婦人画報洋裁文庫
(——c)『私の日記——田中千代編』産業経済新聞社
(——d)『世界一流デザイナー作品集——衣装を見る目・つくる』婦人画報社
(1952a)『田中式洋裁独習書』主婦之友社
(——b)『NHK洋裁講座 子供服編』日本放送出版協会
(——c)『田中千代のスタイルブック・夏の作品集』婦人画報社
(——d)『私たちの生活手帖』（田中薫と共著）婦人画報社
(——e)『子供服の作り方——五、六歳から十二、三歳まで』講談社
(——f)『田中千代のスタイルブック』（それいゆ臨時増刊）ひまわり社
(1953a)『田中千代のスタイルブック——夏の作品集』婦人画報社
(——b)『幼児服の作り方——二、三歳から五、六歳まで』講談社

（1955a）『田中千代スタイルブック１　春から夏へ』桐陰堂書店
（――b）『田中千代スタイルブック２　秋』桐陰堂書店
（――c）『田中千代スタイルブック３　冬から春へ』桐陰堂書店
（――d）『図解服飾事典』（編著）婦人画報社
（――e）『皇后さまのデザイナー――モード随筆』文藝春秋新社
（1956a）『田中千代の子供服全書』婦人画報社
（――b）『田中千代スタイルブック４　春』桐陰堂書店
（――c）『田中千代スタイルブック５　夏』桐陰堂書店
（――d）『田中千代スタイルブック６　秋』桐陰堂書店
（――e）『田中千代スタイルブック７　冬』桐陰堂書店
（――f）『服飾・美容と色彩』（細野尚志と共編著）修道社
（1957a）『田中千代スタイルブック８　春』桐陰堂書店
（――b）『服飾事典』（田中千代編）婦人画報社
（1960）『ラジオ随筆――リズムとともに三分間』朝日放送
（1961）『原色世界衣服大図鑑』（田中薫と共著）保育社
（1963）『特集・世界の子供服』（田中千代編）婦人画報社
（1965）『世界のきもの』（田中薫と共著）保育社
（1966）『田中千代ずいひつ――ベストドレッサーへの招待』婦人生活社
（1969）『田中千代服飾事典』同文書院
（1973）『増補版　田中千代服飾事典』同文書院
（1978）『世界の服飾デザイナー20人――私の会った懐しい人達とその作品』源流社

（1981）『新増補版　田中千代服飾事典』同文書院
（1982a）『増補改版　世界の服飾デザイナー――私の会った懐しい人達とその作品』源流社
（――b）『心やさしく生きる』源流社
（1985）『世界の民俗衣装――装い方の知恵をさぐる』平凡社
（1987a）『田中千代服飾事典――新語と増補』同文書院
（――b）『改訂版　心やさしく生きる』源流社
（1991）『新・田中千代服飾事典』同文書院

・日本語文献

彬子女王（2018）「明治宮廷の華――女性皇族の衣装の変遷と三笠宮妃殿下の昔語り」小松大秀監修『明治一五〇年記念　華ひらく皇室文化――明治宮廷を彩る技と美』展カタログ、青幻舎
――（2019）「女性皇族の衣装の変移について――明治の洋装化がもたらしたもの」『京都産業大学日本文化研究所紀要』（24）
朝日新聞社編（1939）『支那事変聖戦博覧会大観』朝日新聞社
芦田淳（2011）『人通りの少ない道――私の履歴書』日本経済新聞出版社
芦屋市立美術博物館編（1991）『田中千代展――服飾のパイオニア』芦屋市立美術博物館
足羽與志子（2021）「グローバル・スタディーズの挑戦――制度、実践、思想の間で」足羽與志子、ジョナサン・ルイス編著『グローバル・スタディーズの挑戦――クリティカルに、ラディカルに』彩流社
安城寿子（2015）「近代日本服飾とモードの関係をめぐる歴史的研究」お茶の水女子大学人間文化研究科博士（学術）学位論文

井内智子（2010）「昭和初期における被服協会の活動――カーキ色被服普及の試みと挫折」『社会経済史学』第七六巻第一号
石川綾子（1968）『日本女子洋装の源流と現代への展開』家政教育社
石田あゆう（2015）『戦時婦人雑誌の広告メディア論』青弓社
イッテン、ヨハネス（手塚又四郎訳）［1963］（1970）『造形芸術の基礎――バウハウスにおける美術教育』美術出版社（Itten, Johannes, 1963, *Mein Vorkurs am Bauhaus. Gestaltungs- und Formenlehre*, Otto Maier Verlag, Ravensburg, Germany）
伊東衣服研究所（1996）『伊東茂平　美の軌跡』婦人画報社
伊東茂平［1952, 1954, 1956］（1996）「女のきもの――テーラード・スーツの重要性」「アヴァンギャルド――近代感覚」「女のきもの　骨ぐみから生まれるデザイン」伊東衣服研究所（1996）『伊東茂平　美の軌跡』婦人画報社
井上雅人（2001）『洋服と日本人――国民服というモード』廣済堂出版
――（2003）「総動員体制下の衣服政策と風俗」日本生活学会編『衣と風俗の一〇〇年』ドメス出版
――（2017）『洋裁文化と日本のファッション』青弓社
植田いつ子（2015）『美智子皇后のデザイナー　植田いつ子――布・ひと・出逢い』集英社文庫
上田健一（1981）『糸へんデザイナーの歩み』大阪都市協会
うらべ・まこと（1956）『流行の裏窓――モンペからマグネットラインまで』鱒書房
――（1982）『流行うらがえ史――モンペからミニ・スカートまで』文化出版局
NHK教育テレビ放送（1970）『婦人学級　衣生活　戦後女性生活史3』（一九七〇年六月一五日放送）台本
NHKテレビ放送（1977）『奥さんごいっしょに――ファッションからみた女の戦後史』（一九七七年八月一八日放送）台本
遠藤武、石山彰（1962）『図説　日本洋装百年史』文化服装学院出版局

大内順子（インタビュアー）・田島由利子（ライター）（1996）『トップ68人の証言でつづる20世紀日本のファッション』源流社
大沼淳（1963）『文化服装学院四十年のあゆみ』文化服装学院出版局
大橋博之編著（2010）『日本万国博覧会 パビリオン制服図鑑』河出書房新社
大宅壮一（1958）『女傑とその周辺』文藝春秋社
小形道正（2017）「生活着の着物と衣服を作ること――終戦から一九五〇年代（上）」『Fashion Talks…』京都服飾文化研究財団、(6)
岡本太郎［1954］（1999）『今日の芸術――時代と創造するものは誰か』光文社
小川津根子（1984）『夢しごと――田中千代の世界』ミネルヴァ書房
小倉文子監修（2018）『女子美術大学と衣服教育――その歴史と現在』女子美術大学
小田部雄次（2008）『梨本宮伊都子妃の日記――皇族妃の見た明治・大正・昭和』小学館
勝田春子（2005）「服装 Costume 東京：同志社、1957–1974」『文化女子大学図書館所蔵服飾関連雑誌解題・目録』文化女子大学
鐘紡株式会社社史編纂室編（1988）『鐘紡百年史』鐘紡
神山麻衣、岡本陽子（2009）「雑誌『美しいキモノ』に見るきものの変遷（第二報）」繊維機械学会誌『月刊せんい』（一月号）
川喜田煉七郎、武井勝雄（1934）『構成教育大系』学校美術協会出版部
河原敏明［1993］（2000）『良子皇太后』文藝春秋
カンディンスキー、ワシリー（宮島久雄訳）［1926］（2020）『点と線から面へ』ちくま学芸文庫（Kandinsky, Wassily, *Punkt und Linie zu Flache*, Verlag Albert Langen, Munich）
工藤美代子（2006）『香淳皇后と激動の昭和』中央公論新社（『香淳皇后 昭和天皇と歩んだ二十世紀』（2000）を改

題）
熊井戸立雄編（1953）『デザイン・ブック』秋冬号、婦人画報社
熊崎奈代（1999）「昭和初期のドレスデザイナー――大橋エレナのデザインとその役割」『国際服飾学会誌』（16）
黒川創（2011）『きれいな風貌――西村伊作伝』新潮社
桑沢洋子（1975）「編集者時代」『ファッションと風俗の70年（婦人画報創刊70周年記念）』婦人画報社
――（1977）『桑沢洋子の服飾デザイン』婦人画報社
ゴードン、アンドルー（大島かおり訳）［2012］（2013）『ミシンと日本の近代』みすず書房（Gordon, Andrew, *Fabricating Consumers, The Sewing Machine in Modern Japan*, University of California Press）
小泉和子編著（2004）『洋裁の時代――日本人の衣服革命』ＯＭ出版
後藤洋子（2013）「田中千代の服飾観」『服飾美学』（56）
今和次郎、吉田謙吉［1925］（1930）「一九二五年初夏 東京銀座街風俗記録」『モデルノロヂオ――考現学』春陽堂
坂本藤良（1967）「服装文化の旗手――学園のあゆみ」『服装文化のパイオニア――文化服装学院のすべて』フジ・インターナショナル・コンサルタント出版部
塩澤実信（2010）『戦後出版史――昭和の雑誌・作家・編集者』論創社
女子美術大学編（2018）『女子美術大学と衣服教育――その歴史と現在』アイシス
杉野学園七〇年史編纂委員会（1995）『杉野学園七〇年史』杉野学園
杉野芳子［1976］（1997）『炎のごとく』［底本：講談社］日本図書センター
――編著［1998］（2003）『増補新版 図解服飾用語辞典』杉野学園ドレスメーカー学院出版局
鈴木彩希（2015）「田中千代の『ニュー・きもの』の展開とその特性――昭和の衣服における日本らしさの追求において」神戸大学大学院人間発達環境学研究科修士論文
――（2020）「戦後日本における着物の改良をめぐる流行創出の試み――田中千代の『ニュー・きもの』を中心に」

『服飾美学』（66）
鈴木桜子（2007）「洋裁教育とデザイン教育――杉野芳子を中心に」『デザイン理論』（50）
大政翼賛会文化部編（1941）『新生活と服飾』翼賛図書刊行会
髙田賢三（1985）『KENZO　髙田賢三作品集』文化出版局
――（2017）『夢の回想録――髙田賢三自伝』日本経済新聞出版社
高橋啓（2013）「繊維産業政策の変遷――繊維工業から繊維・ファッション産業へ」『法政大学大原社会問題研究所雑誌』（No.652）
田中一光（1991）『関西学院通信』（4）
田中千代（1941）「海外に於ける最近の意匠傾向」『貿易品と新意匠』名古屋市産業部
――（1942a）「戦時下の衣服」『新体制国民講座』第五輯婦人篇、朝日新聞社
――（1942b）「戦争とみだしなみ」今田謹吾編『すまひといふく』生活社
田中千代編（1941a）『日本衣服研究所彙報第一号』日本衣服研究所
――編（1941b）『日本衣服研究所彙報第二号』日本衣服研究所
――編（1942）『田中千代洋裁研究所五周年記念』田中千代洋裁研究所
――編（1943a）『日本衣服研究所彙報　第三号』日本衣服研究所
――編（1943b）『日本衣服研究所彙報　第四号』日本衣服研究所
田中千代学園編（1982）『五十周年・田中千代学園』田中千代学園
田中里尚（2016）「服飾雑誌『装苑』にみるアメリカ服飾流行の表象の変容――一九三〇～一九五〇年代を中心に」『文化学園大学紀要』（47）
田中雅一（2018）『誘惑する文化人類学――コンタクト・ゾーンの世界へ』世界思想社
秩父宮妃勢津子（1991）『銀のボンボニエール』主婦の友社

千村典生［1989］（2001）『増補 戦後ファッションストーリー 1945–2000』平凡社
——［1991］（2005）「衣生活」佐々木毅、鶴見俊輔、富永健一、中村政則、正村公宏、村上陽一郎編『戦後史大事典 増補新版』三省堂
辻田かや（2022）「ディオールと日本——その絆の歴史的考察」『クリスチャン・ディオール、夢のクチュリエ』展カタログ、Cassi Edition
常見美紀子（1991）「純粋形態によるファッションデザイン教育法」筑波大学大学院芸術研究科デザイン専攻修士論文
——（2001）「桑沢洋子と新建築工芸学院の『構成教育』」『基礎造形』（010）
——（2002）「川喜田煉七郎の構成概念について——生活構成と生産構成」『基礎造形』（011）
——（2003）「構成学を基盤としたファッション・デザイン」『日本デザイン学会誌 デザイン学研究特集号——構成学の展開：II』（40）
——（2005）「桑沢洋子研究：デザイン教育の理念と活動」筑波大学人間総合科学研究科博士（デザイン学）学位論文
——（2007）『桑沢洋子とモダン・デザイン運動』桑沢学園
——（2008）「バウハウスラー 大野玉枝に関する研究——日展・光風会の活動と作品を中心に」『日本デザイン学会誌』（61）
——（2012）「カワイイファッションの系譜——源流からメディアミックスまで」『日本デザイン学会誌 デザイン学研究特集号——日本のファッションデザイン：世界の視座、日本の視座』（76）
——（2017）「桑沢洋子と桑沢デザイン研究所のファッションデザイン教育」『Fashion Talks...』京都服飾文化研究財団（5）
鄭安基（1998）「一九三〇年代鐘紡の多角化とグループ展開」『経済論叢別冊 調査と研究』（16）

勅使河原宏（1998）「草月と戦後日本の芸術運動」芦屋市立美術博物館、千葉市美術館編『草月とその時代　一九四五—一九七〇』展カタログ、草月とその時代展実行委員会
ドウス昌代（2003）『イサム・ノグチ——宿命の越境者』（上・下）講談社
中川清（2012）「生活改善言説の特徴とその変容——生活改善同盟会の改善事項を中心に」『社会科学』(42)
中原淳一（2009）『美しさをつくる——中原淳一対談集』国書刊行会
中村精二（2012）「渡邉辰五郎の先見性——渡邉辰五郎、那珂通世、福沢諭吉を通じて見た女子教育」『東京家政大学博物館紀要』(17)
中村乃武夫（1983a）『モード屋の目』文化出版局
——（1983b）『モード屋の耳』文化出版局
中山千代［1987］（2010）『日本婦人洋装史』吉川弘文館
難波功士（2011）『メディア論』人文書院
新居理絵（2007）「1960年代の日本製プレタポルテ——日本におけるパリ・ファッション受容に関する一考察」『ドレスタディ』京都服飾文化研究財団（52）
西村伊作（1960）『我に益あり——西村伊作自伝』紀元社
西村勝（1994）『田中千代　日本最初のデザイナー物語』実業之日本社
西村光恵（1922）『愛らしき子供服——着せ方と裁ち方と縫ひ方』実業之日本社
日本生活学会編（2003）『生活学　衣と風俗の一〇〇年』ドメス出版
能澤慧子［1991］（2004）『モードの社会史——西洋近代服の誕生と展開』有斐閣
ノグチ、イサム（北代美和子訳）［1994］（2018）『イサム・ノグチ　エッセイ』みすず書房（Noguchi, Isamu, *Essay and Conversations*, Harry N. Abrams, New York）
野本京子（2008）「戦前から戦後における『婦人之友』友の会の農村生活改善運動——農村友の会の活動を中心に」

『東京外国語大学論集』(77)
バーク、ピーター(河野真太郎訳)[2009](2012)『文化のハイブリディティ』法政大学出版局 (Burke, Peter, *Cultural Hybridity*, Polity Press, Cambridge)
バーバ、ホミ K.(本橋哲也、正木恒夫、外岡尚美、阪元留美訳)[1994](2005)『文化の場所――ポストコロニアリズムの位相』法政大学出版局 (Bhabha, Homi K., *The Location of Culture*, Routledge, New York)
羽仁吉一(1931)『洋服裁縫大講習録』第一―六巻、婦人之友社
林邦雄(1969)『ファッションの現代史』冬樹社
――[1987](1992)『戦後ファッション盛衰史』源流社
原武史(2015)『皇后考』講談社
平井章一(2012)「『具体』――近代精神の理想郷」『「具体」――ニッポンの前衛一八年の軌跡』展カタログ、国立新美術館
平芳裕子(2022)「田中薫と民俗衣服――地理学から衣服学へ」『服飾美学』(68)
深井晃子監修[1998](2010)『世界服飾史』美術出版社
――(2002)『京都服飾文化研究財団コレクション ファッション一八世紀から現代まで』タッシェン・ジャパン
深川雅文、杣田佳穂監修(2019)『開校一〇〇年 きたれ、バウハウス――造形教育の基礎』展カタログ、アートインプレッション
雙葉学園八〇年の歩み編集委員会(1989)『雙葉学園八〇年の歩み』雙葉学園
マクルーハン、マーシャル(栗原裕・河本仲聖訳)[1964](1987)『メディア論――人間の拡張の諸相』みすず書房 (McLuhan, Marshall, *Understanding Media The Extensions of Man*, McGraw-Hill, New York)
松井慶四郎(1983)『松井慶四郎自叙伝』刊行社
三鬼浩子(2009)「羽仁もと子――生活への着目から『婦人之友』へ」土屋礼子編『近代日本メディア人物誌――

創始者・経営者編』ミネルヴァ書房
武庫川女子大学関西文化研究センター編（2008）関西文化研究叢書七『東アジアにおける洋裁化と洋裁文化の形成』武庫川女子大学関西文化研究センター
武藤治太（2022）『繊維の街、大阪』新風書房
村上信彦［1955］（1977）『服装の歴史 三――ズボンとスカート』理論社
本橋弥生（2016）「三宅一生の仕事」三宅一生、青木保監修『MIYAKE ISSEY 展――三宅一生の仕事』カタログ、求龍堂
――（2018）「田中千代とファッション・ショー――戦後から一九五〇年代を中心に」『国立新美術館研究紀要』（5）
――（2021a）「日本のモダン・ファッション形成期におけるグローバルな視点――田中千代と民俗衣装」高木陽子・高馬京子編『越境するファッション・スタディーズ』ナカニシヤ出版
――（2021b）「TD（トップデザイナー）六設立から東京コレクションへ――戦前から現代までの日本のファッションショー」『ファッション イン ジャパン 一九四五―二〇二〇――流行と社会』展カタログ、青幻舎
――（2022）『モダン・ファッションの創造 田中千代と同時代』一橋大学社会学研究科博士（社会学）学位論文
――（2024）「姫路時代――高田家と洋装とカワモト・ドレス」『高田賢三』展カタログ、毎日新聞社
森英恵（1979）『あしたのデザイン』朝日新聞社
――（1993）『ファッション――蝶は国境をこえる』岩波新書
――（2010）『グッドバイ バタフライ』文藝春秋
――（2011）『森英恵――その仕事、その生き方』（別冊太陽）平凡社
文部科学省編（2013）『ファッションデザイン』（高校生用教科書）実教出版株式会社
矢野恒太記念会編（2006）『数字でみる日本の一〇〇年 改訂第五版』矢野恒太記念会
山川三千子［1960］（2016）『女官――明治宮中出仕の記』講談社

山田民子、寺田恭子、富澤亜里沙、澤野文香（2013）「子供服洋装化の導入と改良服に求められた機能性との関係――改良服について」『東京家政大学生活科学研究所研究報告』（36）
山脇道子（1995）『バウハウスと茶の湯』新潮社
横川公子編（2006, 2007, 2009, 2013）関西文化研究叢書　別巻『洋裁文化形成に関わった人々とその足跡』（インタビュー集1、2、3、4）武庫川女子大学関西文化研究センター
李方子（1984）『流れのままに』啓佑社
ロス、ロバート（平田雅博訳）［2008］（2016）『洋服を着る近代――帝国の思惑と民族の選択』法政大学出版局（Ross, Robert, *Clothing, A Global History*, Polity Press, Cambridge）
ロゼル、ブリュノ・デュ（西村愛子訳）［1980］（1995）『二〇世紀モード史』平凡社（Roselle, Bruno du, *La Mode,* Imprimerie nationale Editions, Paris）
若桑みどり（2001）『皇后の肖像 昭憲皇太后の表象と女性の国民化』筑摩書房
渡邊辰五郎（1903）『婦人改良服裁縫指南』東京裁縫女学校同窓会
王娟（2010）「自由学園北京生活学校の設立について」『鶴山論叢』（10）

・欧文文献

Boucher, François, 1996, *Histoire du costume en Occident: des origins à nos jourrs*, new edition, Flammarion, Paris.
Calahan, April D., 2009, *Tina Leser, Designs for Escape*, Master of Arts Thesis for Fashion and Textile Studies: History, Theory, Museum Practice, S.U.N.Y. Fashion Institute of Technology, New York
Cole, Daniel James and Nancy, Deihl, 2015, *The History of Modern Fashion from 1850*, Laurence King Publishing Ltd., London

Nickerson, Rebecca Ann, 2011, *Imperial Designs: Fashion, Cosmetics, and Cultural Identity in Japan, 1931–1943,* dissertation submitted for the degree of Doctor of Philosophy in East Asian Languages & Cultures in the Graduate College of the University of Illinois at Urbana-Champaign

Pratt, Mary Louise, 〔1992〕 2008, *Imperial Eyes, Travel Writing and Transculturation*, Routledge, New York and London

Racinet, Auguste, 1876, *Le Costume Historique*, Firmin-Didot, Paris

田中千代年表

一九〇六(明治三六)年	0	のちの外務大臣松井慶四郎の長女として、東京芝区田町に生まれる(八月九日)。
一九二三(大正一二)年	17	雙葉高等女学校卒業。
一九二四(大正一三)年	18	理学博士・子爵田中阿歌麿の長男で経済地理学者の田中薫と結婚(一〇月)。
一九二五(大正一四)年	19	長男・久を出産。
一九二八(昭和三)年	22	文部省の在外研修員に選ばれた夫・薫とともに渡欧。英国ブライトンで洋裁教室に通う。
一九二九(昭和四)年	23	パリに滞在。
一九三〇(昭和五)年	24	スイスの「モード・コスチューム専門学校」にてバウハウスの流れを汲むオットー・ハース＝ハイエ教授に師事(四—一二月)。ドイツ・ケルンの「ディ・クンスト・ウント・ゲヴェルベ・シューレ」およびフランクフルトにて学ぶ。
一九三一(昭和六)年	25	夫・薫に同行し渡米。ニューヨークの「トラペーゲン・スクール・オブ・ファッション」にて学ぶ。アメリカより帰国。船上で鐘紡創始者・武藤山治の夫人・千世子と出会う(九月末)。兵庫県武庫郡住吉村縄手下に移住(一〇月)。『婦人之友』の依頼で『婦人子供洋服裁縫大講習録』のデザイン部門を執筆。
一九三二(昭和七)年	26	大阪心斎橋に鐘紡サービスステーションが開店(二月)。千世子夫人よりデザインの仕事の依頼を受け、鐘淵紡績株式会社顧問となる。自宅にて洋裁研究グループ「皐会」発足。
一九三三(昭和八)年	27	阪急百貨店婦人服部の初代デザイナーに就任。初の著書となる『新女性の洋装』(南光社)を刊行。

一九三四(昭和九)年	28	商工省および時事新報社の嘱託兼鐘紡在外研究員としてパリに駐在。「エコール・ド・ゲール・ラヴィーニュ（現ＥＳＭＯＤ）」に学ぶ（一―一〇月）。
一九三五(昭和一〇)年	29	田中千代デザインによる鐘紡初のフロアショーを帝国ホテルにて開催。
一九三七(昭和一二)年	31	パリ万博において金賞受賞（四月）。兵庫県武庫郡本山村に田中千代洋裁研究所を開設。
一九三八(昭和一三)年	32	日本の布地の使途調査のため、商工省および時事新報社の嘱託兼鐘紡在外研究員としてオランダ領東インド（現インドネシア）へ派遣される。
一九四〇(昭和一五)年	34	大阪帝国大学理学部繊維科学研究所の付属機関として日本衣服研究所が発足し、所長に就任。外務省文化事業部の推薦で東アフリカと南米を視察。
一九四五(昭和二〇)年	39	空襲が激しくなり洋裁研究所は休校（六月）。終戦（八月）。九月に再開を公表、入学考査（一〇月）。
一九四六(昭和二一)年	40	網膜剝離のため京都大学病院眼科に入院（一―七月）。
一九四七(昭和二二)年	41	佐々木営業部（現レナウン）内に田中千代デザインルーム開設。
一九四八(昭和二三)年	42	財団法人田中千代学園として認可を受け、理事長、学園長となる。日本デザイナークラブ（ＮＤＣ）が結成され、杉野芳子、伊東茂平とともに顧問となる。
一九五〇(昭和二五)年	44	ニューヨーク大学で意匠学を学ぶ（九―翌年六月）。海外初のショー「十二単衣から現代まで――新しいキモノ」をニューヨーク、ワシントンで成功させる（一一月）。
一九五一(昭和二六)年	45	ニューヨーク大学留学を終え帰国（六月）。田中千代学園が学校法人となり、理事長、学園長となる。

一九五二(昭和二七)年	46	香淳皇后(当時)のデザイナーとなる(—一九五九年)。
一九五三(昭和二八)年	47	ディオールの型紙を鐘紡顧問として買い付け、「ディオール・サロン」(鐘紡)を開催(一〇月)。
一九五六(昭和三一)年	50	福岡に九州田中千代学園を開設(四月)。名古屋に名古屋田中千代服装学園を開設(九月)。
一九五七(昭和三二)年	51	東京渋谷・東急文化会館四階に東京田中千代服装学園を開設、学園長となる。
一九五八(昭和三三)年	52	ピエール・カルダンの技術講習会開催(芦屋学園)。皇太子殿下(現上皇)のご成婚に際し、香淳皇后(当時)、美智子皇太子妃(現上皇后)、貴子内親王(現島津久永夫人)の衣装を制作。
一九六〇(昭和三五)年	54	東京田中千代服装学園が東京都渋谷区渋谷の新校舎に東急文化会館から移転し、授業を開始(名称を変え現在に至る)。
一九六三(昭和三八)年	57	「日本の美」の紹介のために国際文化振興会から日本文化使節としてヨーロッパに派遣され(一—三月)、パリのホテル・クリヨン、ボンの日本大使館、ローマの日本文化会館で「チヨ・タナカ・コレクション」を開催。住居を東京へ移す。
一九六四(昭和三九)年	58	カイロにおける第一回世界民俗芸術祭に日本代表団団長の田中薫とともに参加。デュッセルドルフの絹業協会主催のショーに出品。
一九六七(昭和四二)年	61	日本航空世界一周航空路線開設記念事業としてニューヨークにて「田中千代作品ショー」開催。
一九七〇(昭和四五)年	64	日本万国博覧会(大阪万博)のデザイン顧問として、万博全体のユニフォームの監修を行う。

一九七二(昭和四七)年	66	東京都町田市に田中千代学園短期大学を開校、学長となる(二〇一〇年閉校)。札幌冬季オリンピックのデザイン顧問を務める。
一九七七(昭和五二)年	71	勲三等瑞宝章を受ける。
一九七八(昭和五三)年	72	創立四五周年記念ショー「地球は着る」開催(東京、大阪、名古屋)。
一九八二(昭和五七)年	76	夫・薫逝去(九月)。創立五〇周年記念ショー「一九三二―一九八二 モードの歩み」開催(東京、大阪、名古屋)。
一九八九(平成元)年	83	田中千代民俗衣装コレクションを東京渋谷の田中千代学園民俗衣装館にて公開。
一九九九(平成一〇)年	92	逝去(六月二八日)。

本書は、博士論文「モダン・ファッションの創造――田中千代と同時代」（一橋大学、二〇二二年）に大幅な加筆修正を施したものである。


本研究はＪＳＰＳ科学研究費研究課題（JP23K00227）の助成による「日本の現代ファッションの形成過程とアイデンティティの構築――グローバルな視点から」の成果の一部である。

また本書の出版にあたっては、公益財団法人 花王芸術・科学財団による助成を受けた。

ここに記し感謝を申し上げたい。

本橋弥生（もとはし やよい）

1974年生まれ。早稲田大学第一文学部フランス文学専修卒業後、同大学大学院文学研究科芸術学（美術史）専攻博士後期課程退学。2003年に国立新美術館にて研究員となり、2013年から2022年まで主任研究員。研究員時代に、一橋大学大学院社会学研究科地球社会研究専攻博士後期課程に入学。学位論文「モダン・ファッションの創造——田中千代と同時代」にて一橋大学より博士号（社会学）を取得。2022年より京都芸術大学芸術学部教授。2024年より京都工芸繊維大学デザイン・建築学系准教授。著書に『越境するファッション・スタディーズ』（共著、ナカニシヤ出版、2021年）、展覧会図録『ファッション イン ジャパン1945–2020 流行と社会』（共著、青幻舎、2021年）、『ミュシャ展』（共著、求龍堂、2017年）、『MIYAKE ISSEY 展：三宅一生の仕事』（共著、求龍堂、2016年）ほか多数。「ミュシャ展」により第12回公益財団法人西洋美術振興財団学術賞受賞（2017年）。

モダン・ファッションのパイオニア　田中千代

2025年4月4日　初版第1刷発行

著　者　本橋弥生
発行者　下中順平
発行所　株式会社平凡社
〒101 0051 東京都千代田区神田神保町3-29
電話 03-3230-6573［営業］
平凡社ホームページ https://www.heibonsha.co.jp/

編　集　安井梨恵子、安藤優花（平凡社）
DTP　矢部竜二
印　刷　藤原印刷株式会社
製　本　大口製本印刷株式会社

ISBN 978-4-582-62078-8